스테이블코인의 시대

스테이블코인의 시대

초판 1쇄 발행 2025년 8월 14일

지은이 이선민

책임편집 이현은 **편집** 김민경 **디자인** 정승현
제작·마케팅 이태훈 **경영지원** 김도하 **인쇄·제본** 재영P&B
펴낸곳 주식회사 잇담
펴낸이 임정원
주소 서울특별시 강남구 언주로 201, 1108호
대표전화 070-4411-9995
이메일 itdambooks@itdam.co.kr
인스타그램 @itdambooks

ISBN 979-11-94773-05-4 03320

* 잇담북스는 주식회사 잇담의 자체 콘텐츠 브랜드입니다.
* 이 책은 저작권법에 따라 보호받는 저작물이므로 무단 전재와 복제를 금지합니다.
* 이 책 내용의 전부 또는 일부를 이용하려면 반드시 저작권자와 주식회사 잇담의
  서면 동의를 받아야 합니다.
* 책값은 뒤표지에 있습니다.
* 잘못된 책은 구입하신 곳에서 바꿔 드립니다.

비트코인과 스테이블코인이 바꾸는 글로벌 금융의 미래
스테이블코인의 시대

이선민 지음

ITDAM BOOKS

추천사

만약 누군가가 "지금 비트코인을 살까요?"라고 질문한다면 뭐라고 답해야 할까요? 비트코인과 같은 디지털 자산은 실질적 가치가 없기 때문에 사지 말아야 한다고 답을 할까요? 아니면 비트코인은 디지털 금이니 무조건 사라고 얘기할까요? 이 둘 다 정확한 대답은 아니겠지요. 모든 것이 디지털로 전환되는 시대. 디지털과 아날로그가 서로 얽혀서 사람들의 삶에 녹아드는 시대. 이런 시대에는 디지털 자산과 물리적 자산의 차이가 없다는 것을 이해해야 답을 구할 수 있습니다. 디지털 자산 중에 가장 대표적인 것이 비트코인이고, 이러한 디지털 자산의 거래를 쉽게 만들어주는 것이 스테이블코인이라는 점을 이해한다면, 여러분은 이제 앞의 질문에 답할 준비가 되어 있습니다. 『스테이블코인의 시대』는 왜 미국이 비트코인을 전략자산으로 보유하는지, 왜 달러 가치와 연동된 스테이블코인을 법제화하면서까지 적극적으로 육성하려고 하는지를 디지털 전환 시대의 관점에서 잘 설명하고 있습니다. 스테이블코인은 단지 디지털 세계에만 머무르지 않고 우리의 삶으로 들어와 금융 시스템을 완전히 바꾸게 될 것입니다.

그렇다면 우리는 개인으로서, 기업으로서, 국가로서 어떤 준비를 해야 할까요? 이 책은 독자들이 다가오는 디지털 금융 시대를 이해하고 대비할 수 있도록 다양한 측면에서 통찰력을 제공합니다.

– 김용진(서강대 경영학과 교수)

실물 세계보다 더 빠르고 거대하게 확장되고 있는 디지털 세상에서, 블록체인과 디지털 자산은 이제 더는 기술 영역의 이슈에만 머물지 않습니다. 이들은 지금 이 순간에도 전통 금융 질서의 경계를 넘어서며 글로벌 경제 시스템의 규칙 자체를 새롭게 써내려가고 있습니다.『스테이블코인의 시대』는 그러한 변화의 최전선에서 우리가 반드시 이해하고 대비해야 할 전략과 통찰을 제시합니다. 저자는 트럼프 2.0 시대의 미국이 디지털 자산을 어떻게 국가 전략 차원에서 수용하고 있는지를 날카로운 분석과 풍부한 사례로 풀어냅니다. 특히 '전략적 비트코인 보유(SBR)'와 스테이블코인을 중심으로 한 글로벌 결제망 재편은 단순한 시장 확대가 아닌 지정학적 금융 경쟁의 핵심임을 명확히 보여줍니다. 책 속에 담긴 구조적 맥락과 시대적 흐름은 복잡한 현실을 통찰하도록 정리해줍니다. 이 책은 금융을 처음 접하는 독자에게는 변화의 흐름을 읽는 눈을 열어주는 친절한 나침반이며, 정책 입안자나 금융 산업 종사자에게는 미래의 리스크와 기회를 전략적으로 조망할 수 있게 해주는 고밀도 지식 자산입니다. 격변의 시대에 중심을 잡고 싶은 모든 이에게 일독을 권합니다.

- 김열매(코람코자산운용 리서치전략실 실장/이사,
연합뉴스경제TV 인포맥스라이브 진행자)

서문: 새로운 금융 패권의 시대

트럼프 2.0 시대, 디지털 자산이 바꾸는 세계

이 책을 펼친 당신은 지금 아주 중요한 전환점에 서 있다. 2025년, 트럼프 2기가 시작된 미국에서는 디지털 자산이 새로운 금융 질서의 패러다임으로 떠오르며 '디지털 금융 패권 시대'의 막이 올랐다. 한때 암호화폐를 규제 영역으로 보며 경계했던 미국 정부는 이제 이를 전향적으로 받아들이는 전략적 전환에 나섰다.

트럼프 대통령은 Bitcoin 2024에서 "We will make America and Bitcoin bigger, better, stronger, richer, freer, and greater."라고 선언했다. 또 취임 후 비트코인을 '디지털 골드'로 규정하며 '비트코인 전략보유Strategic Bitcoin Reserve'를 수립하는 행정명령에 서명(2025.3.6.)했다. 정부가 획득한 비트코인을 전략적 자산으로 묶어두고 암호화폐 규제를 완화함으로써 달러 패권을 강화하려는 것이다.

이러한 변화는 선언에 그치지 않는다. 스테이블코인(법정화폐 가치에 연동된 디지털 자산) 관련 입법(GENIUS Act)과 규제 완화를 동시에 추진하면서, 디지털 자산이 더는 틈새가 아닌 국가 전략의 한 축으로 자리 잡았다.

2017년부터 기업에서 블록체인 도입 프로젝트를 직접 수행해온 필자는, 지금의 변화를 보면 상전벽해桑田碧海라는 말이 떠오른다. 월

스트리트 회의실에서 들려온 "비트코인은 곧 사라질 것"이라는 예측이 하나씩 틀어지는 과정을 목도했고, 2024년 비트코인 ETF 승인 당시 기관투자자들의 180도 태도 변화를 생생히 경험했다. 가장 인상 깊었던 순간은 2023년 말 한 글로벌 은행의 최고경영진이 "우리도 스테이블코인 사업에 뛰어들어야 한다."라고 선언했을 때이다. 그는 불과 2년 전만 해도 "암호화폐는 투기"라고 말했었다.

왜 지금 비트코인과 스테이블코인인가?

현재 금융·경제 환경이 변화하면서 암호자산의 유용성이 부각되고 있다. 글로벌 양적완화와 재정 부양책으로 인플레이션 압력이 커지면서, 투자자들은 금과 비트코인 같은 희소자산을 헤지hedge 수단으로 주목한다. 기축통화의 딜레마(트리핀 딜레마)로 달러에 대한 신뢰가 흔들리면서 새로운 대안 통화에 관심이 높아지고 있다.

특히 결제 인프라 혁신이 눈에 띈다. 비자Visa 보고서에 따르면 2025년 기준 스테이블코인 유통량은 2,170억 달러이고 2024년 거래량은 27조 달러를 기록했다. 이는 비자카드의 결제 금액을 약간 웃돌고, 마스터카드Mastercard의 결제 금액을 7.7% 앞지르는 수치이다. 마스터카드는 암호지갑 업체와 제휴해 1억 5,000만 개 이상 가맹점에서 스테이블코인 결제를 지원한다. 전통 금융 결제망이 빠르게 디지털 화폐 기반으로 전환되고 있는 것이다.

튀르키예, 베네수엘라, 아르헨티나 등 고인플레이션 국가에서는 법정화폐 대신 스테이블코인을 활용하려는 움직임이 뚜렷하다. 라틴아메리카·아프리카 지역에서는 송금 비용 절감과 자산 가치 보존을 위해 스테이블코인을 선호하고 있다.

우리나라도 이러한 시류의 변화에서 자유로울 수 없다. 이창용 한국은행 총재는 해외 기업의 스테이블코인 유입이 원화의 역할을 위협할 수 있다고 경고했다. 또 2025년 6월 여당은 국내 기업이 원화 연동 스테이블코인을 발행할 수 있도록 하는 법안을 발표했다.

이 책이 제시하는 미래 금융 지형도

다가올 미래의 금융 지형도는 크게 세 가지로 정리할 수 있다.

첫째, 통화 경쟁의 격화이다. 미국은 디지털 달러를 스테이블코인 형태로 글로벌 결제망에 확산시켜 달러 패권을 강화하려 한다. 유럽은 디지털 유로를 추진하며 자국 금융 주권을 수호하려 하고, 중국은 디지털 위안화(e-CNY)를 개발해 달러 패권에 도전하고 있다. 디지털 달러, 디지털 유로, 디지털 위안이라는 세 주체가 다국적 경쟁과 협력을 이루는 새로운 금융 질서가 형성될 것이다.

둘째, 한국의 화폐 주권 취약성이다. 원화가 국제 무대에서 차지하는 비중이 제한적이다 보니 미국 달러 기반 해외 스테이블코인에 대한 의존성이 심화할 우려가 있다. 한국은행은 외국 스테이블코인의 국내 진출이 통화 자주권을 위협할 수 있다고 경계하며, 중앙은행 디지털 화폐 Central Bank Digital Currency, CBDC 시범사업과 '한강 프로젝트' 같은 토큰 활용 금융 서비스 실험을 펼치고 있다.

셋째, 산업·국가 경계의 모호화와 디지털 주권의 부상이다. AI와 블록체인이 결합된 미래 경제에서는 데이터와 알고리즘이 새로운 권력 기반이 된다. 거대 플랫폼 기업들은 국경을 뛰어넘는 결제 네트워크를 운영하고 있는데, '화폐의 가치와 결제 시스템을 누가 책임질 것인가'라는 근본적 질문이 떠오른다.

이러한 변화들은 이제 정치·경제의 근본 문제로 떠오르고 있다. '화폐'와 '주권'의 의미가 과거와 달리 새롭게 정의되어야 한다. AI와 블록체인이 결합된 미래 경제에서는 전통적인 통화 발행권만으로는 주권을 유지하기 어려울 수 있다.

변화의 격랑 속에서 길잡이가 되어줄 책

결국 비트코인과 스테이블코인의 확산은 단순한 기술 혁신이 아니다. 이는 우리의 일상과 사회구조를 재설계하는 시민적 쟁점이다. 스마트폰 하나로 전 세계 결제망에 참여할 수 있는 세상에서 금융 체계의 변화는 우리의 학습과 정치적 선택, 소비와 투자 결정까지 모두 관통한다.

가까운 미래에 월급이나 생활비가 스테이블코인으로 지급된다고 상상해보라. 우리의 납세 방식, 사회보장제도, 연금 시스템까지도 디지털 자산을 기준으로 재구성될 수 있다. 따라서 '화폐란 무엇인가', '주권이란 무엇인가' 같은 질문은 앞으로 철학적 화두가 아니다. 당장 우리 삶의 문제이다.

이 책은 이러한 변화의 격랑 속에서 길잡이가 되어줄 것이다. 경제 초보자부터 Web3 전문가에 이르기까지 누구나 이해할 수 있도록 복잡한 주제를 풀어내며, 새로운 금융 패권의 흐름 속에서 개인과 국가의 미래를 가늠할 수 있는 통찰과 전략을 제공할 것이다.

우리가 당면한 변화는 이제 되돌릴 수 없는 가속도로 진행되고 있다. 모르면 당하기 쉽지만, 배우면 대처할 수 있다. 미래의 금융 패권 시대를 함께 준비하자. 중요한 것은 이 격변의 흐름을 이해하고 대처할 태도를 갖추는 일이다. 앞으로 펼쳐질 새로운 금융 지형에서 우리는 모두 작은 경제 주체이자 변혁의 주체가 될 것이다.

목차

서문 새로운 금융 패권의 시대 ··· 7

1부
비트코인, 국가 전략 자산으로 진화

1장 비트코인의 본질과 전략적 가치 ··· 18
- 비트코인의 기술적 기초: 탈중앙화와 희소성의 힘
- 디지털 금 vs 투기적 자산 논쟁의 종결
- 기관투자자 유입과 주류 금융 편입 과정
- 거시경제 환경 변화와 비트코인의 역할 부각

2장 미국의 비트코인 전략보유SBR 혁명 ··· 34
- 트럼프 행정부의 패러다임 전환: 규제에서 전략적 수용으로
- 비트코인 전략보유의 핵심 개념
- 각국의 비트코인 보유 사례

3장 비트코인 전략보유의 경제적 파급 효과 ··· 62
- 금융 안정성과 포트폴리오 다변화 효과
- 달러 패권 강화 vs 위협 논쟁 분석
- 글로벌 비트코인 보유 경쟁 시나리오
- 비트코인 채굴의 지정학: 에너지 안보와 국가 경쟁력

2부

스테이블코인, 달러의 디지털 확장 전략

4장 스테이블코인StableCoin 생태계의 이해 ··· 76
- 스테이블코인의 종류와 작동 원리
- 스테이블코인 규모 Top 10
- 달러 가치 연동 스테이블코인의 압도적 지배력: USDT, USDC 심층 분석
- 스테이블코인의 활용

5장 미국의 스테이블코인 규제 마스터플랜 ··· 119
- GENIUS Act와 STABLE Act 완전 해부
- 발행자 인가 요건과 준비금 규정
- 상환 의무와 투명성 강화 방안
- 소비자 보호와 시스템 리스크 관리

6장 글로벌 스테이블코인 도입 전략 및 규제 경쟁 ··· 141
- 미국 주요 금융사 스테이블코인 추진 전략
- 각국의 스테이블코인 추진 전략 및 규제
- 중앙은행이 발행하는 스테이블코인: CBDC

7장 스테이블코인의 글로벌 패권 구조와 미국의 전략적 계산 ··· 181
- 스테이블코인을 통한 달러 패권 강화 메커니즘
- 탈달러화 움직임에 대한 스테이블코인의 대응력
- CBDC와 스테이블코인의 상호 보완 관계

3부

미국 금융 전략의 지정학적 함의

8장 디지털 냉전: 블록체인 위의 통화 전쟁 ··· 192
- 미국 vs 중국: 디지털 패권 경쟁의 현실
- 비트코인 전략보유와 스테이블코인이 만드는 새로운 금융 질서
- 중간국들의 선택: 디지털 비동맹운동의 가능성

9장 한국의 전략적 선택과 대응 방안 ··· 206
- 미국 정책이 한국에 미치는 직접적 영향
- 한국형(KRW) 스테이블코인 발행 가능성
- 디지털 자산 시대 한국 금융 산업의 성장 전략

맺음말: 새로운 금융 지정학 시대의 한국 비전

4부
미래 전망과 투자 시사점

10장 2030년 글로벌 금융 혁명 ⋯ 228
- 비트코인과 스테이블코인이 이끄는 금융 혁명 시나리오
- 금융기관, 기업, 개인에 미치는 기회와 위험
- 실용적인 투자 전략 가이드라인
- 다가올 금융 혁명에 대한 준비: 기회 포착과 리스크 관리

11장 결론: 새로운 패권 경쟁의 서막 ⋯ 258
- 미국의 디지털 금융 전략이 시사하는 미래 질서
- 한국이 준비해야 할 디지털 금융 시대의 도전과 기회
- 미래 세대를 위한 제언: 지속가능한 디지털 금융 생태계 구축

맺음말: 마지막 기회–통화 주권과 디지털 변곡점

마치는 글 ⋯ 269
용어 해설 ⋯ 271
참고문헌 및 출처 ⋯ 278

1부

비트코인, 국가 전략자산으로 진화

비트코인의 본질과 전략적 가치

현대 디지털 금융 혁명 속에서 비트코인은 단순한 가상자산을 넘어 거시경제와 국제 금융 질서에 영향을 미치는 전략자산으로 부상했다. 본서 『스테이블코인의 시대: 비트코인과 스테이블코인이 이끄는 디지털 화폐 혁명』은 미국을 비롯한 주요 국가에서 디지털 화폐 시대에 어떻게 대응하고 주도권을 확보하려 하는지를 조망한다. 제1장은 그 서막으로서, 비트코인의 탄생과 기술적 특징, 그리고 그것이 지닌 전략적 가치를 다각도로 살펴봄으로써 이후 전개될 미국의 비트코인 전략보유와 스테이블코인 혁명 논의를 위한 토대를 마련하고자 한다.

우선 비트코인이 어떠한 기술적 기반 위에서 운영되는지 이해하도록 탈중앙화된 블록체인 구조와 2,100만 개로 제한된 공급량이라는 희소성의 원리를 살펴본다. 이어서 비트코인이 왜 '디지털 금Digital Gold'으로 불리며 가치 저장 수단으로 주목받는지, 그리고 초기에는 단순한 투기자산으로 치부되던 인식이 어떻게 변화되었는지를 알아본다. 또 2020년대에 들어 강화된 기관투자자들의 비트코인 시장 진입과 월가 중심의 주류 금융 편입 과정을 짚어보고, 이러한 흐름이 비트코인의 안정성과 신뢰도에 미친 영향을 논한다. 마지막으로, 최근 전 세계적인 거시경제 환경 변화 – 예를 들어 인플레이션 압력 증대나 금융시장 불안정 – 속에서 비트코인이 인플레이션 헤지와 가치 저장 수단으로 부각되는 양상을 살펴볼 것이다. 이로써 독자들은 비트코인이 지닌 본질적 특성과 전략적 가치가 무엇이고, 왜 미국을 비롯한 각국이 비트코인을 주목하게 되었는지 통찰을 얻을 수 있을 것이다.

비트코인의 기술적 기초: 탈중앙화와 희소성의 힘

비트코인은 2009년 등장한 이후 중앙 기관 없이도 신뢰성을 담보하는 혁신적인 탈중앙화decentralized 네트워크로 주목받아왔다. 전통 금융 시스템에서는 은행 같은 중개기관이 거래 장부를 관리하지만, 비트코인 네트워크에서는 전 세계에 분산된 수많은 노드node가 공개 블록체인 장부를 공동으로 유지한다. 이들 노드는 암호학적 합의 알고리즘(작업증명Proof of Work)을 바탕으로 거래를 검증하고 블록을 추가하는데, 어떠한 단일 주체도 마음대로 장부를 조작하거나 네트워크를 멈출 수 없도록 설계되어 있다.

비유하면, 전통 은행의 거래 장부가 한곳(중앙집중)에서 관리되는 것과 달리, 비트코인의 거래 기록은 전 세계 참여자에게 동일하게 복제·공유되어 공동 검증된다. 따라서 누구나 전체 장부를 내려받아 확인할 수 있고, 다수의 동의 없이는 어떤 거래도 임의로 변경할 수 없다. 예를 들어 누군가 기존 거래 내역을 조작하려면 전 세계 컴퓨팅 파워의 51% 이상을 장악해야 하는데, 2024년 기준으로 이론상 그런 공격을 감행하려면 시간당 200만 달러 이상 막대한 비용이 들 것으로 추산된다. 심지어 국가 단위의 자원으로도 이러한 공격을 실행하기가 경제적으로 불가능에 가깝다는 연구 결과도 있다. 이러한 구조 덕분에 비트코인 네트워크는 출범 이후 현재까지 높은 안정성을 보여주고 있다. 이처럼 탈중앙화된 보안성과 무결성은 비트코인의 가장 핵심적인 기술 기반이라 할 수 있다.

 탈중앙화와 함께 비트코인의 가치를 떠받치는 또 하나의 축은 희소성scarcity이다. 비트코인의 프로토콜은 설계 단계부터 총공급량을 2,100만 BTC로 엄격히 한정해두었다. 이는 달러화 같은 법정통화와 근본적으로 대비되는 특징이다. 중앙은행이 임의로 통화를 발행하여 유동성을 늘릴 수 있는 기존 통화체계와 달리 비트코인은 디지털 형태의 희소자산으로 만들어졌다. 실제로 창시자 사토시 나카모토Satoshi Nakamoto는 인플레이션을 방지하고자 공급량 상한을 설정했고, 그 결과 비트코인의 연간 통화 증가율(인플레이션율)은 2024년 기준 약 1.7%에 불과하다. 현재 약 1,978만 BTC가 채굴되어 전체 공급량의 94%가 유통되고 있으며, 남은 6%가량의 신규 비트코인은 채굴 보상을 통해 서서히 공급되고 있다.

 비트코인의 희소성은 시간이 지날수록 더 두드러지는데, 그 비결은 약 4년마다 찾아오는 반감기halving에 있다. 네트워크 운영을 책임지는 채굴자들은 일정한 주기로 새로운 비트코인을 보상으로 지급받는데, 블록이 약 21만 개 생성될 때마다(대략 4년 간격) 그 보상량이 절반으로 줄어들도록 프로그래밍되어 있다. 초기에는 블록당 50 BTC를 지급하던 것이 2012년 약 25 BTC로, 2016년 12.5 BTC, 2020년 6.25 BTC로 줄었다. 2024년 4월 이후부터는 블록당 3.125 BTC만 새로 발행되고 있다. 이러한 채굴 보상 반감 메커니즘 덕분에 비트코인의 공급 증가는 시간이 갈수록 느려지며, 최종적으로 2140년에 이르면 이론상 모든 비트코인의 발행이 완료될 전망이다.

금이 매장량의 한계 때문에 채굴이 진행될수록 희소해지듯이, 비트코인도 시간이 흐를수록 공급이 제한되어 디플레이션적 성격을 띤다. 이처럼 탈중앙화된 검열 저항성과 공급량 제한을 통한 희소성 부여는 비트코인을 기존 금융자산과 구별짓는 핵심 요인이다. 비트코인의 초기 가치는 매우 낮아 2010년에는 1만 BTC로 피자 두 판을 구매한 일화도 있을 만큼 희소성과 가치가 제대로 평가되지 못했다. 그러나 불과 10여 년 만에 비트코인의 가치는 엄청나게 상승했다. 이는 앞서 언급한 탈중앙화와 희소성에 대한 시장의 신뢰가 반영된 결과라고 볼 수 있다.

디지털 금 vs 투기적 자산 논쟁의 종결

비트코인의 인기가 높아지자 이에 대한 평가가 극명하게 갈렸다. 지지자들은 비트코인을 "디지털 금"이라고 부르며 금과 유사한 가치 저장 수단 store of value 으로 추켜세운 반면, 회의론자들은 내재가치가 없는 투기적 자산이나 일시적 유행에 불과하다고 혹평했다. 이러한 논쟁은 2010년대부터 2020년대 초반까지 이어졌는데, 최근 들어 비트코인의 위상이 높아지면서 점차 결론이 뚜렷해지고 있다.

비트코인을 향한 부정적 시각을 대표하는 인물로는 전통 금융권 거장 워런 버핏과 각국 중앙은행 관계자들을 꼽을 수 있다. 버핏은 2018년 "비트코인은 아마도 '쥐약을 제곱한 것 rat poison squared'과 같다."라고 말한 것으로 유명하다. 이는 비트코인을 투자 자산으로 보지 않고, 위험하거나 해로운 대상을 비유적으로 표현한 발언인데, 비트코인에는 생산성도 현금흐름도 없어서 오로지 더 비싸게 사줄 다음 사람만 믿고 투자하는 투기일 뿐이라는 지적이었다. 가격 변동성 역시 극심하니 자산으로서 신뢰할 수 없다는 것이 부정론자들의 주된 논리였다. 크리스틴 라가르드 유럽중앙은행 ECB 총재 또한 2021년 비트코인을 "투기성 높은 자산이며 재미있는 돈세탁 Money laundering 사례가 일어나는 곳"이라고 지목하면서 국제적인 규제 필요성을 역설한 바 있다.

일부 비관론자들은 17세기 네덜란드의 튤립 투기 열풍이나 1990년대 말 닷컴 버블에 비유하며, 비트코인 광풍도 머지않아 거품이 꺼질 것이라고 경고했다. 실제로 비트코인은 2018년과 2022년 두 차례에 걸쳐 정점 대비 80% 이상 가격 폭락을 겪으며 '종말론'이 제기되었으나 그때마다 이전 고점을 훨씬 넘어서는 회복을 보여줬다. 이처럼 반복되는 버블 논란에도 불구하고 비트코인은 장기적으로 이용자와 인프라가 꾸준히 증가하여 오히려 생태계가 확대되는 모습을 보였다.

다른 한편에서는 비트코인이 지닌 고유한 속성에 주목하여 이를 새로운 안전자산으로 바라보는 움직임도 꾸준히 확산되었다. 비트코인의 희소성과 탈중앙화 특성이 바로 그것이다. 비트코인은 금과 유사하게 다음과 같은 특성을 지닌다.

- **내구성:** 네트워크 출범 이후 99.99%에 달하는 가동률을 보일 정도로 안정적으로 운영되어왔다.
- **희소성:** 총공급량이 2,100만 BTC로 제한되어 있어 인플레이션에 강하고 희귀 자산으로서 가치를 지닌다.
- **분할성:** 1 BTC는 1억분의 1에 해당하는 1 사토시까지 나눌 수 있어 소액 단위 거래와 저장이 가능하다.
- **휴대성:** 인터넷만 연결되면 전 세계 어디에서나 비트코인을 전송할 수 있으므로 자산 이동과 보관이 용이하다.

이러한 특성에 따라 비트코인은 점차 금과 유사한 지위를 얻게 되었고, 투자자들은 비트코인을 인플레이션이나 금융위기 시에 가치가 유지되는 디지털 금으로 인식하기 시작했다.

특히 2020년대 들어 전 세계적으로 인플레이션 압력이 커지면서 비트코인의 가치 저장 기능이 재평가되었다. 예를 들어 2024년 물가상승률이 30% 안팎에 달한 나이지리아는 전 세계에서 둘째로 높은 비트코인 채택률을 보였다. 또 고인플레이션에 시달린 튀르키예, 아르헨티나, 베네수엘라 등도 가상자산 활용도가 상위권에 올랐다. 화폐 가치가 불안정한 환경에서 많은 사람이 비트코인을 대안자산으로 선택한 것이다. 이처럼 비트코인이 단순 투기 수단이 아니라 인플레이션 헤지 자산으로 유용하다는 인식이 퍼져 나갔다.

그 결과 주류 금융에서 비트코인을 바라보는 시각도 크게 변화하고 있다. 2023년 세계 최대 자산운용사인 블랙록BlackRock의 래리 핑크 회장은 과거의 회의론을 뒤집고 "비트코인은 합법적인 금융자산이며 디지털 금"이라고 인정했다. 그는 비트코인이 각국 정부의 통화가치 절하(인플레이션)에 대비할 헤지 수단이 될 수 있고, 전통자산과 상관관계가 낮아 포트폴리오 분산에 기여한다는 점을 높이 평가했다. 실제로 2025년 미국 경제에 경기 침체 우려가 커지자, 투자자들이 주식 등 기존 자산 비율을 줄이고 비트코인 ETF로 자금을 이동시키는 흐름이 관찰되었다. 이는 비트코인이 더는 일부 투기꾼만의 장난감이 아니며, 위험 회피와 가치 보존에 적합한 전략적 자산으로 재평가되고 있음을 의미한다.

다만 가치 규모 면에서 비트코인은 아직 금과 큰 격차가 있다. 2025년 6월 현재 비트코인의 전 세계 시가총액은 2조여 달러로 추산되는데, 이는 같은 시기 금 시장 규모(22조 달러)의 10분의 1 남짓에 불과하다. 하지만 10년 전만 해도 수십억 달러에 불과했던 비트코인의 시가총액이 이제는 수조 달러대로 성장한 만큼 '디지털 금'으로서의 위상은 해를 거듭할수록 강화되고 있다. 요컨대 '디지털 금 vs 투기자산'이라는 오래된 논쟁은 비트코인이 제도권으로 편입되고 수많은 투자자의 신뢰를 얻음에 따라 디지털 금 쪽으로 무게추가 기울며 사실상 종결되고 있는 분위기이다.

Rank	Name	Market Cap	Price	Today	Price(30 days)	Country
1	Gold	$ 22.507 T	$ 3,352	0.26%		
2	NVIDIA	$ 3.885 T	$ 159.34	1.33%		USA
3	Microsoft	$ 3.707 T	$ 498.84	1.58%		USA
4	Apple	$ 3.189 T	$ 213.55	0.52%		USA
5	Amazon	$ 2.371 T	$ 223.41	1.59%		USA
6	Alphabet(Google)	$ 2.184 T	$ 180.55	0.44%		USA
7	Bitcoin	$ 2.172 T	$ 109,229	0.24%		
8	Silver	$ 2.086 T	$ 37.07	-0.04%		
9	Meta Platforms (Facebook)	$ 1.807 T	$ 719.01	0.76%		USA
10	Saudi Aramco	$ 1.598 T	$ 6.61	0.94%		S. Arabia

2025년 6월 기준 자산별 시가총액 순위(출처: companiesmarketcap)

기관투자자 유입과 주류 금융 편입 과정

비트코인이 10여 년 만에 시가총액 수조 달러 규모의 자산으로 성장한 데는 기관투자자들의 참여 확대가 결정적인 역할을 했다. 초기에는 개인투자자와 기술 애호가 위주로 시장이 형성되었지만, 2020년대에 접어들면서 월스트리트의 주요 금융기관, 기업, 자산 운용사들이 속속 비트코인 시장에 뛰어들었다. 이렇게 제도권 자금이 유입되면서 비트코인의 신뢰도를 끌어올리고 가격 안정성을 높이는 한편, 암호자산을 새로운 자산군 asset class 으로 인정하게 만드는 중요한 전환점이 되었다.

기관투자자들이 비트코인에 관심을 가진 이유로는 인플레이션 헤지 기능, 포트폴리오 다각화 수단으로서의 가치, 블록체인 기술에 대한 전략적 관심 등을 들 수 있다. 특히 2020년 코로나19 팬데믹 이후 각국의 대규모 경기 부양책으로 통화 공급이 급증하자, 헤지펀드와 자산운용사에서는 거시경제 불확실성에 대비하고자 비트코인을 매력적인 대안으로 검토하기 시작했다. 미국의 거물 투자자 폴 튜더 존스Paul Tudor Jones가 2020년 "비트코인은 인플레이션 시대에 가장 빠른 말the fastest horse in the race"이라며 자신의 펀드에 비트코인을 편입한 것이 대표적 사례이다. 이러한 움직임은 비트코인이 단순 투기자산에서 기관이 운용할 수 있는 투자자산으로 격상되는 촉매제가 되었다.

투자수단의 다양화도 기관 자금의 유입을 가속시켰다. 과거에는 기업이나 펀드가 직접 비트코인을 구입해 보관해야 했지만, 이제는 비트코인 선물, 상장지수펀드ETF, 신탁펀드(예: 그레이스케일 GBTC), 수탁 서비스 등 다양한 간접투자 수단이 마련되었다. 예를 들어, 2021년 미국 증권당국이 처음으로 비트코인 선물 ETFProShares Bitcoin Strategy ETF를 승인하고, 2024년에는 현물 기반 비트코인 ETF까지 승인되면서(캐나다와 유럽 등에 이어 미국도 동참) 기관투자자들은 주식을 거래하듯 손쉽게 비트코인에 투자할 수 있게 되었다. 또 세계 최대 자산운용사인 블랙록을 포함한 전통 금융사들이 비트코인 신탁상품을 내놓거나, 연기금과 대학 기금 등을 암호화폐 펀드에 출자하는 사례도 등장했다. 미국의 모건스탠리는 2021년부터 부유층 자산

관리 고객에게 비트코인 펀드 투자를 허용했고, 골드만삭스도 암호화폐 트레이딩 부서를 재가동하는 등 월가의 대형 은행들도 가상자산 서비스에 뛰어들었다.

주요 기업의 비트코인 매입도 뉴스 헤드라인을 장식하며 시장 분위기를 바꾸어놓았다. 미국의 나스닥 상장사 마이크로스트래티지MicroStrategy는 2020년부터 자사 현금 자산으로 비트코인을 지속적으로 매수하여 2025년 6월에는 무려 56만~57만 BTC를 보유해, 전체 비트코인 공급량의 2.6% 이상을 한 기업이 차지하는 기록을 세웠다. 테슬라 역시 2021년 초에 비트코인 15억 달러어치를 매입해 한때 약 4만 8,000 BTC를 보유했다. 비자카드나 페이팔PayPal 등 결제 기업들도 자사 네트워크에 비트코인 지원을 추가하거나 관련 스타트업에 투자하는 등 적극적인 행보를 보였다.

비트코인의 주류 편입은 미국뿐만 아니라 전 세계적으로 진행되고 있다. 유럽에서는 2023년 EU의 MiCA(가상자산시장 규제안Markets in Crypto-Assets) 법제화로 규제 불확실성이 해소되었고, 같은 해 8월에는 유럽 최초로 현물 비트코인 ETF가 암스테르담 증권거래소에 상장되어 기관과 개인이 규제 틀 안에서 비트코인에 투자할 수 있는 길이 열렸다. 아시아 지역도 예외가 아니다. 암호화폐 친화적 금융 허브를 표방한 홍콩은 2023년 6월에 새로운 규제체계를 도입하여, 요건을 충족하는 거래소에 한해 개인투자자를 대상으로 비트코인 거래 서비스를 공식 허용했다.

한편 중국은 2021년 암호화폐 채굴 및 거래를 전면 금지하면서 정반대 행보를 보였다. 이 때문에 전 세계 비트코인 채굴 지형이 급변했다. 중국에 몰려 있던 거대한 채굴 시설들이 미국, 카자흐스탄 등지로 옮겨가면서 2021년 하반기에 미국이 전 세계 비트코인 채굴 해시레이트의 약 35%를 차지해 1위를 한 것이다. 중국의 강력한 비트코인 단속이 아이러니하게도 미국을 최대 비트코인 생산 거점으로 만들어 비트코인 네트워크 인프라 측면에서 주도권을 확보해준 셈이다.

이처럼 기관화institutionalization와 주류 금융 편입 과정을 거치면서 비트코인은 변두리 취미가 아닌 주류 자산으로 변모하고 있다. 그 결과 현재 비트코인 시장에는 일반투자자뿐 아니라 은행, 헤지펀드, 기업, 심지어 일부 국가의 자금까지 다양한 플레이어가 참여하고 있다. 이렇게 참여자가 다양하고 규모가 커지면서 시장의 유동성이 커지고 변동성을 완화하는 데 기여하여, 비트코인의 가격 발견price discovery 과정도 성숙되고 있다.

무엇보다 주목할 점은, 일부 국가의 정부에서 비트코인을 전략자산으로 취급하기 시작했다는 사실이다. 2025년 초 미국 행정부는 연방 차원에서 비트코인을 전략적 준비자산Strategic Bitcoin Reserve으로

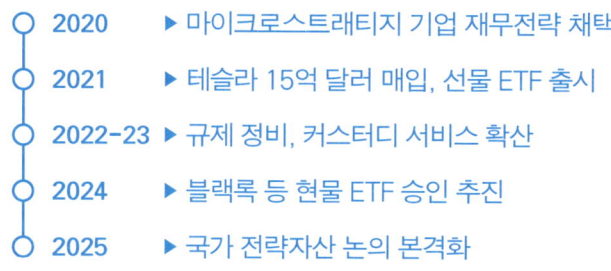

- 2020 ▶ 마이크로스트래티지 기업 재무전략 채택
- 2021 ▶ 테슬라 15억 달러 매입, 선물 ETF 출시
- 2022-23 ▶ 규제 정비, 커스터디 서비스 확산
- 2024 ▶ 블랙록 등 현물 ETF 승인 추진
- 2025 ▶ 국가 전략자산 논의 본격화

비트코인 기관 채택 타임라인(2020-2025)

편입하고 국가 디지털 자산 비축고를 구축하겠다는 구상을 공개적으로 밝혔다. 미국 정부는 이미 2025년 기준으로 법 집행 과정에서 압수한 비트코인 약 21만 BTC를 보유하고 있다. 이는 지난 10년간 몰수한 암호화폐 중 일부를 매각하지 않고 쌓아둔 것이다. 암호화폐 업계에서는 이러한 발표를 "사토시 백서 이후 가장 중요한 사건"이라고 평했는데, 미국 정부가 공식적으로 "비트코인은 전략적 가치가 있는 자산"이라고 선언한 것이나 다름없기 때문이다.

거시경제 환경 변화와 비트코인의 역할 부각

글로벌 거시경제 환경의 변화는 비트코인의 가치와 쓰임새를 재조명하는 중요한 계기가 되었다. 우선 2020년대 초반부터 전 세계적으로 인플레이션 압력이 높아지자, 비트코인은 일각에서 금에 비유될 만큼 인플레이션 헤지 자산으로 각광받았다. 통화가치가 빠르게 하락하면 현금이나 채권보다는 공급량이 제한된 자산에 자금을 넣어두려는 경향을 보이는데, 과거에는 금이 그 역할을 했다. 그런데 이제는 비트코인이 그 일부를 대체하거나 보완하고 있다.

2008년 글로벌 금융위기와 2020년 코로나19 팬데믹을 거치며 주요 선진국에서는 막대한 유동성을 풀고 초저금리 정책을 유지해왔다. 그 결과 전 세계적으로 통화 공급량이 급증하고 정부 부채가 누적되면서, 법정화폐 가치에 대한 의구심과 인플레이션 우려가 커졌다. 이러한 환경에서 일부 투자자와 기관에서는 금과 함께 비트코인을 인플레이션 헤지와 가치 보존 수단으로 주목하기 시작했다. 실제로 2020년 미국 연방준비제도Fed(연준)가 유례없는 양적완화를 실시하자, 전설적인 헤지펀드 매니저인 스탠리 드러켄밀러Stanley Druckenmiller는 "비트코인이 가치 저장 수단으로서 금을 능가할 수도 있다."라고 언급했다. 또 "인플레이션 강세장에서는 금보다 비트코인을 소유하고 싶다."라고도 말하며 비트코인의 인플레이션 헤지 기능을 강조하고 자산 배분에 포함했다. 그러자 기업들도 현금 가치 하락을 우려하며 비트코인 매입에 나섰다.

앞서 언급한 나이지리아, 아르헨티나 등의 사례는 높은 인플레이션 속 민간 차원에서 비트코인 수요가 증가한 경우이다. 미국이나 유럽의 투자자들 또한 물가 상승 국면에서 포트폴리오의 일부를 비트코인으로 옮기는 움직임을 보였다. 실제로 2024년 중반부터 2025년 중반까지 1년간 주요 자산군의 수익률을 비교해보면, 비트코인은 약 40% 상승률을 기록해 금(약 +25%)이나 미국 나스닥100 지수(+15%)보다도 높은 성과를 냈다. 이 기간에 전 세계적으로 통화 긴축과 지정학적 불안 등 복합 위기가 지속되었는데도 비트코인은 거시경제 충격 속에서 오히려 돋보이는 자산으로 두각을 나타냈다.

또 금융시장 불안이나 위기 상황에서 비트코인의 잠재적 역할이 주목받는 사례도 늘고 있다. 2019년 미중 무역분쟁 시기에 관세 전쟁 여파로 주가가 크게 흔들릴 때 비트코인 가격이 역으로 상승하여 위험 회피성 자산의 면모를 보인 일이 있다. 이때부터 비트코인을 '디지털 금'으로 바라보는 서사가 힘을 얻었다. 2023년 3월 미국 실리콘밸리은행SVB이 파산해 은행 시스템에 대한 불안이 커졌을 때 비트코인 가격은 단 일주일 만에 30% 이상 급등하여 '디지털 안전자산'으로서의 면모를 보여주었다. 이는 투자자들이 위기 상황에서 비트코인을 일종의 대체 안전판으로 간주하기 시작했음을 시사한다.

거시경제적 관점이나 글로벌 지정학적 긴장·제재 상황에서도 비트코인의 활용도가 드러나고 있다. 예를 들어 2022년 러시아가 우크라이나를 침공한 이후 우크라이나 정부는 전 세계에서 비트코인과 암호자산을 기부받아 신속히 자금을 확보했고, 러시아나 이란 등 일부 국가에서는 서방의 금융 제재를 회피하고자 암호화폐 채굴이나 거래를 모색하는 움직임을 보였다. 이는 국가 단위에서도 비트코인을 국제 경제 전략의 도구로 고려할 수 있음을 보여준다.

신흥국과 개발도상국에서 통화가치가 급락하거나 하이퍼인플레이션이 발생할 때, 비트코인이 대안 통화로 사용되는 현상도 관찰되고 있다. 남미의 베네수엘라나 아르헨티나에서는 자국 통화가 폭락하자 주민들이 비트코인 등으로 재산 가치를 보존하거나 해외로 송금하는 사례가 늘었다. 정부가 외환을 통제하거나 은행 시스템이 불안정할 때, 디지털 지갑 속 비트코인은 생존 도구가 되었다. 특히 극심한 인플레이션으로 통화가치가 떨어지고 있는 신흥국에서는 비트코인 보급률이 더욱 눈에 띈다. 이는 극심한 인플레이션 속에서 국민이 비트코인을 가치 저장과 거래 수단으로 활용하고 있음을 보여준다.

유럽에서는 2015년 그리스 금융위기 때 은행 인출이 제한되자 일부 시민이 비트코인을 이용해 해외에서 돈을 인출하거나 결제한 일화가 있다. 이렇듯 정치 불안, 재정위기, 금융 시스템 붕괴 등의 상황에서 국경과 검열 없이 거래할 수 있고 공급량이 고정된 비트코인은 일반 대중에게도 금융 생명줄financial lifeline로 떠오르고 있다.

물론 이러한 변화가 비트코인이 전통 안전자산(예: 금, 미 달러)을 완전히 대체했음을 뜻하지는 않는다. 여전히 전 세계 중앙은행 준비자산 1위는 금이고, 글로벌 달러 유동성에 대한 신뢰도도 건재하다. 비트코인 가격 역시 유동성 환경과 투자 심리에 민감하게 반응하는 만큼 완전한 안전자산 지위와는 거리가 있다. 그러나 과거와 비교하면 비트코인의 상대적 위상 변화는 분명하게 드러난다. 2020년대 중반에 이른 현재 비트코인은 '투자 포트폴리오에 편입할 가치가 있는 준準안전자산' 정도의 지위를 확보했다는 평가를 받는다.

궁극적으로 거시경제 환경 변화 속에서 부각된 비트코인의 역할은 화폐 가치 하락 위험에 대비한 가치 저장 수단, 전통 금융시장과 상관관계가 낮은 대체 투자처, 글로벌 위기 시 탈중앙화된 안전자산으로 요약된다. 세계적인 부채 증가, 통화정책 불확실성, 지정학적 갈등 등으로 기존 금융 질서에 대한 불안이 커질수록 탈중앙화된 디지털 자산인 비트코인이 제공하는 금융 주권과 검열 저항성의 가치는 더욱 두드러진다. 비트코인이 완전무결한 해답은 아닐지라도, 지난 15년간에 걸친 경험은 비트코인이 글로벌 경제환경 속에서 독자적인 역할을 차츰 구축해가고 있음을 보여준다.

물론 비트코인이 성숙한 자산으로 완전히 자리 잡으려면 풀어야 할 숙제도 남아 있다. 극심한 가격 변동성은 일반 통화나 채권에 비해 높은 위험을 동반하며, 각국 정부의 규제 방향에 따른 불확실성 역시 투자자에게는 부담 요소이다. 거래소 해킹과 같은 기술 보안 이슈와 범죄 악용 가능성에 대한 우려도 완전히 해소되지는 않았다.

	비트코인	금	법정화폐(달러 등)
발행 주체	없음(알고리즘 기반)	없음(자연 생성)	중앙은행
총공급량 제한	있음(2,100만 BTC)	있음(지질학적 한계)	없음(무제한 발행 가능)
탈중앙성	높음(P2P 분산 네트워크)	낮음	없음
내구성	높음	매우 높음	상대적으로 낮음
이동·전송 속도	수분 내 전 세계 전송 가능	물리적 이동 제약 있음	국가 간 송금 수일 소요
분할 가능성	1억분의 1 사토시	낮음(현실적 제약 있음)	있음(센트 등)
가치 변동성	높음	중간	낮음 (단, 인플레이션 발생 가능)
사용 역사	15년 미만	수천 년	수십~수백 년

비트코인의 속성 vs 기존 자산 비교 표

　이러한 과제를 어떻게 해결해나가느냐에 따라 '디지털 금'으로서 비트코인의 입지가 더욱 공고해질지 결정될 것이다.

　이처럼 비트코인의 본질과 전략적 가치를 이해하려면 미국을 비롯한 각국의 디지털 화폐 전략을 살펴보는 것이 핵심이다. 미국은 달러 패권을 지키고 금융 혁신을 선도하고자 비트코인을 국가 전략 자산으로 고려하는 한편, 비트코인의 변동성과 한계를 보완할 새로운 형태의 디지털 달러, 즉 스테이블코인(가치가 달러 등 기존 화폐에 연동된 암호화폐)의 육성에도 주목하고 있다. 이어지는 장들에서는 이러한 미국의 비트코인 보유 전략의 전개와 스테이블코인 혁명이 가져올 금융 질서 변화에 관해 상세히 살펴볼 것이다.

미국의 비트코인 전략보유 SBR 혁명

이 장에서는 미국 정부가 비트코인을 전략적 국가 자산으로 보유하게 된 혁명적 전환을 살펴본다. 앞 장에서 다룬 디지털 달러 패권 경쟁의 맥락과 관련해 구체적인 사례를 제시하고, 미국의 정책 변화가 글로벌 암호자산 지형에 어떠한 영향을 미치는지 설명한다. 특히 트럼프 행정부의 패러다임 전환과 함께 비트코인 전략보유 Strategic Bitcoin Reserve, SBR 개념의 핵심 요소를 해부하고, 각국의 비트코인 보유 사례를 비교함으로써 미국의 사례를 세계적 관점에서 조명한다. 이러한 논의는 다음 장에서 다룰 스테이블코인 혁명과도 연결된다. 디지털 시대에 미국이 어떻게 금융 주도권을 확보하려 하는지를 이해하는 기반이 될 것이다.

2025년 3월 6일, 백악관 오피스에서 벌어진 서명식은 단순한 정책 발표를 넘어선 역사적 전환점이었다. 도널드 트럼프 대통령이 펜을 들어 서명한 '비트코인 전략보유와 미국 디지털 자산 비축 설립 Establishment of the Strategic Bitcoin Reserve and United States Digital Asset Stockpile

행정명령에 서명한 트럼프 대통령과 행정명령 (출처: 연합뉴스, whitehouse.gov)

행정명령'은 미국 금융체계에 첫 번째 균열을 일으켰다. "미국은 이제 디지털 금의 포트녹스Fort Knox를 갖게 될 것"이라는 데이비드 색스David Sacks 백악관 암호화폐 차르czar의 선언은 비트코인이 더는 투기꾼들의 장난감이 아니라 세계 최강국의 전략자산이 되었음을 의미했다.

이 장은 『스테이블코인의 시대』 전체 구조에서 핵심 교량 역할을 담당한다. 제1장에서 비트코인의 본질과 기술적 기초를 다뤘다면, 제2장에서는 비트코인이 어떻게 국가 전략 차원으로 격상되었는지를 보여준다. 더 나아가 이는 제2부에서 다룰 스테이블코인 혁명과 함께 미국의 '디지털 달러 제국' 구축 전략의 양대 축을 이룬다. 비트코인이 디지털 시대의 금이라면, 스테이블코인은 디지털 시대의 달러이다. 이 두 가지가 결합될 때 진정한 디지털 금융 패권이 완성된다.

트럼프 행정부의 패러다임 전환:
규제에서 전략적 수용으로

2010년대부터 2020년대 초까지 미국 정부의 암호자산에 대한 접근 방식은 주로 규제와 단속이었다. 미국 규제당국은 명확한 가이드라인을 제시하기보다는 금융범죄 방지와 투자자 보호를 명목으로 사후 집행에 의존하는 경향을 보였고, 업계에서는 이를 집행을 통한 규제regulation by enforcement라고 비판했다. 실제로 2023년까지 증권거래위원회SEC 등 기관들은 명확한 기준 없이 일부 암호화폐 기업을 제소하여 시장에 불확실성을 초래했다. 이러한 규제 중심 기조는 암호자산을 주류 금융권에 편입하기보다는 위험요인으로 간주한 결과였다. 그러나 2025년, 새로운 행정부가 들어서면서 이러한 기조에 극적인 변화가 나타났다. 워싱턴에서 더는 암호자산을 방치하거나 탄압하지 않고, 규제와 단속 기조를 과감히 버리고 디지털 경제를 선도하겠다는 강력한 신호를 세계에 보내기 시작한 것이다. 이는 미국이 디지털 자산 분야에서 추격자follower가 아니라 선도자leader가 되겠다는 선언과도 같았다.

시간을 2019년 7월로 되돌려보자. 도널드 트럼프 대통령은 트위터를 통해 "나는 비트코인과 다른 암호화폐의 팬이 아니다. 이것들은 돈이 아니며, 그 가치는 매우 변동적이고 허공에서 나온 것이다."라고 밝혔다. 이어진 트윗에서는 더욱 날카로운 비판을 쏟아냈다. "만약 페이스북과 다른 회사들이 은행이 되고 싶다면, 그들은 은행 헌장을 신청해야 하고 다른 은행들과 마찬가지로 모든 은행 규제를 받아야 한다." 이는 단순한 개인적 선호가 아니었다. 당시 워싱턴 정치 엘리트들의 지배적 시각을 반영한 것이었다. 암호화폐는 전통적인 금융 시스템의 안정성을 위협하고, 돈세탁과 테러자금 조달에 악용될 수 있는 위험한 존재로 여겨졌다. 실제로 트럼프 1기 행정부는 암호화폐에 대해 철저히 규제 중심적 접근 방식을 취했다. 증권거래위원회는 ICO_{Initial Coin Offering} 열풍을 잠재우기 위해 수많은 소송을 제기했고, 재무부는 암호화폐 거래소에 대한 감시를 강화했다. 은행들은 암호화폐 관련 서비스 제공하기를 꺼렸고, 주요 결제 업체도 거리를 두었다. 비트코인을 둘러싼 워싱턴의 분위기는 한마디로 '적대적'이었다.

그러나 재임에 성공한 도널드 트럼프 대통령이 스스로를 '크립토 대통령_{Crypto President}'이라고 칭할 정도로 친_親암호화폐 행보를 보였다. 트럼프가 비트코인을 재발견한 것은 순전히 경제적 논리만은 아니었다. 정치적 계산이 더 중요한 역할을 했다. 2024년 대선을 앞두고 그는 새로운 유권자층을 발견했다. 젊고 기술에 정통하며 경제적으로 영향력 있는 암호화폐 투자자들이었다. 이들은 전통적인 공화당 지지층과는 확연히 다른 특성을 보였다. 대부분 MZ 세대였고, 실리콘밸리와 테크 업계에 종사했으며, 정부의 과도한 규제를 극도로 싫어했다. 무엇보다 그들은 정치적 영향력에 비해 경제적 파워가 상당했다. 2024년 선거 자금 모금 과정에서 암호화폐 업계는 트럼프 캠페인에 수천만 달러를 기부했다. 코인베이스_{Coinbase}, 바이낸스_{Binance} 같은 거래소부터 벤처캐피털, 개인투자자까지 폭넓은 지원이 이어졌다. 그들은 단순히 돈을 기부한 것이 아니라 미래에 투표한 것이다.

2024년 11월 대선에서 승리한 후 트럼프는 놀라운 속도로 움직였다. 취임 전부터 암호화폐 친화적 인사를 핵심 직책에 임명하기 시작했다. 가장 눈에 띄는 인사는 데이비드 색스를 백악관 AI 및 암호화폐 차르에 임명한 것이었다. 실리콘밸리의 유명한 벤처캐피털리스트인 그는 오랫동안 비트코인의 열렬한 옹호자였다. 재무장관으로 지명된 스콧 베선트 Scott Bessent 도 비트코인에 우호적이다.

증권거래위원회가 암호화폐 기업을 상대로 진행하던 소송들이 하나둘 철회되기 시작했다. 또 통화감독청 OCC은 은행들의 암호화폐 서비스 제공을 금지하던 지침을 전면 폐지했다. "마치 댐이 터진 것 같았다." 한 암호화폐 업계 관계자는 당시를 이렇게 기억한다. "하루아침에 규제 환경이 180도 바뀌었다. 이제 더는 규제당국과 싸울 필요가 없어졌다."

무엇보다 획기적인 변화는 미국 정부의 비트코인 전략보유 정책 선언이었다. 2025년 3월 트럼프 대통령은 행정명령을 통해 미국의 비트코인 전략보유를 공식화했다. 이는 미국 정부가 비트코인을 일종의 국가 전략자산으로 다루겠다는 첫 선언이며, 더는 범죄 단속으로 압수한 비트코인을 경매로 처분하지 않고 국가 금고에 영구 보관하겠다는 내용을 담고 있다. 과거 연방법에 따라 연방 기관에서는 몰수한 암호화폐를 즉시 매각하여 법정화폐로 전환해왔고, 그 결과 미국은 비트코인을 상당량 보유하고도 시세 상승 이익을 놓쳤다. (50만 개를 보유했으나 지속적으로 매각해 현재 보유량은 21만 개로 알려져 있다.) 실제로 미국 정부가 2020년대 초반까지 매각한 '압수' 비트코인의 가치 상승분만 해도 약 170억 달러에 달한다는 분석이 있으며, 이러한 '프리머추어 세일premature sale(시점상 너무 이른 판매)' 관행이 국민 경제에 손실을 초래했다는 지적이 나왔다. 트럼프 행정부는 이 문제를 인식하고, 각 기관에 흩어져 있던 압수 비트코인을 한데 모아 연방 재무부가 일원화해 관리하도록 지시했다. 새로운 행정명령에 따르면, 재무부 등 관계 부처는 비용 중립적 방법으로 추가 비트코인 확보 전략도 모색할 수 있게 되었다. 이는 조세 부담 없이 비트코인 보유량을 늘릴 창의적 방안을 찾으라는 의미이다. 또 비트코인을 제외한 기타 압수 암호자산은 디지털 자산 비축stockpile으로 구분하여 관리하되, 신규 매입은 하지 않고 필요할 때 매각할 수 있도록 구분했다. ('보유'로 분류된 비트코인은 국가에 심각한 문제가 있지 않은 이상 매각하지 않고, '비축'으로 분류된 기타 암호화폐는 매각할 수 있다는 이야기이다.)

이러한 일련의 조치는 미국 정부의 암호자산에 대한 인식 전환의 분수령으로 평가된다. 과거에는 비트코인을 위협이나 투기 대상으로 여기고 규제하는 데 급급했다면, 이제는 국가 이익을 위한 전략적 자산으로 수용하려는 것이다. 워싱턴의 전략 변화는 미국이 디지털 자산 분야에서 주도권을 확보하려는 것이며, '디지털 골드러시'에 가장 먼저 뛰어드는 국가가 되겠다는 의지를 천명한 셈이다. 실제 백악관 발표문에서도 비트코인을 '디지털 금'에 비유하면서 그 희소성과 보안성을 강조했고, 공급량이 2,100만 개로 고정된 비트코인을 선제적으로 비축하는 것이 곧 전략적 우위를 차지하는 것이라고 언급했다. 트럼프 대통령은 "미국을 세계 크립토의 수도로 만들겠다."라는 공약을 현재 실행에 옮기고 있으며, 이로써 기술혁신

항목	내용
비트코인 비축 기관 설립	– 재무부 산하에 전략적 비트코인 비축(SBR) 전담부서 설치. – 각 기관의 압수 비트코인을 이곳으로 일원화하여 이종 자산 통합 관리.
비축 자산 처분 금지	– 비트코인 비축분은 매각 금지, 순수하게 비축 자산으로 유지. – 기타 암호자산은 디지털 자산 비축(stockpile)에 보관되며, 추후 '책임 있는 관리(strategic stewardship)' 가능.
추가 확보 방법 규정	– 재무부와 상무부 장관에게 예산 중립적인 방식으로 추가 비트코인 확보 전략 수립 권한 부여. – 단, 다른 암호자산은 추가 취득 금지.
자산 내역 보고 의무화	– 각 기관은 보유 자산 규모와 종류를 재무부 및 백악관 암호자산 워킹그룹에 30일 이내 보고.
법률·운영 방안 검토	– 60일 내에 법적·투자적 고려사항 보고 및 제도 정비, 예산 문제 검토 지시.

전략적 비트코인 보유와 미국 디지털 자산 비축 설립(Establishment of the Strategic Bitcoin Reserve and United States Digital Asset Stockpile) 행정명령의 주요 내용(출처: whitehouse.gov)

주도권과 경제적 이익을 동시에 추구하고 있다. 요컨대 트럼프 행정부하의 미국은 암호화폐에 대해 규제 일변도에서 전략적 수용으로 패러다임을 대전환하고 있으며, 이러한 변화는 미국의 새로운 디지털 경제 전략을 국제 사회에 강력히 인식시키는 계기가 되었다.

비트코인 전략보유의 핵심 개념

국가가 비트코인을 전략자산으로 비축한다는 개념이 생소해 보일 수 있지만 본질적으로는 금이나 석유 등을 전략적으로 비축하는 것과 유사한 발상이다. 과거 미국이 금 비축(금본위제 지원)이나 전략적 석유 비축(에너지 위기 대비)으로 국익을 도모했던 것처럼, 디지털 시대에는 비트코인이라는 새로운 자산을 비축하여 금융안보와 경제적 이익을 추구하겠다는 것이다. 비트코인 전략보유의 핵심 취지는 한마디로 디지털 시대의 포트폴리오 다변화와 주도권 확보로 요약된다. 구체적으로는 (1) 국가 보유자산 다변화와 인플레이션 헤지 수단 기능, (2) 디지털 기술 패권 경쟁에서 우위를 확보하여 미래 금융 질서를 주도할 수단, (3) 국제 지정학적 리스크 관리와 경제 제재 환경에 대응하는 새로운 도구라는 세 가지 측면에서 그 의의를 찾을 수 있다. 이 세 가지 핵심 개념을 상세히 살펴본다.

(1) 국가 자산 다변화 및 인플레이션 헤지 수단

비트코인을 전략 비축에 포함하려는 첫 번째 이유는 국가 자산 포트폴리오의 다변화와 화폐 가치 하락에 대한 헤지 수단으로서의 잠재력 때문이다. 전통적으로 중앙은행과 정부는 금이나 기축통화(미국 달러, 유로 등)로 외환보유고를 구성해왔다.

1944년 브레튼우즈 체제 Bretton Woods System 하에서 각국은 기축통화인 달러와 금을 외환보유고로 비축했고, 1970년대 닉슨쇼크 이후 달러의 금 태환이 중지되면서 미국 국채와 달러 예금이 세계 각국 준비자산의 중심이 되었다.

하지만 2020년대 들어 상황이 변했다. 팬데믹에 대응하는 사상 초유의 통화팽창 정책으로 인플레이션 압박이 커지고, 기축통화인 달러의 구매력마저 잠식되는 상황이 벌어졌다. 이런 맥락에서 발행량이 2,100만 개로 영구 제한된 비트코인은 디지털 시대의 금으로서 매력적인 인플레이션 헤지 수단으로 부상했다.

비트코인의 희소성 메커니즘은 금보다 더 엄격하다. 4년마다 채굴 보상이 절반으로 줄어드는 반감기 구조에 따라 통화 공급 증가율이 지속적으로 감소한다. 2024년 4월 반감기 이후 비트코인의 연간 발행 증가율은 약 0.84% 수준으로 금의 채굴 증가율(1.5%)보다 낮으며, 앞으로 더욱 감소할 예정이다.

마이크로스트래티지의 마이클 세일러는 "인플레이션이 만연한 상황에서 현금과 신용은 무너지는 부채가 된다. 부채를 자산으로 바꾸려면 대차대조표를 비트코인으로 전환하라."라고 주장했다. 실제로 2015년부터 2025년 6월까지 비트코인은 10년간 403배 상승하여 연평균 82.2% 수익률을 기록하며 전통적인 안전자산을 압도했다.

베네수엘라, 아르헨티나 등에서 자국 통화가 급격히 평가절하될 때 시민들이 비트코인이나 USDT(테더에서 발행한 스테이블코인이며 달러와 1:1로 연동됨) 등으로 가치 보존을 시도한 사례는 실제 인플레이션 헤지 기능을 입증한다. 엘살바도르는 아예 정부 차원에서 비트코인을 법정통화로 채택하고 비축하기 위해 매수를 시작했다.

더 나아가 비트코인 편입은 국가 보유자산의 다변화라는 측면에서도 의미가 있다. 현재 대부분 국가의 외환 준비는 미국 달러화 자산과 금에 집중되어 있는데, 이는 글로벌 금융환경 변화에 취약할 수 있다. 특히 미중 갈등 등으로 국제결제망 SWIFT의 블록화 가능성이 제기되면서, 일부 국가는 달러 기반 자산 의존도를 줄이고자 하는 동기를 갖게 되었다.

비트코인은 특정 국가에 속하지 않는 비주권 non-sovereign 자산이다. 따라서 이를 일부나마 보유하면 달러나 유로 등 타국 통화자산 의존도를 낮추는 효과를 낼 수 있다. 트럼프 행정부는 전략비축 발표 당시 비트코인을 통한 국채 상환 및 부채 경감 가능성까지 거론했다. 이는 비트코인 가치가 장기적으로 상승하면 매각 차익을 재정에 활용할 수도 있다는 기대를 반영한다.

(2) 디지털 시대 기술 패권 경쟁 우위 확보

두 번째 핵심 개념은 비트코인 전략보유가 기술 패권 경쟁의 수단이 된다는 점이다. 21세기의 경제 패권은 과거의 제조업이나 전통 군사력뿐만 아니라 디지털 기술과 금융 네트워크의 장악력에 좌우되고 있다. 특히 블록체인과 암호화폐 기술은 차세대 인터넷 금융 인프라로 부상하고 있으며, 이를 선점하는 나라는 글로벌 금융 질서에서 주도권을 쥐게 될 가능성이 높다.

미국은 이미 인터넷 시대를 주도하며 경제적·지정학적 영향력을 확보한 경험이 있다. 그런 반면 중국은 디지털 위안화를 통해 국제결제망에서 달러 의존을 줄이고 독자 영향권을 넓히려는 전략을 추진하고 있다. 이러한 상황에서 미국이 민간 분산형 암호자산인 비트코인을 전략 비축하는 것은 디지털 금융 패권 경쟁에서 한발 앞서 나가려는 움직임으로 해석된다.

J.D. 밴스 미국 부통령은 2025년 5월 한 연설에서 "중국이 비트코인을 경계하고 멀리한다면, 우리는 오히려 비트코인에 더 깊이 뛰어들어야 한다."라며 "중국의 회피야말로 미국에 전략적 기회"라고 강조했다. 실제로 중국은 2021년 이후 비트코인 채굴과 거래를 전

면 금지하면서 자국 내 암호화폐 시장을 봉쇄했다. 밴스는 "중국이 우리보다 먼저 디지털 위안화를 통해 금융 패권을 노리고 있지만, 정작 비트코인이라는 탈중앙화 통화에 대해서는 소극적"이라며, 미국이 이 부분에서 우위를 선점할 수 있다고 역설했다.

비트코인을 국가가 보유한다는 것은 단순 투자 이상의 기술적·상징적 의미를 지닌다. 이는 해당 국가가 블록체인 기술과 디지털 경제 혁신을 선도할 의지를 보여주는 신호이며, 민간 부문의 참여를 독려하는 효과도 있다. '정부가 인정한 자산'이라는 인식은 기업의 행동 변화를 유도하여, 결과적으로 국가 전체의 기술 역량 제고와 산업 활성화로 이어질 수 있다.

실제로 미국 정부의 비트코인 전략보유 선언 이후 월가의 대형 금융기관들은 암호화폐 수탁 서비스와 비트코인 ETF 등에 속속 뛰어들었다는 분석 결과가 있다. 유럽연합도 2023년 가상자산시장 규제안을 통과시켜 암호자산을 제도권에 편입시키는 움직임을 보였다. 또 일본, 싱가포르 등은 비교적 개방적인 암호자산 규제를 채택해 혁신 허브로 부상하고 있다.

기술 패권 측면에서 비트코인 보유는 국가 안보 및 사이버 주권과도 연결된다. 블록체인은 탈중앙 네트워크이지만, 채굴 파워와 보유량 측면에서 특정 국가가 우위를 갖게 되면 프로토콜 개발이나 글로벌 거버넌스에 영향력을 행사할 여지가 생긴다. 한때 비트코인 채굴의 65% 이상이 중국에서 이루어졌을 때 우려가 제기되었던 것처럼, 해시파워의 지리적 집중은 기술주권 이슈를 낳는다.

미국은 자국 내 채굴 산업을 장려함으로써 이러한 우려를 불식하는 동시에 자국 기업이 주도하여 기술 표준을 만들어갈 수 있다. 트럼프 대통령은 "미국 내 비트코인 채굴을 적극 지원하겠다."라고 공언하며 저렴한 에너지 활용과 채굴 인프라 투자를 장려했다. 이는 중국 등이 채굴을 금지한 상황에서 미국이 채굴산업을 포섭해 네트워크 영향력을 확보하려는 전략으로 풀이된다.

결국 비트코인 전략보유는 디지털 경제 패권을 둘러싼 전방위 경쟁의 한 축으로 부상하고 있으며, 미국은 이를 통해 자유시장 기반의 금융체제를 수호하고 강화하려는 모습을 보이고 있다.

(3) 지정학적 리스크 관리와 경제 제재 대응

세 번째 핵심 개념은 비트코인 전략보유가 지정학적 리스크 관리 도구이자 경제 제재에 대한 대응 수단으로 주목된다는 점이다. 국제 금융 질서는 오랫동안 미국 달러 중심으로 운영되어왔고, 미국은 달러 패권을 이용한 광범위한 경제 제재로 외교적 목표를 달성해왔다. 그러나 최근 들어 북한, 이란, 러시아 등 일부 국가에서 암호화폐를 활용한 제재 회피 전략을 적극 구사하고 있다. 예를 들어, 북한은 정규 군자금을 확보하고자 해외에서 암호화폐 해킹을 일삼고 있으며, 이렇게 탈취한 암호자산을 세탁하여 핵무기 프로그램 자금으로 전용한 것으로 알려졌다. 실제로 2025년에만 해도 북한 연계 해커들이 탈취한 암호화폐 가치가 15억 달러(바이비트 거래소 해킹)를 넘으며 역대 최대치로 기록되었다. 북한의 사이버 범죄조직(라자루스 등)은 악성코드와 소셜공학기법 Social Engineering 등 정교한 수법을 총동원해 전 세계 디지털 자산 거래소와 탈중앙화 금융 DeFi 서비스를 해킹하여 막대한 암호자산을 빼돌렸다. 이렇게 확보한 비트코인과 이더리움 등은 수천 개 지갑으로 분산돼 자금세탁을 거친 뒤 현금화되어 북한 정권의 금고로 흘러들어가는 것으로 추적되었다. 국제 금융망에서 고립된 북한이 제재를 우회하려고 디지털 자산에 의존한다는 분석은 이미 UN 보고서 등에서 여러 차례 제기되었다. 이렇듯 비트코인을 포함한 암호자산은 제재 회피 수단이자 지하경제의 자금 조달 통로로 악용될 소지가 있다.

북한뿐만 아니라 이란 역시 미국의 제재로 국제결제망 접근이 차단되자 자국 내 비트코인 채굴을 장려하고 이를 통해 얻은 비트코인으로 1,000만 달러 상당의 수입 물자를 암호자산으로 지불했다. 러시아도 2022년 우크라이나 침공 이후 서방의 금융 제재를 받자 암호화폐를 대외무역에 활용하려는 법안을 추진했다. 2024년 12월에는 러시아 하원의원이 국가 비트코인 비축 아이디어를 제기하며, 비트코인이 국제결제에서 달러를 우회하는 대안 통화가 될 수 있다고 주장했다. 당시 러시아에서는 비트코인 시세가 한때 10만 달러를 넘어서며 가치 저장 수단으로서의 위상이 부각되었고, 이를 일부 준비자산에 편입해 경제적 회복력을 키우자는 주장이 힘을 얻었다. 그러나 2025년 들어 러시아 정부는 공식적으로 국부펀드에 암호자산을 포함하지 않겠다는 방침을 확정했는데, 이는 변동성에 대한 우려와 기존 동맹(중국)과의 통화 협력 강화를 고려한 결정이었다. 그 대신 러시아는 자국 국부펀드의 자산 구성을 위안화 60%, 금 40%까지 확대하여 달러 배제 전략을 취하면서도 상대적으로 안정적인 자산에 집중했다. 이처럼 러시아 사례는 제재 회피 수단으로서 비트코인을 검토하다가 현실적 한계를 감안해 보수적 전략으로 선회한 경우라 하겠다.

그렇다면 미국은 이러한 흐름에 어떻게 대응할 것인가? 한편으로 미국은 달러 제재망을 우회하려는 움직임을 감시·차단해야 하는 입장이지만, 다른 한편으로는 글로벌 패권 경쟁 속에서 암호자산이 차지하는 비중을 인정하고 이에 대비해야 한다. 미국 내 일부 전문가는 "만약 향후 더 많은 국가에서 비트코인을 탈달러화 수단으로 활용하게 된다면, 미국도 비트코인을 상당량 보유하고 있는 편이 유리할 것"이라고 지적한다. 달러 패권이 약화되는 최악의 시나리오에서도, 비트코인이 새로운 국제 준비자산의 일부가 된다면 선제적으로 비축한 국가가 재정적·외교적 완충재를 갖게 된다는 논리이다. 실제 코인데스크Coindesk의 한 기고는 "미국이 이미 21만 BTC 이상을 보유하여 세계 최대 국가 보유량을 확보한 것은 퍼스트 무버 어드밴티지 first-mover advantage이며, 향후 경제적 안전판이 될 수 있다."라고 평가했다. 또 트럼프 대통령도 "우리가 (비트코인 전략비축을) 하지 않으면 중국이 대신하게 될 것"이라며 주도권 선점의 중요성을 강조했다. 이렇듯 지정학적 경쟁 구도에서 비트코인은 양날의 검이다. 적대국이 활용하면 제재 무력화 수단이 되지만, 미국이 적극 활용하면 새로운 영향력 수단이 될 수도 있다.

물론 비트코인을 많이 보유한다고 해서 제재 정책에 즉각적인 변화가 생기는 것은 아니다. 미국이 비트코인을 전략자산으로 삼는다고 해도, 달러를 통해 구사해온 전통적인 제재 메커니즘(국제 송금망 차단 등)이 곧바로 무력화되는 것은 아니다. 전문가들은 "비트코인은 모든 거래가 블록체인에 기록되어 투명하게 추적할 수 있으므로, 미국 정부가 보유하든 보유하지 않든 제재 대상 국가의 암호화폐 움직임은 여전히 포착 및 차단할 수 있다."라고 말한다. 다만 전반적인 글로벌 추세가 탈달러화·탈중앙화 금융 쪽으로 기운다면 미국의 제재 위력이 예전만 못해질 수 있다는 우려는 존재한다. 예컨대 우방국조차 달러 기반 거래 대신 중국의 디지털 위안이나 스테이블코인을 쓰기 시작하면, 미국이 국제결제망에서 배제하는 조치의 효과가 떨어질 수 있다. 이런 맥락에서 미국의 비트코인 전략보유는 최악의 상황에 대비한 헤지로도 볼 수 있다. 달러 패권 약화 가능성에 대한 일종의 보험을 들어두는 셈이다. 이와 동시에 전 세계에 미국이 암호자산 혁신을 주도하고 있다는 메시지를 보내 '달러를 보완하는 새로운 신뢰자산trust asset 창출에도 관여하겠다'고 전하는 것이라고 해석할 수 있다. 결국 지정학적 측면에서 비트코인 전략보유는 공격과 수비를 동시에 하는 양면 전략이라 할 수 있다. 상대의 암호화폐 활용을 견제할 수 있는 추적·통제 능력을 갖추는 한편, 자국도 그 게임에 뛰어들어 판을 이끌겠다는 것이다.

각국의 비트코인 보유 사례
(미국, 중국, 영국, 독일, 부탄, 엘살바도르, 북한 등)

비트코인을 전략자산으로 바라보는 시각은 미국만의 독특한 현상으로 출발했지만, 현재 여러 국가에서 직간접적으로 비트코인 보유를 늘려가거나 활용 방안을 모색하고 있다. 물론 각국의 동기와 접근 방식은 천차만별이다. 선진국들은 주로 범죄를 단속하며 압수자산 형태로 비트코인을 확보해왔고, 이를 처리하는 방안을 고민하는 상황이다. 그런 반면 일부 개발도상국이나 제재국가에서는 경제전략 차원에서 적극 매입하거나 채굴하거나 불법으로 탈취하는 등 다양한 형태로 비트코인을 축적하고 있다. 아래 표는 주요 국가의 비트코인 보유 현황과 전략적 활용을 요약 비교한 것이다.

국가	보유 추정치* (BTC)	비트코인 전략 활용
미국	약 21만 개	범죄수익 압수분을 중심으로 전략비축 개시. 한때 경매로 처분해왔으나 2025년부터 매각 중단 및 장기 보유 전략 선언. 추가 매입도 검토 중이며, 세계 최대 규모 보유국으로서 디지털 금고(Digital Fort Knox) 구상 추진.
중국	약 19만 개	2019년 플러스토큰 사기 단속으로 압수한 비트코인을 국가가 보유 중. 공식적으로 암호화폐 금지 정책을 유지하면서도 해당 압수자산을 매각하지 않고 있음. 현재까지는 전략적 활용 방안을 공개하지 않음.
영국	약 6.1만 개	범죄 수사로 몰수한 비트코인을 보관 중이며, 매각 또는 국고편입 여부를 결정하지 못함. 일부 정책보고에서 이 자금을 공공재원으로 활용하는 방안이 거론되었으나 정부 차원의 공식 전략은 없음.
독일	0 (과거 4만 6,359개 보유)	압수한 비트코인을 전량 매각한 사례. 2024년 약 4만 6,359 BTC를 일시에 처분하여 비트코인 시세가 약 15% 급락하는 등 시장에 충격을 주었으나 현재는 공식 보유량 없음.
부탄	약 1.2만 개	정부 산하 국부펀드가 수력발전 전기를 이용해 비트코인 채굴. 시장에서 매입하지 않고 친환경 채굴로 축적한 독특한 사례. 국가 차원의 장기 보유 전략을 취하고 있음.
엘살바도르	약 0.6만 개	2021년 비트코인을 법정통화로 채택하고 국가 재정으로 직접 매입. 2022년 말부터 '매일 1 BTC씩 구매' 정책을 실행하며 지속적으로 보유량 증대. ※ 2025년 초 국회에서 법을 개정해 비트코인의 법정화폐 지위 폐지.
북한	미공개 (1.3만 BTC 추정)	공식 통계는 없으나, 암호화폐 분석기관(Arkham Intelligence)에 따르면 해킹 등 사이버 범죄로 탈취한 암호자산을 국가 자금으로 전환. 2025년 한 해 약 15억 달러 상당의 암호화폐 탈취로 기록적 수익을 거두었으며, 이를 국방 및 WMD 프로그램 자금으로 활용해 제재를 우회한 것으로 추정됨.

*2025년 초 기준

미국: 범죄 수사에서 전략자산으로

미국의 비트코인 보유 이야기는 범죄 수사에서 시작됐다. 2021년 11월, FBI 수사관들이 조지아주 게인즈빌의 한 평범한 주택가에 나타났다. 그들의 목표는 제임스 종이라는 30대 남성이었다. 종은 겉보기에는 평범한 컴퓨터 프로그래머였다. 하지만 그의 집 지하실에는 놀라운 비밀이 숨겨져 있었다. 2012년 실크로드에서 불법으로 취득한 비트코인 5만 676개가 여전히 그의 지갑에 보관되어 있었던 것이다. "10년 동안 단 한 번도 움직이지 않은 비트코인이었다." 수사를 담당한 FBI 요원은 나중에 이렇게 회상했다. "당시 가격으로 33억 달러가 넘는 금액이었다. 그는 매일 그 숫자를 보며 살았다."

더 극적인 사건은 2022년 2월에 일어났다. 맨해튼의 한 고급 아파트에서 일리야 리히텐슈타인과 헤더 모건 부부가 체포됐다. 이들은 2016년 비트피넥스 거래소 해킹 사건의 배후였고, 비트코인 9만 4,000개를 세탁하려다 붙잡혔다. 이렇게 축적된 미국의 비트코인 보유량은 현재 약 19만 8,000개에 달한다. 하지만 과거에는 훨씬 많았다. 초기에는 50만 개 이상을 보유했지만, 정부 관료들이 '처분 지침'에 따라 계속 매각했다. "돌이켜보면 어리석은 결정이었다." 한 재무부 관계자는 뒤늦은 후회를 토로했다. 당시에는 비트코인을 단순한 압수품으로 봤던 것이다. 하지만 지금 생각해보면 170억 달러나 되는 기회비용을 치른 셈이다.

트럼프 행정부의 행정명령 이후 재무부는 보유 비트코인을 일괄 이체하여 전략비축 지갑으로 통합했고, 예정되었던 추가 매각도 중단했다. 미국은 향후 루미스 법안 BITCOIN Act에 따라 100만 BTC 매입까지 실현하면 단연 세계 최대 비트코인 보유국으로 자리매김할 것이다.

중국: 거대한 모순의 딜레마

중국의 상황은 복잡하다. 공식적으로는 비트코인 채굴과 거래를 금지하고 있지만, 간접적으로 막대한 비트코인 보유량을 확보한 것으로 알려져 있다. 2019년 적발된 대형 다단계 사기 플러스토큰 PlusToken 사건에서 중국 당국은 무려 19만 4,775 BTC에 달하는 암호화폐를 몰수했다.

플러스토큰 사건은 그 자체로 드라마였다. 2018년부터 2019년까지 운영된 이 폰지 사기는 전 세계에서 20억~30억 달러를 모금했다. 투자자에게 연 120% 수익을 약속하며 비트코인과 이더리움을 받았다. "플러스토큰은 한때 세계 최대 비트코인 보유자였다." 블록체인 분석 업체 체인어널리시스의 관계자는 설명했다. "그들이 보유한 비트코인을 조금씩 시장에 매각할 때마다 가격이 요동쳤다." 중국 당국이 이들을 체포하고 자산을 압수한 뒤 이 비트코인은 정부 지갑에 묶여 있다. 중국은 아직 이를 매각하지 않고 있는데, 그 이유는 명확하지 않다. "중국 정부는 암호화폐를 금지하면서도 세계에서 둘째로 많은 비트코인을 보유하고 있다." 홍콩의 한 디지털 자산 분석가는 이 모순을 이렇게 지적했다. "이는 그들도 비트코인의 가치를 인정하고 있다는 증거이다."

흥미로운 점은 중국의 이중적 태도이다. 표면적으로는 비트코인을 억압하면서도 실제로는 상당한 규모를 보유하고 있는 것이다. 이는 중국 정부가 비트코인의 잠재적 가치를 인정하면서도 자국 통화 체계에 미칠 영향을 우려하고 있음을 보여준다.

최근 들어 중국 내부에서 정책 변화 신호가 포착되고 있다. 홍콩에서 비트코인 ETF가 승인됐고, 일부 지역에서 채굴 금지가 완화되고 있다는 소문이 돈다. 만약 중국이 정책을 전환한다면, 글로벌 비트코인 시장에 지각변동이 일어날 것이다.

영국: 범죄 수익에서 의외의 결실

영국의 6만 1,000 BTC는 모두 범죄 수사 과정에서 나온 것이다. 그중 가장 큰 부분은 중국 출신 사기범에게 압수한 것이다.

2021년, 런던 메트로폴리탄 경찰은 대규모 돈세탁 수사를 진행했다. 중국에서 다단계 사기를 벌인 조직이 영국에서 돈세탁을 시도하다가 발각된 것이다. 경찰이 압수한 비트코인은 당시 가격으로 20억 파운드(약 3조 7,400억 원)에 달했다. 사건의 전말은 이렇다. 중국 본토에서 투자사기를 벌인 조직이 수십억 달러를 모은 뒤 이를 비트코인으로 환전했다. 이후 영국을 경유해 자금을 세탁하려 했지만 영국 경찰의 수사망에 걸렸다. "범죄자들은 비트코인이 추적이 어렵다고 생각했지만, 오히려 모든 거래가 블록체인에 기록돼 더 쉽게 잡혔다." 수사를 담당한 경찰관의 설명이다. 역설적으로 비트코인 덕분에 범죄 수익을 더 효과적으로 회수할 수 있었던 것이다.

영국 법원은 2023~2024년 재판을 거쳐 이 자산을 최종 몰수 처리하고 국가 재산으로 귀속시켰다. 하지만 영국 정부는 이 비트코인을 어떻게 처리할지 고민에 빠졌다. 매각해서 국고에 넣을지, 아니면 전략자산으로 보유할지 결정하지 못하고 있다.

"독일의 사례를 보면서 성급한 매각의 위험성을 깨달았다." 영국 재무부의 한 관계자가 속내를 털어놓았다. "하지만 납세자의 돈으로 변동성이 큰 자산을 보유하는 것도 부담스럽다."

최근 영국 의회에서는 이 비트코인을 공공 재정 확충에 활용하자는 제안이 나오고 있다. 일부는 교육이나 의료 예산에 사용하자고 하고, 다른 일부는 국가부채 감축에 써야 한다고 주장한다.

독일: 성급한 매각의 쓰라린 교훈

독일의 이야기는 후회로 가득하다. 2024년 독일 정부는 보유하던 4만여 비트코인을 전량 매각하기로 결정했다. 당시 비트코인 가격은 6만 달러(약 8,200만 원) 선이었다.

독일이 이 비트코인을 보유하게 된 경위는 다양하다. 2022년 러시아의 다크넷 마켓 하이드라Hydra 서버를 폐쇄하면서 543 BTC를 압수하는 등, 여러 수사에서 총 수만 BTC를 손에 넣었다. 한때 독일 검찰이 암호화폐 지갑 비밀번호를 확보하지 못해 1,700 BTC를 장기간 잠금 상태로 보관했다는 일화도 있다.

"우리는 규정에 따라 압수 자산을 처분했을 뿐이다." 독일 연방 형사청의 관계자는 당시 상황을 이렇게 설명했다. 비트코인을 장기 보유할 법적 근거가 없었다. 하지만 독일의 대량 매각은 시장에 파장을 일으켰다. 4만여 비트코인이 몇 주에 걸쳐 시장에 쏟아지자 가격이 15% 이상 하락했다. 당시 이를 지켜본 투자자들은 '독일 덤핑'이라며 분노했다. 문제는 매각 시점이었다. 독일이 마지막 비트코인을 판 지 불과 몇 달 후 트럼프가 당선되었고 비트코인 가격이 급등하기 시작한 것이다. "우리가 매각한 4만여 비트코인이 지금은 46억 달러 가치를 지닌다." 독일의 한 언론은 이렇게 계산했다. "당시 매각으로 얻은 28억 달러와 비교하면 18억 달러의 기회비용이 발생한 셈이다."

독일 내부에서는 성급한 매각 결정에 대한 비판이 거세게 일었다. 일부 정치인은 향후 유사한 자산에 대해서는 보유 정책을 재검토해야 한다고 주장하고 있다. 독일의 사례는 정부가 전략보다는 단기 재정 수요를 택한 케이스인데, 향후 미국이 대규모 비트코인 비축 후 출구전략을 어떻게 세워야 할지 시사점을 던져준다.

부탄: 작은 나라의 큰 꿈

히말라야산맥에 둘러싸인 작은 왕국 부탄에서 벌어지는 일은 거의 동화 같다. 인구 78만 명인 이 작은 나라가 GDP의 30%에 해당하는 비트코인을 보유하고 있다는 사실은 많은 사람을 놀라게 했다. 부탄의 비트코인 이야기는 2019년 국왕의 결정에서 시작됐다. 지그메 케사르 남기엘 왕추크 Jigme Khesar Namgyel Wangchuck 부탄 국왕은 영국 옥스포드대학교에서 공부하며 블록체인 기술에 관심을 갖게 됐다.

코로나19 팬데믹으로 관광산업이 타격을 받자, 풍부한 수력발전 전력을 활용해 비트코인 채굴에 나섰다. 국가 주도로 국영 채굴센터를 조성하고 비트코인을 직접 채굴해 보유량을 늘려왔다. 부탄은 탄소 네거티브 국가로 산림이 국토의 70% 이상을 차지하고, 거의 모든 전력을 수력발전으로 충당한다. 이런 풍부한 청정에너지를 활용해 비트코인을 채굴하기 시작한 것이다.

부탄의 국영 투자회사 드룩 홀딩스Druk Holding & Investments는 2020년대 초부터 은밀히 비트코인 채굴 시설을 운영해왔다. 블록체인 분석기업 아크함Arkham이 위성사진과 온체인(블록체인 네트워크 내에서 발생하는 모든 거래) 데이터를 통해 부탄 정부 지갑을 추적한 결과를 공개했다. 부탄 정부는 2024년 초에 무려 1만 3,000 BTC가량을 보유한 것으로 파악되었는데, 이는 엘살바도르의 두 배에 해당하는 규모이다. 다만 2025년 들어 부탄은 채굴한 일부 비트코인을 매각해 국영펀드 재원으로 활용하고, 채굴 증설로 다시 물량을 늘리기도 하여 보유량에 변동이 있다. (최근 집계에 따르면 부탄은 약 8,594 BTC를 보유한 것으로 나타났다.) 부탄 국민의 91%가 비트코인을 알고 정부 정책을 지지하고 있다. 이는 다른 어떤 나라보다 높은 수준이다. 부탄은 채굴로 얻은 수익의 일부를 공무원 급여 인상에 사용해 2년 만에 공무원 급여가 두 배로 늘었다. 이로써 숙련된 인력의 해외 유출을 막는 효과를 거뒀다.

부탄 정부는 암호자산을 경제 도약의 기회로 삼겠다는 구상을 밝히기도 했다.

엘살바도르: 혁신가의 도박

2021년 9월 7일, 엘살바도르는 세계 최초로 비트코인을 법정화폐로 채택했다. 나이브 부켈레Nayib Bukele 대통령의 파격적인 결정이었다. 당시 많은 사람은 이를 무모한 도박으로 여겼다.

"우리는 역사를 만들고 있다." 부켈레 대통령은 트위터에 이렇게 썼다. "엘살바도르는 비트코인의 나라가 될 것이다."

하지만 시작이 순탄하지는 않았다. 비트코인을 법정화폐로 도입한 첫날, 정부가 만든 치보 월렛 Chivo Wallet 앱이 먹통이 됐다. 국민은 정부가 약속한 30달러의 비트코인을 받으려고 줄을 섰지만 기술적 문제로 대부분 받지 못했다. 국제통화기금 IMF 의 반응은 냉랭했다. "비트코인의 법정화폐 지위는 거시경제·금융·법적 측면에서 위험을 야기한다."라며 즉각 철회를 요구했다. 세계은행 World Bank 도 환경 문제를 이유로 엘살바도르에 대한 지원을 중단했다. 하지만 부켈레는 굴하지 않고 오히려 더 과감한 정책을 펼쳤다. 2022년 11월부터 '하루 1 BTC 1 Bitcoin a day' 정책을 시작한 것이다. 매일 시장에서 1 BTC씩 구매해 국가 보유고에 추가하는 정책이었다.

엘살바도르는 '비트코인 시티' 건설, 비트코인 국채(일명 볼케이노 채권) 발행 등의 프로젝트도 추진하며 비트코인을 국가 경제 성장의 견인차로 삼고 있다. 그러나 2025년 6월 기준으로 비트코인 시티는 아직 본격적으로 건설되지 않았다. 초기 계획에 따르면 콘차구아 화산의 지열 에너지를 활용할 예정이었으나, 해당 지역의 지열이 충분하지 않은 것으로 드러나면서 착공이 지연되고 있다. 그러나 프로젝트 자체는 여전히 정부의 비전 속에 있으며, 관련 인프라 구축에 대한 논의도 계속되고 있다. 볼케이노 채권 Volcano Bonds 도 아직 공식적으로 발행되지 않았다. 여러 차례 연기되었는데 시장 상황, IMF와의 관계, 발행 플랫폼과의 조율 등 복합적인 요인이 작용한 것으로 보인다.

2025년 초, 국회에서 법을 개정해 비트코인의 법정화폐 지위를 폐지했다. 이 결정은 IMF의 요구와 맞물린 것이며, 정부나 기업이 비트코인을 받아야 할 의무는 없다. 세금이나 공공요금 결제에도 더는 사용할 수 없다. 비트코인을 전략적 자산으로 계속 보유하고 있지만, 법정화폐 지위는 유지하지 않고 있다.

북한: 해킹으로 쌓은 디지털 금고

북한의 경우는 엄밀히 말하면 다른 국가의 정상적인 비트코인 보유 사례와 성격이 다르다. 북한은 공개 시장에서 비트코인을 매수한 적이 없고, 합법적으로 채굴하거나 거래한 적도 없다. 그 대신 불법적이고 은밀한 수단으로 암호자산을 확보하여 활용하는 데는 어떤 국가보다 앞서 있다. 유엔 안보리의 보고에 따르면, 북한 정권은 2010년대 후반부터 국가 차원의 해킹 조직을 운영하여 해외에서 수억 달러 규모의 디지털 자산을 절취해왔다. 2017년 워너크라이WannaCry 랜섬웨어 공격으로 비트코인을 갈취한 것을 시작으로, 2018년 이후 지속적으로 전 세계 암호화폐 거래소, 투자펀드, 블록체인 프로젝트 등을 노린 사이버 공격을 감행했다. 그 결과 2022년에는 북한이 연계된 해킹으로 추정되는 탈취액이 무려 17억 달러에 달해 역대 최고치를 기록했다. 2023년에도 6억~10억 달러 규모를 추가로 탈취한 것으로 조사되었다. 2025년 2월에는 바이비트 거래소 해킹 사건에 북한 해커가 연루되어 15억 달러 상당을 절취한 정황을 FBI가 공개하기도 했다.

이렇게 모은 암호자산은 여러 차례 세탁을 거쳐 결국 북한이 필요로 하는 물자와 현금으로 바뀐다. 북한은 국제금융망 접근이 차단되어 있기 때문에, 암호화폐라는 비국가적이고 탈중앙화된 통화를 제재 회피에 적극 활용하고 있는 것이다. 비트코인은 그중에서도 제일 유명하고 시가총액이 큰 암호자산이기에, 북한이 탈취한 포트폴리오에서도 상당 부분을 차지할 것으로 추정된다. 다만 북한이 정확히 몇 BTC를 확보했는지는 외부에서 알기 어렵다. 많은 경우 탈취 자산을 즉시 현금화하여 무기개발 자금으로 쓰거나, 암호화폐 중개상을 통해 물자를 밀수입하는 데 활용하기 때문이다. 그런데도 북한발 암호화폐 자금은 현재진행형 위협으로서 국제 사회가 대응에 나서고 있다. 미국 재무부 산하 해외자산통제국Office of Foreign Assets Control, OFAC은 북한 관련 암호지갑 주소를 특별 지정 제재 대상 Specially Designated Nationals, SDN 리스트에 올리고 추적을 강화하고 있으며, 암호화폐 거래소에도 북한 연계 자금에 대한 주의를 당부하고 있다.

북한 정권의 행태는 국가 차원의 암호화폐 악용이라는 점에서 매우 특수한 사례이지만, 역설적으로 이는 탈중앙 통화의 지정학적 중요성을 부각하는 결과를 낳았다. 즉, 비트코인과 같은 암호자산이 단순 투기 수단이 아니라 국가 안보와 외교에까지 영향을 줄 수 있는 수단임이 입증된 셈이다. 이러한 현실을 목도한 강대국들은 암호자산을 자신들의 통제권 아래 편입시키려는 동기를 더욱 강하게 갖게 되었고, 미국의 비트코인 전략보유 선언 또한 그런 맥락에서 이해할 수 있다.

종합해보면, 미국의 비트코인 전략보유 혁명은 단순히 한 나라의 정책 변화에 국한되지 않고 전 세계적인 파장을 일으키고 있다.

다른 국가들도 직간접적으로 비트코인과 얽히는 현상이 가속화되고 있으며, 각국의 행보는 각자의 경제 규모, 규제 철학, 지정학적 상황에 따라 다르게 나타나고 있다. 미국이 디지털 달러 제국의 위상을 지키려고 비트코인을 전략적으로 끌어안았다면, 중국과 러시아는 달러 패권에 도전하고자 다른 방향에서 암호자산을 이용하거나 배척하고 있다. 엘살바도르나 부탄 같은 소국은 기민한 결단력으로 선진국보다 먼저 비트코인 활용에 뛰어들었고, 북한 같은 경우는 암호화폐의 그림자 이면을 보여준다. 이러한 국제 사례를 비교함으로써 우리는 비트코인의 부상이 단순한 금융 트렌드가 아니라 국제 경제 질서 재편의 한 요소임을 알게 된다.

BITCOIN Act of 2025(S.954) 분석:
5년간 100만 비트코인 매입 계획 등

2025년 3월, 미국 상원에서 'BITCOIN Act of 2025'로 불리는 법안 S.954가 발의되었다. 이 법의 목표는 단순하다. 비트코인을 국가가 보유하는 전략자산으로 만드는 것이다. 루미스Lummis 공화당 상원의원을 비롯한 다수 의원이 발의했으며, 트럼프 대통령이 취임한 직후인 3월에 나온 법안으로 새로운 행정부의 지원을 받고 있다.

법안에는 비트코인 전략보유 시스템을 만드는 내용이 담겨 있다. 정부가 체계적으로 비트코인을 사들여 장기간 보유하겠다는 계획이다. 법안 발의자들은 비트코인을 '디지털 금'으로 본다. 비트코인이 지난 10여 년간 가치 저장 수단이자 교환 매개로서 회복탄력성과 대중적 채택을 입증했다고 전제하고 있다. 과거 금 보유고가 국가 금융안보의 초석이었던 것처럼, 비트코인을 전략 비축자산으로 장기 보유하면 경제 불확실성과 통화 불안정성에 대비할 새로운 헤지 수단이 될 수 있다고 주장한다. 나아가 국가 준비자산 포트폴리오에 비트코인을 추가하면 미국이 글로벌 디지털 금융 혁신의 선두주자가 될 수 있다는 점도 강조한다.

BITCOIN Act of 2025 핵심 조항의 섹션별 내용과 정책적 의미를 간결하게 요약했다.

섹션 번호 및 명칭	핵심 내용 요약	목적 및 정책적 의미
섹션 4: 전략적 비트코인 비축 체계 구축	미국 전역에 분산된 안전한 콜드스토리지 시설 네트워크를 구축하여 연방 정부의 비트코인 보유분을 보관하는 체계 수립. 재무부가 지속 감독, 독립 감사절차를 통해 보유량 검증.	정부 차원의 비트코인 인프라 구축으로 금융안보 및 자산 다각화 도모.
섹션 5: 비트코인 매입 프로그램	5년간 총 100만 BTC 매입. 매입된 비트코인은 미국 정부를 수익자(trust)로 하는 신탁 형태로 보관, 최소 20년간 보유. 매입 상황은 매년 의회에 보고.	미국의 전략적 비트코인 보유량을 확대하고 시장 안정 확보.
섹션 6: 전략비축 체계 증명 시스템	분기별 암호학적 증명 시스템(Proof of Reserve) 도입. 제3자 감사 및 회계감사원 감독하에 투명성 확보.	보유 자산에 대한 공적 신뢰와 투명성 보장.
섹션 7: 정부 보유 비트코인의 통합	연방 정부 기관이 보유한 비트코인은 매각 금지. 범죄수익으로 압수한 비트코인의 법적 소유권이 확정되면 전략비축 체제로 이전.	비트코인 자산의 효율적 통합 관리 및 분산 리스크 해소.
섹션 8: 주 정부의 자발적 참여	주 정부가 원할 경우 재무부와 계약을 맺고 전략비축 체제 내 분리계정에 예치 가능. 소유권 등 권리는 주 정부에 남음.	연방–주 간 디지털 자산 협력 강화 및 보관 안전성 제공.
섹션 9: 비용 충당 구조	연준 잉여금, 금 증서 재평가, 순이익 송금 등을 통해 예산 중립적으로 비트코인 매입 자금 확보.	재정 부담 없이 전략비축 자산 확보.
섹션 10: 사유재산권 보호	정부는 민간의 합법적 비트코인 보유를 압수·침해할 수 없으며 자기보관 권리를 보장함.	개인의 금융 자유 및 디지털 자산 주권의 명문화.
섹션 11: 외환안정기금 관련 법 개정	외환안정기금(Exchange Stabilization Fund, ESF)이 비트코인을 외환·금과 함께 공식 보유자산으로 관리할 수 있는 법적 근거 마련.	비트코인을 전통 금융 체계에 통합하는 제도적 기반 마련.

비트코인 전략보유의 경제적 파급 효과

금융 안정성과 포트폴리오 다변화 효과

국가가 비트코인을 전략자산으로 채택하는 것의 금융 안정성 효과는 상반된 평가를 받고 있다. 과거 중앙은행들은 금, 국채, IMF 특별인출권 같은 안전자산 위주로 외환보유액을 구성해왔다. 하지만 비트코인은 이러한 관례에 새로운 차원을 추가한다.

엘살바도르가 대표적 사례이다. 2021년 비트코인을 법정화폐로 도입한 후 정부는 매일 1개씩 비트코인을 매입해 현재 약 6,000개를 보유하고 있다. 2025년 IMF는 엘살바도르와 구제금융 협상에서 비트코인 매입 중단을 요구했다. 평가익은 발생했지만 변동성에 따른 재정 위험이 증가했다고 판단한 것이다. 극심한 가격 변동성이 핵심 쟁점인 것이다. 비트코인은 2021년 11월에 약 6만 9,000달러였다가 이듬해 1만 5,500달러까지 77% 이상 하락한 후 다시 반등하는 등 격변을 거듭했다. 국가 외환보유액의 상당 부분이 이러한 자산으로 구성된다면 재정에 심각한 충격을 줄 수 있다.

반면에 인플레이션 헤지 기능도 주목받는다. 2021년 미국 소비자물가가 6% 급등할 때 비트코인도 사상 최고가를 기록하며 금과 유사한 패턴을 보였다. 이는 많은 투자자가 비트코인을 인플레이션 대응 수단으로 인식했음을 의미한다. 포트폴리오 관점에서 비트코인의 장점은 전통 자산과의 낮은 상관관계이다. 과거 10년간 주식과의 상관계수가 0.15 수준으로 금(-0.01)과 함께 분산투자 효과를 제공한다. 주식이나 채권 시장 하락 시 반드시 동반 하락하지는 않으므로 전체 포트폴리오 리스크를 분산시킬 수 있다.

그러나 우려하는 목소리도 크다. 국제결제은행BIS은 디지털 자산시장 확대가 금융 시스템 안정성에 새로운 위험을 조성한다고 경고했다. 실제로 2022년 글로벌 금융시장 혼란 시기에 비트코인은 주식시장과 높은 상관관계를 보이며 함께 급락했다. 연준의 금융안정성 보고서에는 이를 '위기 시 상관관계 증가' 사례로 분류됐다. 평상시에는 분산투자 효과를 제공하지만, 극한 상황에서는 모든 위험자산이 동조화되는 경향을 보인다는 것이다.

달러 패권 강화 vs 위협 논쟁 분석

비트코인이 달러 패권에 미치는 영향에 대한 논쟁은 현재 국제금융 분야의 가장 뜨거운 이슈이다. 이 논쟁은 크게 '달러 패권 위협론'과 '달러 패권 강화론'으로 나뉜다.

위협론자들은 비트코인이 달러를 우회하는 새로운 국제결제 시스템을 제공한다고 주장한다. 2024년 말 기준 국제결제망을 통한 국제송금의 약 50%가 달러로 결제되는데, 비트코인은 이러한 달러 중심 결제망을 우회할 수 있는 P2P 거래를 가능하게 한다. 실제 사례가 이를 뒷받침한다. 러시아-우크라이나 전쟁 후 러시아가 국제결제망에서 축출되자, 일부 러시아 기업이 국제 거래에 비트코인 등 디지털 자산을 활용하기 시작했다. 러시아 정부는 2023년 디지털 자산을 국제 무역 결제에 허용하며 제재 우회 수단으로 적극 장려했다. 이란, 베네수엘라 등 미국 제재 대상국들도 원유 수출 대금을 비트코인으로 받는 비율을 높이고 있다. 중국의 경우는 더욱 복잡하다. 중국은 비트코인 채굴과 거래를 전면 금지하면서도 디지털 위안화로 달러 패권에 도전하고 있다. 2025년 상하이 루자쭈이 금융 포럼에서 판궁성 인민은행PBoC 총재는 "다극화된 국제 통화체계"를 언급하며 달러 일변도 체제를 완화하려는 의도를 드러냈다.

반면 강화론자들은 비트코인이 오히려 달러의 지위를 강화할 수 있다고 주장한다. 첫째, 비트코인의 가치가 달러로 표시되어 거래된다는 점이다. 전 세계 주요 디지털 자산 거래소에서 비트코인 가격은 달러 기준으로 제시된다. 많은 글로벌 투자자가 비트코인을 구매할 때 USDT(테더에서 발행), USDC(서클에서 발행) 등 달러 연동 스테이블코인을 활용하는데, 이는 달러의 영향력을 디지털 자산시장까지 확장시키고 있다. 둘째, 미국이 비트코인 규제와 제도화를 주도하고 있다. 미국 증권거래위원회가 2024년 1월 사상 최초로 현물 비트코인 ETF를 승인했을 때 비트코인 가격이 급등하여 2022년 이후 최고치를 경신했다. 이처럼 미국의 결정은 비트코인 생태계의 중대 분수령이 되어왔고, 미국이 비트코인 시장에서도 헤게모니를 쥐고 있음을 보여준다. 셋째, 미국 주요 기업이 비트코인 채굴과 보유에서 선도적 역할을 하고 있다. 테슬라는 2021년 15억 달러 상당의 비트코인을 매입했고, 마이크로스트래티지는 2020년부터 매 분기 비트코인을 매수해 현재 약 59만 BTC 이상을 보유하고 있다. 미국 채굴 기업들도 해시레이트 점유율 기준 세계 최상위권을 차지하여, 미국이 중국을 제치고 비트코인 채굴 허브로 부상했다. 넷째, '네트워크 효과' 이론이다. 달러가 현재 지위를 유지하는 가장 큰 이유는 많은 사람이 달러를 사용하기 때문이고, 이러한 통화의 네트워크 효과는 쉽게 깨지지 않는다. 비트코인은 사용자 기반이 커질수록 가치가 오르지만, 달러의 글로벌 사용량과 비교하면 아직 미미하다. 재닛 옐런 전 재무장관도 "디지털 자산은 달러 패권에 즉각적 위협이 되지 않으며, 스테이블코인은 오히려 달러 우위를 강화할 수 있다."라고 언급했다.

실제 데이터를 보면, 비트코인의 약진에도 불구하고 달러의 국제적 지위는 여전히 견고하다. IMF 통계에 따르면 2023년 말 기준 전 세계 외환보유액에서 달러가 차지하는 비율은 약 59%이다. 유로화(20%)와 엔화, 위안화 등을 모두 합쳐도 달러 비율에 미치지 못하며, 모든 디지털 자산의 시가총액을 합쳐도 달러 유통량에 미치지 못한다. 그러나 장기적 관점에서는 상황이 달라질 수 있다. 비트코인이 진정한 디지털 금으로 자리 잡고, 각국 중앙은행들이 외환보유액의 일부를 비트코인으로 편입하기 시작한다면 달러 패권에도 변화가 올 수 있다. 특히 MZ 세대 등 젊은 층이 비트코인을 자연스러운 가치 저장 수단으로 받아들이고 있다는 점은 주목해야 한다. 연준 세인트루이스 지부의 2024년 연구에서도 비트코인이 달러를 완전히 대체하기보다는 국제 통화 시스템을 다원화시킬 가능성이 높다고 분석했다. 이는 장기적으로 달러 일극 체제에서 달러-비트코인-기타 통화가 공존하는 다극 체제로 전환할 가능성을 시사한다.

글로벌 비트코인 보유 경쟁 시나리오

미국을 비롯해 세계 각국이 비트코인 전략보유를 본격화한다면, 20세기 초에 나타난 금 축적 경쟁의 디지털 버전이 펼쳐질 것이다.

① 점진적 도입 시나리오: 스위스, 싱가포르, 노르웨이 등 재정이 안정되고 혁신적 금융정책을 시행할 수 있는 국가들이 외환보유액의 1~5% 수준에서 비트코인 보유를 시작하고, 다른 국가들이 점진적으로 따라 하는 패턴이다. 실제로 스위스 일부 주는 주민세를 비트코인으로 납부할 수 있도록 허용했는데, 이는 국가 차원에서 도입하려는 실험으로 해석된다.

② 블록 형성 시나리오: 경제적으로나 지정학적으로 유사한 상황인 국가들이 공동으로 추진하는 경우이다. 미국의 금융 제재를 받는 러시아, 이란, 베네수엘라 등이 연합해 달러 우회 결제 시스템을 비트코인으로 구축하는 것이다. 러시아와 이란은 이미 상호 무역에 디지털 자산 결

제를 시범 도입했고, 브릭스BRICS 국가들은 블록체인 기반 결제망BRICS Pay 개발을 공식 추진하고 있다.

③ **경쟁적 도입 시나리오:** 한 국가가 대규모 비트코인 보유를 전격 발표하면, 경쟁국들이 뒤처지지 않으려고 앞다투어 매입하는 상황이다. 미국이 '100만 BTC 전략 비축'을 선언하면 중국, 러시아, EU 등이 즉각 대응 매입에 나서는 식이다. 비트코인은 2,100만 개로 절대 공급량이 제한되어 있어, 주요국이 경쟁적으로 매집하면 공급 부족에 따라 구조적 가격 상승이 불가피하다.

④ **규제 경쟁 시나리오:** 각국이 디지털 자산 친화적 규제로 글로벌 디지털 자산 산업 허브가 되려는 경쟁이다. 엘살바도르는 2021년 비트코인을 법정화폐로 채택하고 '비트코인 시티' 건설을 계획했다. 미국 플로리다주의 마이애미와 뉴욕주는 '세계적 크립토 중심지'를 선언했고, 마이애미는 자체 코인 발행과 공무원 급여의 비트코인 지급을 시도했다. 스위스 추크Zug주는 '크립토 밸리'로 불리며 블록체인 기업을 적극 유치하고 있으며, 포르투갈 리스본도 디지털 자산 우호적 세제로 유명하다.

⑤ **기술 패권 시나리오:** 비트코인 채굴 및 관련 기술 우위 확보를 위한 국가 간 경쟁이다. 2021년 중국의 채굴 금지 선언 이후 미국이 가장 큰 채굴 해시레이트 점유국이 되었지만, 채굴 장비 제조는 여전히 중국 기업(비트메인 등)이 주도한다. 미국 에너지부 자료에 따르면, 2023년 기준 미국 내 비트코인 채굴이 전체 전력 소비의 약 1~2%를 차지하며 지속적으로 증가하고 있다. 미국 정부는 이를 에너지 안보 이슈와 연계해 관리하며, 2024년 인플레이션감축법IRA 등에서 채굴 장비ASIC의 중국 의존도를 줄일 필요가 있다는 의견도 제기했다.

이러한 시나리오들이 현실화된다면 각국의 선택에 따라 동시 다발적으로 다양한 패턴이 펼쳐질 것이다. 이는 국제 금융 시스템의 근본적 변화를 야기할 수 있다. 20세기에 금본위제에서 달러 본위제로 전환했다면, 21세기에는 달러 본위제에서 '하이브리드 본위제'로 전환할 수 있다. 하이브리드 본위제란 달러, 유로, 위안 등 주요 법정화폐와 함께 비트코인이 국제 준비자산으로 기능하는 체제를 의미한다. 과거 금 보유량이 국가 부와 권력의 상징이었던 것처럼, 비트코인 보유량이 21세기 디지털 국력의 지표가 될 가능성이 있다. 비트코인 보유 경쟁은 경제적 차원을 넘어 지정학적 파급효과로 확장될 수 있으며, 단순한 자산 배분의 문제를 넘어 21세기 국제 금융 질서 재편의 신호탄이 될 것이다. 지금 각국의 선택과 전략이 향후 수십 년간 국제 금융 시스템의 모습을 결정짓게 될 것이다.

비트코인 채굴의 지정학: 에너지 안보와 국가 경쟁력

비트코인을 '디지털 금'이라고 부르는 이유 중 하나는 실제 금처럼 '채굴'해서 얻기 때문이다. 하지만 전통적인 금 채굴이 삽과 곡괭이로 땅을 파는 것이라면, 비트코인 채굴은 강력한 컴퓨팅 파워로 복잡한 수학 문제를 푸는 것과 같다. 그리고 이 과정에서 엄청난 전기가 소모된다. 전 세계 비트코인 채굴에 사용되는 전력량은 연간 약 120~150TWh로 추정되는데, 이는 아르헨티나나 네덜란드 한 나라가 1년간 사용하는 전력량과 맞먹는 수준이다. 비트코인 채굴이 이처럼 막대한 에너지가 필요한 것이다 보니 자연스럽게 전기료가 싼 지역으로 몰리게 되고, 이는 단순한 경제 논리를 넘어 지정학적 함의를 갖는다.

2010년대 초반부터 2021년까지 전 세계 비트코인 채굴의 절반 이상이 중국에서 이루어졌다. 중국은 풍부한 석탄 발전, 상대적으로 저렴한 전기료, 채굴 장비 제조업체를 바탕으로 채굴 산업을 주도했다. 신장 위구르 자치구와 내몽골 자치구의 석탄 발전소 인근에는 거대한 채굴장이 들어섰고, 쓰촨성과 윈난성에서는 수력 발전을 활용한 채굴 단지가 운영되었다. 하지만 2021년 5월, 중국 정부는 갑작스럽게 비트코인 채굴을 전면 금지했다. 탄소중립 목표, 금융 안정성, 디지털 위안화 도입을 앞둔 상황에서 민간 암호화폐를 견제하려는 의도였다. 이 때문에 중국 내 대형 채굴업체들은 하루아침에 설 곳을 잃었다.

이때 이들 채굴업체가 대거 이주한 곳이 바로 미국이다. 텍사스주, 조지아주, 노스다코타주 등 에너지 자원이 풍부하고 암호화폐에 우호적인 주에서 이들을 적극 유치했다. 특히 텍사스주는 풍부한 천연가스와 풍력 에너지, 전력 시장 자유화로 경쟁력 있는 전기를 제공할 수 있었다. 그 결과 2024년 기준 미국은 전 세계 비트코인 해시레이트의 약 38%를 차지하며 1위를 기록했다. 2위는 카자흐스탄(18%), 3위는 러시아(11%) 순이다.

이러한 변화는 단순한 산업 이동 이상의 의미를 갖는다. 비트코인 네트워크에서 채굴자들은 거래를 검증하고 새로운 블록을 생성하는 핵심 역할을 한다. 따라서 어느 나라가 더 많은 해시레이트를 확보하느냐는 비트코인 네트워크에 대한 영향력과 직결된다. 만약 특정 국가나 집단이 전체 해시레이트의 51% 이상을 장악한다면, 이론적으로는 네트워크를 조작할 수 있다. 이런 배경에서 미국 정부와 의회는 자국 내 채굴 산업 육성을 국가 안보 차원에서 접근하기 시작했다.

2023년에 그레고리 애벗 텍사스 주지사는 "비트코인 채굴은 21세기의 석유 산업"이라며 적극적인 지원 정책을 발표했다. 세금 인센티브 제공은 물론, 전력망 안정화에 기여하는 채굴업체에는 전기료 할인까지 제공하고 있다. 실제로 텍사스의 전력 시장 구조는 비트코인 채굴과 잘 맞아떨어진다. 텍사스는 풍력 발전 비중이 높은데, 바람이 많이 부는 밤이나 계절에는 전력 공급이 수요를 크게 초과한다. 이때 남는 전력을 비트코인 채굴에 활용하면 버려지던 에너지를 돈으로 바꿀 수 있고, 여름 폭염 등으로 전력 수요가 급증할 때는 채굴 작업을 일시 중단해 일반 소비자에게 전력을 우선 공급할 수 있다.

하지만 미국의 채굴 산업 육성이 순탄한 것만은 아니다. 가장 큰 도전과제는 환경 문제이다. 비트코인 채굴이 전력을 대량으로 소모한다는 점에서 탄소 배출 우려가 지속적으로 제기되고 있다. 특히 바이든 행정부가 2050년 탄소중립을 목표로 설정한 상황에서, 에너지 집약적인 채굴 산업에 대한 환경 단체들의 비판도 거세다. 이에 대응해 미국 내 채굴업체들은 점차 청정에너지 활용 비율을 늘리고 있다.

뉴욕의 그리니지 제너레이션Greenidge Generation은 폐쇄 예정이던 천연가스 발전소를 인수해 비트코인 채굴 전용 발전소로 전환했다. 와이오밍주의 크루세이드 에너지는 석유 시추 과정에서 발생하는

우리나라의 전력 수급 패턴과 비트코인 채굴의 잠재적 활용(안)

우리나라도 텍사스주와 유사한 전력 수급 불균형 문제를 안고 있다. 하루 중 전력 수요가 높은 시간대에는 높은 요금단가를, 전력 수요가 낮은 시간대에는 낮은 요금단가를 적용하는 시간대별 차등 요금제도가 이를 보여준다.

한국전력은 밤 11시부터 아침 9시까지 심야 시간대에 축열하여 사용하는 고객에게 심야전력 요금제를 적용하고 있다. 이는 심야 시간에 전력 공급이 수요를 초과하기 때문이다. 실제로 전기 사용량이 적은 심야 시간대의 부하 조성으로 전력설비를 효율적으로 사용하고자 1985년 도입한 제도이다.

우리나라의 2025년 여름 최대 전력 수요는 기준 전망 8,950만 kW 내외, 혹서 가정 시 9,130만 kW 내외로 예상되며, 피크 시기 공급능력은 9,833만 kW, 예비력은 883만 kW(혹서 가정 시 703만 kW)로 전망*된다. 전력수급 비상 상황이 발생해도 안정적으로 전력을 수급하도록 8.8GW의 추가 예비자원을 확보해야 할 정도로 여름철 전력 관리가 빡빡하다.

우리나라도 신재생에너지 확산으로 간헐적 잉여전력 문제가 발생하고 있다. 전력 공급이 수요보다 많은 상태가 되면 핵발전이나 석탄·가스 발전에 비해 태양광이나 풍력 발전기의 '스위치'를 먼저 끄는 일이 있다. 한국전력은 2024년 기준, 태양광·풍력 발전량의 약 12%를 출력 제한으로 폐기하고 있으며, 이 잉여전력을 채굴에 활용하면 연간 수천억 원에 이르는 손실을 줄일 수 있다는 분석이 나왔다. 독일은 날씨와

*출처: 대한민국 산업통상자원부, 언론보도 종합

일조량에 따라 수요를 초과하여 강제로 생산되는 전기를 수출하고 있지만, 우리나라는 육지로 둘러싸인 반도 특성상 이런 옵션이 제한된다.

비트코인 채굴의 활용 가능성

텍사스주처럼 우리나라도 비트코인 채굴을 전력 수급 조절 도구로 활용할 수 있다.

1. **심야 시간대 활용**: 밤 11시~오전 9시 심야전력 시간대에 채굴 작업 집중
2. **봄가을 잉여전력 활용**: 냉난방 수요가 적은 계절의 남는 전력으로 채굴
3. **여름철 피크 대응**: 7~9월 전력수급 대책기간에는 채굴을 중단하고 일반 소비자에게 전력 우선 공급
4. **신재생에너지 잉여전력 흡수**: 태양광·풍력 발전의 간헐적 과잉 생산 시 즉시 채굴 가동

결과적으로 한국도 텍사스주처럼 채굴장이 전력망의 '스마트 버퍼' 역할을 하여, 평상시에는 버려지던 심야·잉여 전력을 활용하고, 전력 부족 시에는 즉시 가동을 중단해 전력망 안정성에 기여할 수 있다. 공급 과잉, 출력제한, 잉여전력 활용 논의를 활발히 진행하여, 실제 적용을 위한 정책적·기술적 기반이 마련되었으면 하는 바람이다.

플레어 가스를 포집해 채굴 전력으로 활용하는 혁신적인 방법을 개발했다. 아이슬란드나 노르웨이처럼 지열이나 수력 등 재생에너지가 풍부한 국가들의 사례를 벤치마킹하려는 움직임도 있다. 아이슬란드는 전체 전력의 99%를 재생에너지로 공급하면서도 상당한 규모의 비트코인 채굴 산업을 운영하고 있다. 캐나다 역시 풍부한 수력 발전과 추운 기후를 바탕으로 채굴 산업을 육성하고 있다.

미국의 비트코인 전략보유 정책은 여러 면에서 역사적 전환점을 의미한다. 20세기 중반 브레튼우즈 체제하에서 미국이 막대한 금 보유량을 바탕으로 달러 패권을 구축했던 것처럼, 21세기에는 비트코인과 같은 디지털 자산이 새로운 국가 경쟁력의 원천이 될 수 있다는 인식이 확산하고 있다. 하지만 이 과정에서 해결해야 할 과제도 만만치 않다. 무엇보다 비트코인의 극심한 변동성을 어떻게 관리할 것인가가 가장 큰 숙제이다. 하루에도 수십억 달러씩 장부상 손익이 발생하는 자산을 국가가 보유한다는 것은 전례 없는 일이기 때문이다.

채굴 산업 육성 정책도 환경과 에너지 안보라는 두 마리 토끼를 동시에 잡아야 하는 어려운 과제를 안고 있다. 탄소중립 목표와 비트코인 채굴 산업 육성 사이에서 균형점을 찾는 것이 관건이다. 다행히 재생에너지 기술의 발전과 에너지 효율성 개선으로 이 문제가 해결될 수는 있지만, 여전히 신중하게 접근해야 한다. 미국의 비트코인 전략보유 정책은 아직 시작 단계이다. 앞으로 수년간의 실행 과정을 거쳐 그 성과와 한계가 드러날 것이다. 하지만 이 정책이 21세기 디지털 경제에서 국가가 새로운 형태의 자산을 어떻게 관리해야 하는지에 대한 중요한 선례가 될 것은 분명하다.

2부

스테이블코인, 달러의 디지털 확장 전략

스테이블코인 StableCoin
생태계의 이해

2025년 어느 날, 나이지리아 라고스의 한 청년이 스마트폰 터치 몇 번만으로 미국에 있는 프리랜서에게 작업 대금을 지불했다. 수수료는 거의 0에 가깝고, 송금 시간은 단 몇 초. 은행 계좌도, 복잡한 서류도, 며칠간 기다릴 필요도 없었다. 이와 동시에 지구 반대편에서는 AI 에이전트가 자율적으로 데이터를 구매하고, 컴퓨팅 파워를 임대하며, 다른 AI와 협업해 수익을 창출하고 있다. 이 모든 일이 가능한 것은 바로 스테이블코인 덕분이다. 전통적인 은행 송금을 마차에 비유한다면, 스테이블코인은 제트기라고 할 수 있다. 속도 차이뿐만 아니라 접근성, 비용, 가능성 등등이 완전히 다른 차원이다. 아프리카의 한 농부가 유럽의 바이어에게 직접 대금을 받고, 인도의 소프트웨어 개발자가 미국 스타트업에서 실시간으로 급여를 받으며, 브라질의 인플루언서가 전 세계 팬들에게 즉시 후원금을 받는 일이 가능해졌다.

이것은 바로 지금, 이 순간에도 벌어지고 있는 일이다. 스테이블코인은 조용히, 그러나 확실하게 세계 금융 시스템의 DNA를 바꾸고 있다. 만약 20세기가 달러가 금을 대체한 시대였다면, 21세기는 디지털 달러가 물리적 달러를 대체하는 시대이다.

현재 전 세계에서 유통되는 스테이블코인의 규모는 2,500억 달러이다. 이는 GDP 규모로 보면 50위권에 해당하며 그리스, 알제리 등의 규모이다. 또 스테이블코인을 발행하는 회사들은 스테이블코인(USDT, USDC 등)의 안정화를 위해 사우디아라비아보다 많은 미국 국채를 보유하고 있다. 만약 스테이블코인사가 국가라면 세계 17위 미국 국채 보유국이 될 것이다. 이에서 알 수 있듯이 트럼프 행정부가 스테이블코인에 우호적인 태도를 보이는 이유는 단순히 혁신 기술 지원을 넘어선다. 그 배후에는 미국 국채 시장의 구조 변화

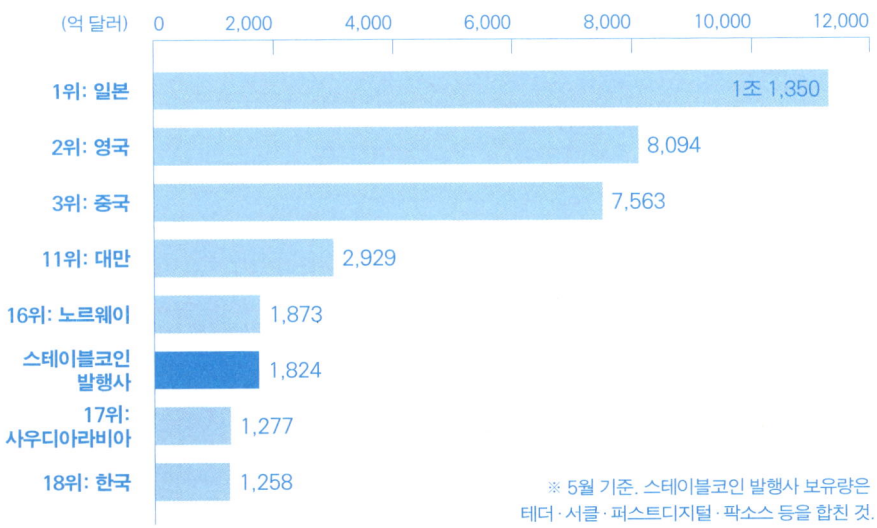

미국 국채 보유 순위 (출처: 미국 재무부, 연합뉴스, 업계)

※ 5월 기준. 스테이블코인 발행사 보유량은 테더·서클·퍼스트디지털·팍소스 등을 합친 것.

와 달러 패권 유지라는 전략적 고려가 깔려 있다.

현재 미국이 직면한 중대한 문제 가운데 하나는 전통적인 국채 수요국의 매입 감소이다. 일본과 중국이 오랫동안 미국 국채의 상위 보유국이었지만, 최근 수년간 이들의 매입 패턴에 변화가 나타나고 있다. 중국은 미중 무역 갈등과 함께 미국 국채 매입을 대폭 줄였고, 일본 역시 엔화 약세 압력과 자국 금리 정책 변화로 예전만큼 적극적인 매입세를 보이지 않고 있다.

이러한 상황에서 미국 정부는 새로운 국채 수요처가 절실히 필요해졌다. 그리고 바로 여기에서 스테이블코인 발행사들이 주목받게 된 것이다.

이 장에서는 이러한 스테이블코인 생태계의 전모를 해부한다. 스테이블코인이 어떻게 작동하는지, 누가 시장을 지배하고 있는지, 그리고 이것이 왜 단순한 기술 혁신을 넘어 지정학적 게임 체인저가 되고 있는지를 살펴본다. 특히 USDT와 USDC로 대표되는 달러 가치 연동 스테이블코인이 어떻게 미국의 금융 패권을 디지털 세계로 확장시키고, 수십억 명에게 동시에 금융 서비스 접근권을 제공하고 있는지를 분석한다.

스테이블코인은 단순히 '안정적인 디지털 자산'이 아니다. 이것은 돈의 본질을 재정의하고, 국경을 무의미하게 만들며, 금융 권력의 판도를 바꾸는 역사적 변곡점의 단초이다. 그리고 이 변화의 한복판에 달러 스테이블코인이 있다.

스테이블코인의 종류와 작동 원리:
법정화폐 담보형, 암호자산 담보형, 알고리즘형

스테이블코인은 디지털 자산 세계에서 가격을 안정적으로 유지하도록 설계된 디지털 토큰이며, 주로 미국 달러 같은 법정화폐의 가치에 1:1로 연동(페그)된다. 한마디로 스테이블코인은 변동성이 큰 비트코인 등의 디지털 자산과 달리 가치가 일정하게 유지되는 디지털 돈이다. 초기 디지털 자산들이 화폐로 쓰이기엔 가격 등락이 너무 심했던 반면, 스테이블코인은 달러에 고정되어 디지털 달러를 구현하기 때문에 교환 매개와 가치 저장 수단으로 각광받게 되었다.

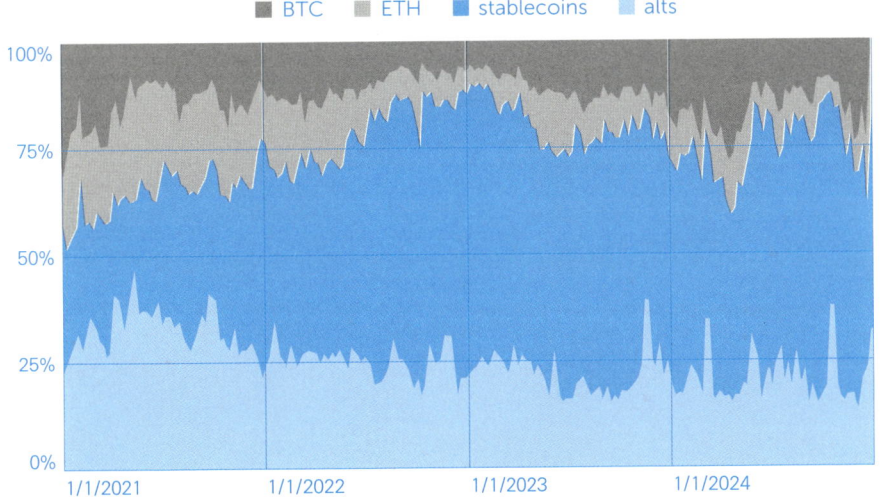

(출처: Chainalysis Stablecoins 101 Behind crypto's most popular asset)

4장. 스테이블코인 생태계의 이해

BCG(보스턴컨설팅그룹) 보고서에 따르면, 전 세계 스테이블코인의 거의 대부분(약 99%)이 미국 달러에 연동되어 있으며, 이는 사실상 글로벌 경제에 '디지털 달러' 영역이 형성되고 있음을 뜻한다. 실제로 스테이블코인은 암호화폐 거래의 약 3분의 2 이상을 차지할 정도로 시장의 중심축이 되었으며, 신흥국을 포함한 여러 지역에서 개인과 기업의 금융활동에 필수 인프라로 부상하고 있다. 이러한 특징 때문에 스테이블코인은 디지털 달러 전략의 중추로 불리며, 각국 정부와 기업, 투자자 모두 그 구조와 생태계에 주목하고 있다.

스테이블코인은 어떤 방식으로 가치를 안정화하느냐에 따라 크게 세 종류로 나뉜다. ① 법정화폐 담보형, ② 암호자산 담보형, ③ 알고리즘형이다. 각각의 구조와 작동 원리는 아래와 같다.

● **법정화폐 담보형 스테이블코인:** 가장 흔하고 규모가 큰 유형이며, 달러 같은 실제 법정화폐를 담보로 발행된다. 발행사는 은행 계좌 등에 달러 등의 현금을 예치하거나 국채 등 현금성 자산을 100% 확보해두고 그 가치만큼 스테이블코인을 찍어낸다. 예컨대 USDT나 USDC는 1코인당 1달러씩 준비금을 보유한 채 발행된다. 사용자는 언제든지 코인을 발행사에 보내 법정화폐로 1:1 교환(환매)할 수 있어야 하므로, 준비자산의 투명성이 신뢰의 핵심이다. 법정화폐 담보 스테이블코인은 전체 스테이블코인 시장의 대부분을 차지하며, 디지털 토큰이지만 실제 달러 예금과 유사한 안정성을 갖도록 설계되어 있다. 다만 이용자는 발행사를 신뢰해야 하고, 발행사는 은행 수준의 준비금 관리 및 공시가 필수적이다. 예를 들어 USDC 발행사인 서클Circle은 모든 준비금을 미국의 은행 예치금과

단기 국채로 보유하고 매달 외부 회계감사를 받아 투명성을 확보하고 있다. USDC를 발행한 만큼의 돈을 달러로 보관하여 언제든지 1 USDC를 1달러로 돌려받고자 할 때 내어줄 수 있게 준비하고 있다는 말이다. 반면 USDT(테더)는 한때 준비자산 공개가 불투명하여 논란이 되었으나, 최근에는 준비금에 미국 국채를 대거 편입하고 상업어음commercial paper 등을 완전히 정리하면서 신뢰를 높이고 있다. 요컨대 법정화폐 담보형은 '금고 속 현금이 뒷받침된 디지털 화폐'라고 할 수 있다.

- **디지털 자산 담보형 스테이블코인:** 말 그대로 디지털 자산을 담보로 잡고 발행하는 스테이블코인이다. 달러나 원화를 직접 담보로 하지 않는 대신 이더리움 같은 변동성 있는 디지털 자산을 초과 담보로 예치한 뒤 그 가치에 해당하는 스테이블코인을 빌려주는 방식이다. 대표적인 예로 다이DAI가 있다. 다이는 중앙 발행자가 없는 탈중앙화 스테이블코인인데, 이용자가 메이커DAO라는 프로토콜의 스마트 컨트랙트에 이더리움 등을 맡기고 DAI를 대출받는다. 담보 가치가 하락해도 '1 DAI = 1달러' 페그peg를 유지하기 위해 보통 담보 가치의 150% 등 여유분을 과잉 담보로 요구한다. 담보 비율이 떨어지면 자동으로 담보를 청산해 안정성을 지키도록 설계되어 있다. 이렇게 함으로써 중앙 기관 없이도 스테이블코인의 가치를 유지한다. 암호담보 스테이블코인은 투명성과 탈중앙성 측면에서 장점이 있다. 모든 담보 예치와 대출 발행 기록이 블록체인에 공개되므로, 누구나 준비자산 상태를 실시간으로 검증할 수 있다. 그런 반면에 담보로 쓰이는 자산의 가격 변동성이 크기 때문에 효율이 낮고 비용이 높은 편이다. 예를 들어 100달러어치 스테이블코인을 얻으려면 150달러어치 이더리움을 담보로 잡아야 하는 방식이다.

또 암호시장 급락 시 담보가 한꺼번에 청산되는 위험성도 존재한다. 그런데도 DAI처럼 탈중앙화 금융 기반 통화로 활용되면서 꾸준히 수요가 있으며, 중앙화 발행사를 신뢰하기 어려운 사용자에게 대안을 제공한다. 한편 일부 프로젝트는 비트코인 같은 변동성 큰 자산을 담보로 하되 별도의 스테이블코인 보호기금을 마련해두거나, 담보 포트폴리오를 분산하여 리스크를 줄이기도 한다.

- **알고리즘 기반 스테이블코인:** 담보 자산 없이 순전히 코인 공급량을 프로그래밍으로 조절하여 페그를 유지하는 형태이다. 알고리즘 스테이블코인은 말 그대로 통화량 조절을 자동화한 로봇 중앙은행 같은 아이디어이다. 수요와 공급 변화에 따라 토큰의 유통량을 늘리거나 줄여서 1달러 수준의 가격을 맞추겠다는 것이다. 예를 들어 가격이 1달러보다 높아지면 새 토큰을 추가 발행해 공급을 늘리고, 1달러 아래로 떨어지면 토큰을 소각하거나 담보토큰을 발행해 공급을 줄이는 식이다. 하지만 현실에서는 이러한 알고리즘이 시장 심리와 급변동을 따라잡지 못하는 경우가 많아 안정적인 페그 유지에 번번이 실패했다. 대표적 실패 사례가 2022년 붕괴한 테라USD(UST)이다. 테라USD는 별도의 담보 대신 자매코인(LUNA)으로 수요에 따른 UST 공급을 조절했는데, 대규모 투매 상황에서 균형 메커니즘이 붕괴하여 UST 가치가 완전히 폭락하고 약 400억 달러 규모의 시가총액이 증발했다. 이 사건은 전 세계 규제당국에 충격을 주어 알고리즘 스테이블코인에 대한 경계심을 크게 높였고, 이후 모든 주요 금융당국이 테라UST/LUNA 붕괴 사건을 계기로 알고리즘형 스테이블코인에 대해 매우 신중하거나 금지적인 접근 방식을 취하고 있다. 알고리즘 스테이블코인의 시가총액 비중은 현재 전

	법정화폐 담보형 스테이블코인	디지털 자산 담보형 스테이블코인	알고리즘 기반 스테이블코인
담보자산	USD, EUR 등 법정화폐 (현금, 국채 등)	디지털 자산 (ETH 등, 초과담보)	알고리즘 메커니즘 (담보자산 없음)
가치 안정성	높음 (법정화폐와 1:1 연동)	중간 (담보 자산 가격 변동에 영향)	낮음 (시장 신뢰와 시스템 의존적)
발행 주체	중앙화된 기관 (기업, 은행 등)	탈중앙화된 스마트 컨트랙트	스마트 컨트랙트 기반 알고리즘
대표 사례	USDT, USDC	DAI, USDe	테라USD (UST, 실패 사례)
장점	높은 안정성, 직관적 이해 가능	탈중앙화로 금융 접근성 증대, 투명성	자본 효율성 높음 (담보 필요 없음)
단점(리스크)	발행 기관의 신뢰성 문제, 중앙집중 위험	담보자산 가치 하락 시 청산 위험	시장 변동에 취약(데스 스파이럴 위험), 신뢰 붕괴 시 급격한 가치 하락

체 스테이블코인의 0.2% 미만일 정도로 미미하다. 프랙스FRAX처럼 일부 알고리즘 방식을 부분 도입한 혼합형 모델(일부 담보+알고리즘)도 시도되고 있지만, 순수 알고리즘형은 신뢰를 구축하기 어려워 주류가 되기는 힘들다. 요약하면, 알고리즘 스테이블코인은 이론적으로는 매력적이지만 현실 적응에 실패한 실험이라고 볼 수 있다.

이상의 세 가지 유형 중에서 현재 시장을 주도하는 것은 법정화폐 담보형이며, 사실상 디지털 달러를 역할하고 있다. 디지털 자산 담보형은 탈중앙화 금융 내 특정 수요를 충족하며 틈새시장 같은 지위이고, 알고리즘형은 거듭된 실패로 영향력이 미미하다.

스테이블코인 규모 Top 10(2025년 6월 기준)

2025년 들어 스테이블코인 시장은 사상 최대 규모로 성장하여, 6월 기준 전체 시가총액 약 2,500억 달러를 기록했다. 이는 전통 금융시장에 견줄 만큼 커진 규모이며, 디지털 자산 생태계에서 스테이

Citi forecast of stablecoin market size 2030

Drivers	Bear case $Bn	Base case $Bn	Bull case $Bn	Bull case %
Overseas cash switches to stablecoins	15	149	372	25%
US banknotes switch to stablecoins	18	91	182	10%
Bank balances switch to stablecoins	182	454	908	5%
Term deposits and MMF switch to stablecoins	0	0	221	5%
Substituion of global M0 (ex US & China)	22	109	218	1%
Foreign short bank balances switch to stablecoins (ex US & China)	55	273	545	1%
Foreign term balances switch to stablecoins (ex US & China)	0	0	544	1%
Growth in crypto & blockchain sector spurs stablecoin growth (ex US & China)	250	525	718	25%
2030 Citi prediction	**542**	**1,601**	**3,708**	
2030 BCG prediction		2,444		
2033 BCG prediction		3,780	4,680	

Source: Citi, BCG, Summary by Ledger Insights

블로인의 위상을 잘 보여준다. 또 시티그룹의 예측에 따르면, 2030년에는 발행 규모가 최대 3.7조 달러까지 도달할 것으로 보인다.

스테이블코인 Top 10

- **USDT(Tether)** – 시가총액 약 1,550억 달러인 세계 1위 스테이블코인. 테더에서 발행하며, 달러 현금과 단기 국채 등 법정화폐 담보 준비금으로 1 USDT의 가치를 1달러에 연동(법정화폐 담보형).

- **USDC(Circle)** – 시가총액 약 615억 달러로 2위를 차지한 스테이블코인. 핀테크 기업 서클이 코인베이스 등과 공동으로 발행하며, 발행량과 동일한 미국 달러를 은행 예치금과 단기 국채로 보유해 가치를 보장. 투명성 제고를 위해 회계법인의 월간 증명 보고서를 공개하는 법정화폐 담보형 스테이블코인.

- **USDS(Sky USD)** – 시가총액 70억 달러 이상으로 3위권에 오른 탈중앙화 스테이블코인. 메이커DAO가 2024년 프로토콜을 개편해 Sky로 재브랜딩하며 새로 선보인 스테이블코인. 이더리움(ETH), USDC, 미국 국채 등 디지털 자산 및 실물자산 담보를 초과예치(Over-collateralization)하여 1:1 달러 페그를 유지(암호자산 담보형). DAI의 업그레이드 버전 격으로 등장했으며 보유자에게 예치 수익(SSR 프로그램)을 제공하는 것이 특징.

- **USDe(Ethena)** – 에테나 프로토콜에서 2024년 출시한 이더리움 기반 합성 달러 스테이블코인이며 시가총액 약 55억~60억 달러 규모를 형성하여 상위권에 급부상. USDT나 USDC를 담보로 맡기고 해당 금액만큼 USDe를 발행하는 동시에 ETH 등의 자산을 매수하고 선물시

장에서 공매도하여 가격 변동성을 상쇄하는 델타 중립 전략으로 1달러 페그를 유지. 전통적인 담보형과 달리 파생상품 헤지를 활용한 디지털 자산 담보형 설계로 이자 수익을 제공하는 stUSDe(스테이킹된 USDe) 모델로도 주목받음.

● **DAI** – 메이커DAO가 2017년 출시한 대표적인 탈중앙화 스테이블코인. 2024년 Sky USD 출시에 따라 점차 대체되고 있으나, 여전히 약 37억 달러 규모 유통량을 유지하여 상위 5위. 이더리움 등 다양한 암호자산을 담보로 한 초과예치 스마트 컨트랙트로 1 DAI = 1달러 가치를 지지하며(디지털 자산 담보형), 2022년 약 70억 달러 규모에서 2024년 말~2025년 초에 45억 달러 수준으로 축소된 바 있음.

● **USD1** – 월드리버티파이낸셜WLFI이 발행하고 도널드 트럼프 대통령이 지원하는 신생 스테이블코인. 출시 두 달 만에 시가총액 22억 달러를 돌파하며 글로벌 7위. BNB 체인을 중심으로 발행되어 거래 수수료 절감 등의 이점을 누리며 급성장. 아부다비 투자사에서 20억 달러 투자를 유치하고 트럼프 가문의 홍보로 단기간에 규모를 키움. 준비자산으로 미국 달러 현금과 단기 채권을 보유한 법정화폐 담보형 스테이블코인이며, 신속한 성장세로 향후 시장 판도의 변수로 떠오름.

● **FDUSD(First Digital USD)** – 홍콩 퍼스트디지털First Digital 그룹 산하의 FD121 Limited가 2023년에 발행한 시가총액 약 15억 달러 규모의 신규 스테이블코인. 달러 예치금과 현금성 자산을 1:1로 보유하여 가치를 담보하는 법정화폐 담보형이며, 홍콩 규제 신뢰성과 바이낸스의 지원으로 급성장. 이더리움, BNB 체인, 솔라나 등 멀티체인으로 발행되어 크로스보더 결제와 송금 수단으로 활용됨.

● **PYUSD(PayPal USD)** – 글로벌 결제기업 페이팔이 2023년 8월 팍소스Paxos와 협력하여 발행한 시가총액 약 9억 달러 수준 스테이블코인. 달러 예금과 미국 재무부 단기채 등 안전자산을 완전 담보로 하는 법정화폐 담보형. 페이팔의 4억 이상 사용자 기반을 활용한 결제 및 송금 활용을 목표로 함. 페이팔 앱에서 PYUSD 전송 및 보관이 가능하고, 보유 시 연 3.7% 수익 제공 계획이 발표되는 등 핀테크 도입 사례로 주목받음.

● **TUSD(TrueUSD)** – 미국 달러에 1:1 연동된 법정화폐 담보형 스테이블코인이며, 시가총액 약 4억 9,000만 달러 규모를 유지하고 있음. 최초 출시부터 제3자 회계기관의 일일 잔고 인증을 업계 최초로 도입하여 투명성을 강조했고, 달러 예치금을 완전 담보로 하여 신뢰성 확보. 한때 바이낸스 거래소에서 기축통화로 활용되며 유통량이 증가했으나, 현재는 약 5억 달러 미만 수준으로 중견 규모 반열에 있음.

● **USDD** – 트론 네트워크에서 2022년 출시한 시가총액 약 3억 8,000만~4억 달러 수준의 알고리즘 스테이블코인이며 비교적 소형. 트론DAO가 발행 주체이며, 기존 법정화폐 담보 없이 스마트 컨트랙트 알고리즘으로 공급량을 조절하여 1 USDD = 1달러 가치를 목표로 설계됨. 초기에는 알고리즘으로 TRX 토큰과 연계해 발행·소각되었으나, 테라 사태 이후 USDC 등의 준비금을 부분적으로 도입하여 부분담보 알고리즘형을 표방함. 알고리즘 모델 특성상 시장 충격 시 페그 유지에 도전이 있을 것으로 예상됨.

이상의 Top 10 리스트를 보면 흥미로운 점이 몇 가지 드러난다.

첫째, 마켓셰어Market Share를 대부분 달러 가치 연동 스테이블코인이 차지하고 있다. 유로화나 엔화 등에 연동된 코인은 극소수이며, 금Gold 등 원자재 가격에 연동된 스테이블코인도 있지만 시가총액 기준으로는 순위권 밖이다. 이는 현재까지 글로벌 스테이블코인 시장이 사실상 달러화 스테이블코인 시장임을 보여준다.

둘째, 법정화폐 담보형이 절대 우세이다. 상위 10개 중 DAI를 제외하면 순수 탈중앙화 암호담보형은 없으며, 알고리즘형은 USDD 하나로 비중이 매우 낮다. 결국 시장이 신뢰하는 모델은 달러 등을 실제 보유하는 형태임을 알 수 있다.

셋째, 신생 모델의 등장이다. 에테나 USDe나 Usual USD처럼 혁신적 기법을 도입한 신규 스테이블코인이 빠르게 성장하여 전통 강자인 DAI 등을 추월하거나 바짝 뒤쫓고 있다. 이는 스테이블코인 영역에서도 기술 실험과 경쟁이 지속되고 있음을 시사한다.

넷째, 상위권 스테이블코인은 각기 활용처와 지역적 기반이 다르다. 이를테면 USDT는 아시아와 신흥국 시장에서 압도적인 점유율을 보이는 반면, USDC는 미국이나 유럽권 기관과 연계가 강하다. PYUSD는 거대 결제망과 연계되어 있고, DAI는 탈중앙 금융 서비스 내 활용도가 높다. 이처럼 스테이블코인 생태계는 단일 코인 독주가 아니라 여러 코인이 쓰임새별로 공존하는 양상으로 진화하고 있다.

달러 가치 연동 스테이블코인의 압도적 지배력: USDT, USDC 심층 분석

글로벌 스테이블코인 시장을 지배하는 두 거대한 세력이 있다. 바로 USDT와 USDC이다. 이 두 디지털 화폐는 전체 스테이블코인 공급량의 85~90%라는 압도적 점유율을 기록하며, 사실상 디지털 달러 패권을 둘러싼 양강 구도를 형성하고 있다. 하지만 이들의 성장 배경과 운영 철학은 극명하게 다르다. 특히 두 스테이블코인의 준비자산 Reserve 구성과 투명성에 주목하여 스테이블코인 신뢰의 기반을 이해해보자.

테더가 발행하는 달러 가치 연동 스테이블 코인 USDT: 최대 규모 스테이블코인의 명암

테더(USDT)는 가장 오래되고 규모가 큰 스테이블코인이며, 2025년 6월 기준 약 1,550억 달러의 발행량으로 시장 1위를 지키고 있다. 암호화폐 투자자에게 USDT는 곧 달러 대용 현금이나 다름없을 정도로 보편화되어 있는데, 이는 테더가 여러 블록체인에 걸쳐 폭넓은 호환성을 갖추고 유동성을 공급해온 덕분이다. 실제로 USDT의 일일 거래량은 비트코인을 앞지를 때가 많으며, 디지털 자산 거래의 기본적인 교환 매개로 기능하고 있다.

또 전통 금융 인프라가 부족하거나 자국 통화의 신뢰도가 낮은 국가들에서 달러를 대체하는 디지털 화폐로 활용되어 글로벌 통화로서 영향력도 상당하다. 특히 나이지리아에서는 GDP의 3분의 1이

USDT로 결제될 정도로 광범위하게 사용되며, 스테이블코인이 신흥 시장과 경제 공동체의 생명줄 역할을 하고 있다. 또 선물 은행 서비스를 이용하지 못하는 소외 계층에 금융 접근의 가능성을 열어주는 도구로 자리 잡고 있다.

USDT의 눈부신 성공의 이면에는 끊임없는 의혹과 논란도 있어 왔다. 테더를 둘러싼 가장 큰 쟁점은 '과연 충분한 달러 준비금을 보유하고 있는가'였다. 2010년대 후반부터 USDT 유통량이 급증하자 일각에서는 테더가 실제 달러 예치 없이 코인을 남발한다는 의혹을 제기했다.

2018년에 테더는 "발행량 25.4억 USDT에 대해 25.5억 달러를 보유하고 있다."라고 주장했으나 회계감사 대신 로펌 확인서만 제시하여 신뢰를 얻지 못했었다. 더 나아가 2021년 미국 상품선물거래위원회CFTC의 조사 결과, 테더가 2016~2018년 중 27.6% 기간에만 완전 담보 상태였고, 나머지 기간에는 부분적 담보만 보유했다는 사실이 드러나 충격을 주기도 했다.

이 때문에 테더는 2021년 미국 당국에 1,850만 달러 합의금을 지불하고, 주기적으로 준비금 내역을 공개하겠다고 약속했다. 이후 테더는 분기별 회계법인 감사보고서Attestation를 발행하며 준비자산 구성을 공개하고 있다.

테더의 준비자산 포트폴리오를 살펴보면, 최근 몇 년간 상당한 변화가 있었다. 2023년 테더는 리스크가 큰 상업어음 자산을 전부 처분하는 대신 미국 단기 국채 비중을 대폭 늘렸다. 특히 중국 상업어음 보유 의혹에 대해서는 2022년 중반까지 모든 중국 관련 투자를 청산했다고 발표했다. 2025년 3월 기준 공개된 보고서(INDEPENDENT AUDITORS' REPORT ON THE FINANCIALS FIGURES AND RESERVES REPORT, 회계법인 BDO)에 따르면 테더 준비금의 약 81.5%는 현금 또는 현금성 자산으로 구성되며, 세부적으로는 전체 준비자산 중 약 66%가 미국 국채로 운용되고 있다. 나머지 약 18.5%는 기타 자산이며, 여기에 금과 비트코인도 포함되어 있다. 금과 비트코인은 각각 준비자산의 약 4.5%, 5.1%를 차지하여 달러 외 자산 다변화 전략을 엿볼 수 있다.

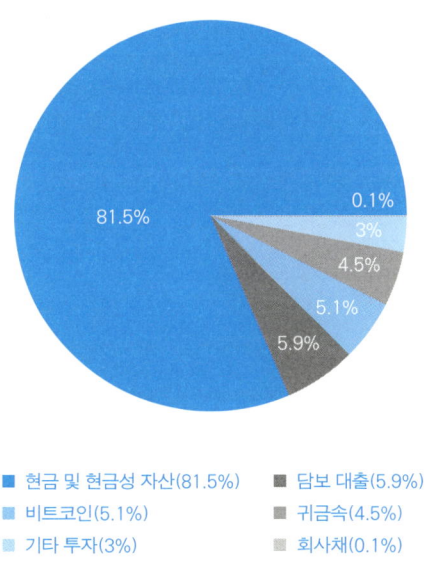

테더(USDT) 실제 준비자산 구성 현황
총 준비금 $149.27B • 실제 보고서 기준

현금 및 현금성 자산 세부 구성(81.5%)	
U.S. Treasury Bills	66.0%
Overnight Reverse Repo	10.1%
Money Market Funds	4.2%
Term Reverse Repo	1.1%
기타	0.4%

기타 자산 구성(18.5%)	
담보 대출	5.9%
비트코인	5.1%
귀금속(금)	4.5%
기타 투자	3.0%
회사채	0.1%

(데이터 출처: tether 홈페이지)

전반적으로 테더는 준비자산의 대부분을 유동성 높은 미국 국채와 현금성 자산으로 유지하여 대규모 환매 사태에도 대비하고 있다. 실제로 2022년 디지털 자산시장 급락 시 몇 주 만에 210억 달러 이상의 환매를 처리하면서도 가치 안정화를 유지한 바 있다.

테더의 운영 주체를 살펴보면 구조가 매우 복잡하다. 테더는 암호화폐 거래소 비트파이넥스를 운영하는 iFinex inc와 실질적으로 동일한 지배구조이다. 2018년 기준 지분 소유구조를 보면 잔카를로 데바시니 Giancarlo Devasini CFO가 약 43%를 보유하고 있으며, 얀 루도비쿠스 반 데르 벨데 Jan Ludovicus van der Velde 전 CEO가 약 20%, 크리스토퍼 하본 Christopher Harborne 이 약 13%, 스튜어트 호그너 Stuart Hoegner 법률고문이 약 10% 등을 보유하고 있다. iFinex는 홍콩에 기반을 둔 거래소로 출발했으며, 창립 초기부터 중화권 자본의 영향력이 상당했던 것으로 분석된다. 중국 정부는 2021년 9월부터 암호화폐 거래를 전면 금지했지만, 실제로는 장외거래 OTC 로 USDT를 활발하게 활용하고 있다. 중국의 연간 5만 달러 환전 제한을 우회하거나 해외 자금 이동을 위한 수단으로 USDT를 광범위하게 사용하고 있는 것이다. 중국의 개인과 기업은 대외무역이나 송금 시 은행 대신 OTC 브로커를 통해 '위안화 → USDT → 달러' 형태로 우회 환전을 활용하고 있다. 블룸버그의 분석에 따르면, 전 세계 USDT 거래량의 40~60%가 중국, 홍콩, 싱가포르 등 아시아 지역에서 발생하는 것으로 추정된다.

투명성 측면에서 보면, 테더는 여전히 완전한 실시간 감사까지는 이르지 못했으나 예전에 비해 크게 개선된 편이다. 발행 및 상환 내역은 블록체인에서 추적할 수 있고, 분기보고서로 준비자산 내역과 잉여 자본 등을 공개하고 있다.

특히 주목할 점은 테더의 압도적인 수익성이다. 2024년 테더는 137억 달러라는 막대한 수익을 기록했는데, 이는 같은 기간 모건스탠리(134억 달러), 마스터카드(129억 달러), 시티그룹(125억 달러)과 비슷한 수준이다. 이러한 수익은 준비자산으로 보유한 미국 국채 등에서 발생한 이자 수익 덕분인데, 연준의 금리 인상으로 스테이블코인 발행사들이 막대한 이자 이익을 얻고 있기 때문이다. 테더는 현재 세계에서 미국 국채를 가장 많이 구매하는 업체가 되었으며, 작년 수익의 절반 이상이 국채 수익에서 발생했다.

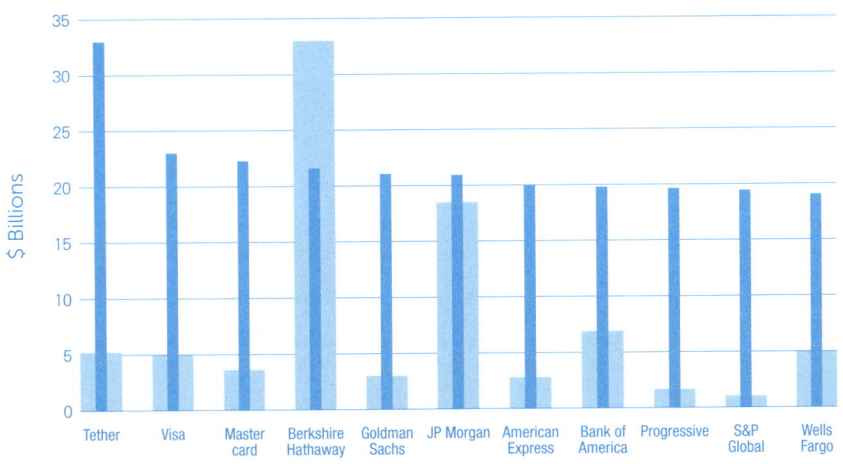

테더보다 많은 순이익을 올린 곳은 버크셔 해서웨이, JP모건, BoA, 웰스파고임
(출처: Ark investment, 2024년 상반기)

흥미로운 점은 시장점유율을 고려할 때 예상되는 수익과 실제 수익 간의 괴리이다. 테더가 137억 달러를 벌었다면 주요 경쟁사인 서클도 상당한 수익을 올려야 하지만, 실제로는 1억 5,000달러에 그쳤다. 이런 격차가 발생하는 이유는 시장 진입 시기와 전략의 차이에서 비롯된다. 테더는 2014년 출시된 반면, 서클의 USDC는 2018년에 시작되어 4년이라는 격차가 존재한다.

테더는 단순한 스테이블코인 발행사를 넘어 다양한 영역으로 사업을 확장하고 있다. 가장 주목할 만한 것은 비트코인 채굴 사업이다. 테더는 곧 세계 최대 비트코인 채굴자가 되는 것을 목표로 하며, 현재 대차대조표에 10만 BTC 이상을 보유하고 있다. 파올로 아르도이노 CEO는 "99%는 BTC를 직접 구매하면 더 많은 수익을 올릴 수 있다."라면서도 "테더의 재정 확장을 장기적인 관점에서 보면, BTC 수십억 개를 보유하고 있다면 미래를 보장하는 게임 내 스킬을 원할 것이라고 설명했다.

또 오픈소스 지갑 개발 키트WDK 개발을 진행하고 있다. 아르도이노 CEO는 올해 말까지 자체 브랜드 지갑을 출시할 수 있다고 언급했다. 이는 저렴한 체인으로 자동으로 거래할 수 있고, 신흥 시장과 AI 에이전트 사용자의 업무에 최적화된 멀티체인 지갑이 될 예정이다. 이를 위해 테더는 30달러짜리 스마트폰부터 상업용 IoT에 이르기까지 사람과 기계 모두에서 작동하는 비위탁 지갑을 위한 인프라를 구축하고 있다.

하지만 테더의 앞길이 순탄하지만은 않다. 2025년 3월부터 시행된 유럽의 가상자산시장 규제안MiCA에 따라, MiCA에 등록되지 않은 발행사의 USDT는 EU/EEA(유럽 경제 지역) 내에서 공개 제공 및 거래소 상장이 금지되었다. 미국에서도 GENIUS Act_{Guiding and Establishing National Innovation for U.S. Stablecoins Act}가 통과되어 USDT 신규 발행이 제한될 수도 있다. 이 법안은 발행사가 토큰 가치를 안전자산으로만(예: 비트코인 불가) 완전히 담보하고, 외부감사를 받은 연간 재무제표를 공개하도록 의무화하고 있다. 상원 법안 기준으로 테더는 향후 3년 내에 중대한 결정을 내려야 하는 상황이다. 이에 따라 테더는 미국 시장을 지속하도록 별도 스테이블코인을 발행할지, 아니면 미국 시장 철수 후 아시아·중남미 시장에 집중할지 두 가지 전략적 옵션을 검토하고 있는 것으로 알려졌다.

정리하면, USDT는 암호화폐 생태계에서 사실상 기축통화로 군림해왔으며, 수년간 축적된 네트워크 효과와 유동성으로 압도적인 점유율을 유지하고 있다. 한때 투명성 논란 등 어두운 그늘이 있었지만, 최근에는 준비자산을 건전하게 구성하고 공시를 강화하면서 신뢰 회복에 힘쓰고 있다.

물론 2025년 6월 기준으로 아직 미국 등 주요 규제당국의 직접적인 감독을 받지는 않으므로 그림자 은행이나 무허가 달러화에 대한 우려도 남아 있다. 이런 상황에도 테더는 특유의 기민함과 글로벌 수요 대응 능력과 압도적 수익성을 바탕으로 시장 지배력을 공고히 하고 있다. 또 스테이블코인 발행을 넘어 비트코인 채굴, 지갑 개발 등 디지털 금융 인프라 전반으로 사업 영역을 확장하면서 진정한 디지털 달러 제국의 실세로서 위상을 구축하고 있다.

서클이 발행하는 달러 가치 연동 스테이블코인 USDC: 투명하고 준법한 디지털 달러

USDC는 규제 친화적이고 투명한 스테이블코인의 대표주자이며, 2025년 6월 기준 유통량 약 615억 달러인 2위 스테이블코인이다. 2018년 10월 암호자산 플랫폼 코인베이스와 서클이 공동 발행을 시작했으며, 출범 초기부터 미국 금융 규제 준수를 최우선 가치로 내세웠다. USDC는 달러에 1:1로 연동되며, 서클은 '모든 USDC는 항상 현금이나 단기 미국 국채로 100% 지원된다'고 공언하고 있다.

이러한 투명성과 준법 정신 덕분에 USDC는 초기부터 금융기관과 기업에서 폭넓은 신뢰를 얻었고, 정부에서도 비교적 우호적으로 바라보는 스테이블코인이 되었다. 이는 테더의 비규제적 접근 방식과는 극명한 대조를 이루며, 두 스테이블코인이 '비非규제 vs 규제 친화'라는 대조적인 특성을 보이면서 디지털 달러 패권을 양분하는 배경이 되었다.

USDC의 준비자산 구성은 업계에서 모범 사례로 꼽힌다. 2025년 4월 딜로이트 회계감사 자료에 따르면, USDC 준비금의 약 92.5%는 미국 국채 관련 자산이고, 나머지 7.5% 미만은 현금 형태로 예치되어 있다. 구체적으로 자산 88.2%가량은 세계 최대 자산운용사 블랙록이 서클을 위해 운용하는 서클 준비금 펀드Circle Reserve Fund에 들어 있다. 이 펀드는 미국 증권거래위원회 규정에 따라 만기 1년 미만인 미국 국채와 라포거래Repurchase Agreement 등에만 투자하는 초안전 자산 풀로서 수익률은 4%대이다. 블랙록의 펀드는 뉴욕멜론은행BNY Mellon이 수탁하며, 투명성 측면에서 서클은 매일 준비자산 잔고를 스냅숏으로 공개하고 매월 회계법인의 준비자산 감사 보고서를 발행하는 등 신뢰 확보에 주력해왔다. 서클은 현금 계좌도 모두 신탁계정 형태로 고객자금을 분리하여 보관하고 있고, 어떠한 경우에도 준비금을 담보로 대출을 하지 않는다고 밝혔다.

요컨대 USDC의 1달러 가치는 미국 국채와 은행 예금으로 철저히 뒷받침되고 있으며, 그 상태를 언제든 들여다볼 수 있도록 투명하게 설계되었다.

투명성에 더해 규제 준수도 USDC의 핵심 강점이다. 서클은 뉴욕금융서비스국NYDFS 등에 등록된 머니 송금업자 라이선스MTL를 취득하여 주별 규제를 충실히 준수했고, 뉴욕주에서 Bit 라이선스를

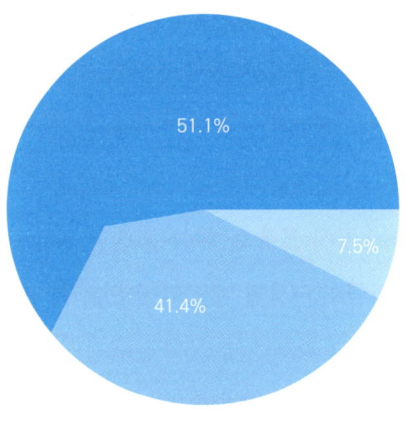

USDC 준비금 현황

- 국채 Repo: 51.1% ($31.44B)
- 직접 보유 국채: 41.4% ($25.48B)
- 현금 및 현금성 자산: 7.5% ($4.55B)

미국 국채 관련 자산(92.5%)	
국채 Repo	$31.44B(51.1%)
직접 보유 국채	$25.48B(41.4%)
합계	$56.92B

현금 및 현금성 자산(7.5%)	
펀드 내 현금	$1.00B
금융기관 예치금	$7.27B
정산 조정액	-$3.72B
합계	$4.55B

(출처: USDC 홈페이지)

받은 최초의 기업이기도 하다. 이러한 규제 친화적 행보와 투명성이 USDC가 성장하는 토대가 되었다.

서클은 미국 정부 및 각국 규제당국과 적극 소통해왔다. 2023년 미국 의회에서 스테이블코인 규제 법안을 본격적으로 논의할 때 서클 경영진이 공청회에 나와 협조한 일이나, EU의 가상자산시장 규제안에 서클이 환영 입장을 표명한 것 등이 그런 사례이다. 또 서클은 미국 달러와 USDC의 교환을 항상 1:1로 보장하며, 최종 수단의 상환자 Redeemer of last resort 역할까지 자처하고 있다. 실제로 일반 사용자가 은행을 거치지 않고도 직접 USDC를 달러로 상환할 수 있는 창구를 서클에서 운영하고 있는데, 이러한 원활한 상환 메커니즘은 USDC의 가격 안정에 기여한다.

반면 이러한 준법 성향 탓에 검열이나 제재 준수 측면에서도 적극적이어서, 미국 제재 대상 국가의 관련 계좌를 동결하는 등의 움직임을 보여 논란이 되기도 했다. 이는 완전히 탈중앙화된 테더와 대비된다.

USDC의 안정성은 2023년 3월 실리콘밸리은행 사태 때 한 차례 시험대에 오른 적이 있다. 당시 서클이 보유한 현금 준비금 중 약 8%에 해당하는 33억 달러가 실리콘밸리은행에 예치되어 있었는데, 이 은행이 파산하며 예치금의 행방이 일시적으로 불확실해졌다. 이 소식에 USDC 가격 1달러가 일시적으로 0.87달러까지 급락하는 디페그 depeg 사태가 발생했지만, 미국 재무당국이 실리콘밸리은행 예금을 전액 보호하기로 결정하면서 상황은 곧 정상화되었다.

서클은 이후 예치금을 더 분산시키고 국채 비중을 높여 이런 위험을 줄였고, USDC는 페그를 완전히 회복했다. 이 사건은 전통 금융과 연계된 스테이블코인도 예기치 못한 외부 충격에 취약할 수 있음을 보여주었지만, 그와 동시에 투명한 정보 공개와 신속한 대응으로 시장 신뢰를 유지한 USDC의 저력을 드러내기도 했다. 이후 서클은 은행 예치금 비율을 축소하고 대부분 미국 국채로 옮겨 이러한 디페그 위험을 구조적으로 줄이는 방향으로 정책을 전환했다.

USDC는 2018년 10월 출시 이후 초기에는 가상자산 거래소 간 달러 이체 수단으로 서서히 쓰이다가, 2020년 탈중앙화 금융 붐을 계기로 수요가 폭증했다. 탈중앙화 금융 프로토콜에서 담보자산이나 거래 마켓의 기축통화로 USDC를 채택하면서 유통량이 급격히 늘었고, 2021년 말 가상자산시장 호황기에는 시가총액 400억 달러를 돌파하며 스테이블코인 중 둘째로 규모가 커졌다. 2022년 테라-루나 사태로 알고리즘 스테이블코인에 대한 신뢰가 추락했지만, 서클의 준비금 100% 공개 원칙은 더욱 부각되어 USDC 시장에 대한 선호도가 증가했다. 그 결과 2022년 초 약 400억 달러였던 USDC 발행량은 연말경 550억 달러를 넘어 정점을 찍었다. 그 후로 USDC 발행량은 다시 증가 곡선을 그렸다. 2024년 한 해 동안 서클은 USDC 준비자산에서 약 16억~17억 달러에 이르는 이자 수익(매출)을 올렸고, 순이익은 약 1억 5,000만 달러였다. 2025년에는 시장점유율이 약 21%에서 25%로 증가했으며, 유통량도 꾸준히 늘고 있다.

USDC의 성공에는 코인베이스와의 협력이 핵심 역할을 했다. 2018년 서클과 코인베이스는 공동으로 USDC를 발행하고 관리하기 위해 센터 컨소시엄 Centre Consortium 을 설립했다. 수익 구조는 각사가 보유한 USDC 양에 따라 준비금 이자 수익을 비례해서 배분하기로 했다. 2023년에는 센터 컨소시엄을 해체하며 서클 단독 책임체계로 전환했다. 코인베이스는 센터 지분을 포기하는 대신 서클의 지분 3.5%를 확보했다. 또 이자 수익은 50:50으로 균등 분배하고 기타 수익(수수료 등)은 USDC 보유량 기준으로 분할하기로 했다. 2024년 이후 코인베이스는 추가 지분을 확보하며 서클의 2대 주주(지분 약 9.4%, 1대 주주인 블랙록은 10.2%)로 부상했고 온체인 금융, 결제 수수료, 브랜드 사용료 등 다양한 수익원을 공동 창출하고 있다.

USDC의 사용처는 가상자산 거래 및 탈중앙화 금융에 국한되지 않고 점차 국제 송금Remittances, 결제 등 실물경제 용도로도 확대되

	Year Ended December 31		
	2024	2023	2022
Net revenue			
Transaction revenue			
Consumer, net	$ 3,430,322	$ 1,334,018	$ 2,123,368
Institutional, net	345,598	90,164	119,344
Other transaction revenue, net	210,193	95,472	113,532
Total transaction revenue	3,986,113	1,519,654	2,356,244
Subscription and services revenue			
Stablecoin revenue	910,464	694,247	245,710
Blockchain rewards	705,757	330,885	275,507
Interest and finance fee income	265,799	186,685	82,395
Custodial fee revenue	141,706	69,501	79,847
Other subscription and services revenue	283,407	125,568	109,112
Total subscription and services revenue	2,307,133	1,406,886	792,571
Total net revenue	6,293,246	2,926,540	3,148,815
Other revenue			
Corporate interest and other income	270,782	181,843	45,393
Total other revenue	270,782	181,843	45,393
Total revenue	$ 6,564,028	$ 3,108,383	$ 3,194,208

코인베이스의 스테이블코인 매출이 급격히 커지고 있음(출처: Coinbase)

고 있다. 서클의 크로스체인 전송 프로토콜Cross-Chain Transfer Protocol, CCTP 등 기술을 통해 USDC를 여러 블록체인 간에 원활히 이동시킬 수 있게 함으로써 여러 네트워크에 걸친 유동성 공급이 가능해졌다. 이러한 확장전략으로 USDC는 이더리움뿐 아니라 아발란체, 폴리곤, 솔라나, 트론, 아비트럼 등 10여 개 이상 블록체인에 발행되어 가장 광범위한 네트워크 지원을 갖춘 스테이블코인이 되었다. 지역적으로 보면 USDC는 북미 시장에서, USDT는 아시아·유럽에서 활용이 두드러지는 편인데, 이는 각 지역 규제와 사용자 신뢰도의 차이에서 기인한 현상이다. 북미 기관들은 투명한 USDC를 선호하는 반면, 중국 등 아시아 거래소들은 전통적으로 유동성이 풍부한 USDT를 더 많이 활용해왔다.

흥미로운 점은 테더와 서클 간의 수익성 격차이다. 테더가 2024년 137억 달러라는 막대한 수익을 기록한 반면, 서클은 1억 5,000만 달러에 그쳤다. 이는 단순히 시장점유율 차이(테더 약 69% vs USDC 약 21%)로만 설명되지 않는 큰 격차이다. 시장점유율을 고려하면 서클도 5억 달러 이상의 수익을 올려야 하지만 실제로는 그 3분의 1에도 못 미치는 수준이다.

이런 격차가 발생하는 데는 여러 가지 이유가 있다. 첫째, 시장 진입 시기의 차이이다. 테더는 2014년 출시된 반면, USDC는 2018년에 시작되어 4년 격차가 존재한다. 둘째, 서클은 코인베이스와 전략적 제휴를 맺고 수수료 수익을 공유하는 등 공격적인 투자와 마케팅을 전개하고 있어 수익이 분산되는 구조이다. 셋째, 규제 준수 비용과 투명성 유지 비용이 상당하다는 점도 영향을 미친다.

페이팔 등 거대 기업이 참전해 스테이블코인 시장이 커지면서, USDC 같은 규제준수 코인이 기관 수요를 흡수해 성장할 것이라는 전망도 업계에서 나오고 있다. 실제로 2023년 이후 서클은 자산운용사 블랙록과 함께 서클 준비금 펀드를 설립하여 준비금의 약 90%를 증권거래위원회 등록 머니마켓펀드 형태로 보관하고 있는데, 이로써 준비자산의 유동성과 안전성을 높이고 투명한 운용을 도모하고 있다.

요약하면, USDC는 투명한 준비금 공개와 엄격한 규제 준수로 신뢰를 쌓은 스테이블코인이다. 정부 발행은 아니지만 사실상 민간 디지털 달러로 여겨지며, 각종 결제 실험과 금융 혁신에서 활용되고 있다. 결국 USDT와 USDC는 '비非규제 vs 규제 친화'라는 대조적인 특성으로 디지털 달러 패권을 양분하고 있다. 두 스테이블코인의 공통점은 미국 국채 등 안전자산을 대량 보유함으로써 미국 달러에 대한 신뢰를 디지털 영역으로 확장시켰다는 점이다. 이는 미국에도 달러화 영향력을 유지하는 새로운 수단이 되고 있는데, 실제로 두 코인이 보유한 미국 재무부 채권 규모는 2025년 기준으로 합계 1,500억 달러를 넘겨 미국 단기자금시장에도 상당한 참여자가 되었다. 이제 스테이블코인은 단순한 디지털 자산 실험이 아니라 글로벌 달러화 시스템의 일부가 되어가고 있다.

스테이블코인의 활용: 국제 송금, 탈중앙화 금융, 기관 결제, 일상 결제 등 혁신적 사례

스테이블코인의 탄생 배경은 언제 어디서나 안정된 화폐 가치로 결제와 송금을 하기 위해서였다. 따라서 그 활용 분야도 자연스럽게 글로벌 결제와 금융 전반에 걸쳐 나타나고 있다. 이 절에서는 스테이블코인이 실제 어떤 분야에서 어떻게 쓰이는지, 전통 방식을 어떻게 혁신하고 있는지 알아본다. 특히 국제 송금, 탈중앙화 금융, 기관 간 결제Interbank Settlement, 일상 결제Payment 네 가지 측면에서 대표 사례를 찾아본다. 아울러 나이지리아, 아르헨티나, 케냐 등 신흥국에서 사람들이 스테이블코인을 활용하는 생생한 사례도 살펴본다.

● **국제 송금:** 스테이블코인은 해외 송금 시장에서 작은 혁명을 일으키고 있다. 전통적으로 국제 송금은 수수료가 높고 며칠씩 시간이 걸렸지만, 스테이블코인을 이용하면 몇 초 또는 몇 분 만에 돈을 보낼 수 있고 비용도 훨씬 저렴하다. 예를 들어 미국에 있는 노동자가 멕시코의 가족에게 돈을 보낼 때, 은행이나 웨스턴유니온(WU) 대신 디지털 화폐 플랫폼 빗소Bitso를 통해 USDC를 전송하면 거의 실시간으로 페소로 변환해 지급할 수 있다. 실제로 BCG 보고서에 따르면 빗소는 미국-멕시코 송금의 약 10%를 스테이블코인으로 처리하고 있다고 한다. 이는 연간 수십억 달러 규모이며, 전통적인 송금업체의 몫을 빠르게 대체하고 있다. 또 다른 예로 글로벌 결제 및 국제 송금 서비스 회사 머니그램MoneyGram은 스텔라Stellar 블록체인과 제휴하여 '현금→USDC,

USDC→현금' 교환 서비스를 전 세계 지점에서 제공하기 시작했다. 이로써 시골에 사는 수취인도 가까운 머니그램 지점에서 USDC로 받은 달러를 바로 현금으로 찾을 수 있게 된다. 나이지리아에서는 전통 송금의 비효율과 정부의 외환 통제 때문에 많은 이가 친지에게 USDT나 USDC로 송금받고 딜러를 거쳐 현지 통화로 바꾸는 방식을 활용한다. 이러한 스테이블코인 송금은 중개 은행을 우회하기 때문에 외환 수수료나 서류 절차 없이도 돈을 주고받을 수 있어 해외 근로자 송금, 난민 지원, 국제 기부금 전달 등 다양한 분야에서 각광받고 있다. 물론 수신자가 디지털 지갑 사용법을 알아야 한다는 진입 장벽이 있지만, 스마트폰 보급이 확산되면서 급속히 해소되는 추세이다. 요약하면, 스테이블코인은 해외 송금을 더 빠르고 싸고 편리하게 만들어주며, 이는 개발도상국에서 금융 서비스를 받지 못하는 사람들의 금융포용성Banking service for unbanked을 높이는 데도 기여하고 있다.

● **탈중앙화 금융:** 스테이블코인은 탈중앙화 금융 생태계의 필수 요소로 자리 잡았다. 탈중앙화 금융이란, 블록체인 스마트 컨트랙트를 통해 은행 없이 예금, 대출, 거래, 파생상품 등 금융 서비스를 제공하는 영역인데, 여기에 가치가 안정적인 스테이블코인이 없었다면 지금처럼 발전하지 못했을 것이다. 우선 탈중앙화 거래소DEX들은 가격이 안정된 스테이블코인을 기축으로 여러 코인 간 거래를 지원한다. 대표적으로 유니스왑의 풀이나 커브Curve 같은 프로토콜에서는 USDT, USDC, DAI 간 1:1 교환에 가까운 저슬리피지低slippage가 가능하여, 사용자가 손쉽게 자산을 변환할 수 있다. 또 탈중앙화 금융 대출 플랫폼은 스테이블코인을 대출과 차입의 기준 통화로 삼는다. 예를 들어 컴파운드Compound,

아베Aave 같은 프로토콜에서 이용자는 이더리움 등의 디지털 자산을 담보로 맡기고 스테이블코인을 빌려간다. 이렇게 빌린 스테이블코인은 다시 다른 투자에 쓰이거나, 시장이 하락할 때 현금처럼 대기자산으로 보유하게 된다. 이자 농사Yield Farming로 불린 이 유행도 스테이블코인 없이는 불가능했을 것이다. 투자자들이 여러 프로토콜에 스테이블코인을 예치하여 유동성을 공급하고, 거기서 발생하는 이자나 보상 토큰을 수확하는 것이 탈중앙화 금융 수익 모델의 큰 축이었기 때문이다. 한때 USDT나 USDC를 예치하면 연 10% 이상 이자를 주는 플랫폼이 우후죽순 생겨났고, 저금리 시대에 매력적인 대안으로 각광받기도 했다. 메이커DAO의 DAI는 아예 탈중앙화 금융 세계가 스스로 만들어낸 달러화 스테이블코인으로서, 온체인 담보 대출과 거버넌스 참여로 탈중앙 경제를 이끌어가는 상징이 되었다. 그러나 2022년 테라UST 사태를 겪으며 탈중앙화 금융 커뮤니티도 스테이블코인의 위험성을 재인식하게 되었고, 이후로는 지나치게 높은 레버리지를 동반한 이자 농사보다는 안정적이고 지속가능한 이자 수입을 제공하는 방향으로 변화하고 있다. 그래도 스테이블코인은 여전히 탈중앙화 금융의 혈액과 같아서, 스마트 컨트랙트상의 조건부 결제를 실행하거나 파생상품 거래 시 담보로 활용되는 등 없어서는 안 될 요소이다. 나아가 이더리움 같은 플랫폼의 레이어2Layer 2 솔루션이 발달함에 따라 수수료가 낮아지면, 더욱 다양한 탈중앙화 서비스에서 스테이블코인을 활용한 미세결제, 자동화된 지불 등이 구현될 전망이다.

● **기관 간 결제 및 금융기관 정산:** 스테이블코인은 은행과 기업들 간의 자금 이동을 혁신할 잠재력 면에서도 주목받는다. 전통적으로 은

행 간 결제는 중앙은행의 실시간총액결제망RTGS이나 국제결제망을 통해 이뤄지는데, 운영 시간이 제한되고 속도가 느리며 수수료도 높은 편이다. 이에 대한 대안으로 몇몇 대형 은행은 독자적인 스테이블코인을 도입하기 시작했다. 가장 유명한 사례가 JP모건체이스의 JPM 코인이다. 2019년 JP모건은 자사 고객(주로 기업 및 기관 투자자) 간의 달러 이체를 실시간 처리하고자 JPM 코인을 도입했다. 1 JPM 코인 = 1달러이고 은행 내부 시스템에서만 통용된다. 주로 미국 기업의 국제 자금 이동, 채권 결제, 부서 간 자금 이체 등에 활용되며, 종전에 하루 이상 걸리던 처리가 수분 내 끝나는 효율을 보여주었다. 한편 은행이 아닌 민간 결제회사의 협업도 활발하다. 비자카드와 마스터카드 같은 카드 네트워크들은 스테이블코인을 카드 결제 정산망에 접목하고 있다. 요컨대 글로벌 금융 인프라 기업이 스테이블코인을 전통망에 연결함으로써 은행 간 결제와 국제 송금의 효율성을 높이는 실험을 하고 있다. 이는 궁극적으로 24시간 실시간 결제망을 구축하고, 거래비용을 낮추며, 나아가 서로 다른 국가의 통화 간 교환도 원활하게 만드는 기반이 될 수 있다. 다만 현 단계에선 각국 규제와 표준 부재로 대규모 상용화보다는 테스트 성격이 강하며, 규제 승인이 용이한 달러화 스테이블코인 중심으로 이루어지고 있다(관련 내용은 6장에서 자세히 다룬다).

- **일상 결제와 상거래:** 스테이블코인이 소비자의 일상 지불수단으로 사용되는 사례도 점차 늘고 있다. 특히 인플레이션이 심한 일부 국가에서는 상점에서 직접 USDT나 USDC로 가격을 표시하고 결제받는 경우도 나타난다. 아르헨티나를 보면, 연 100%를 넘는 초인플레이션 속에서 페소의 가치가 불안정하자, 일반 시민까지 달러 연동 자산을 선호

하게 되었다. 은행에서 달러 현찰을 인출하기 어렵고 정부 규제로 공식 환율과 암시장 환율 차이가 큰 탓에, 많은 이가 디지털 자산 거래소에서 스테이블코인을 구입해 달러를 보유하는 효과를 얻는 것이다. 튀르키예는 최근 리라화 가치가 급격히 하락하면서 젊은 층을 중심으로 스테이블코인 결제가 크게 늘고 있다. 유명 전자상거래 플랫폼 헵시부라다 Hepsiburada는 고객이 결제 단계에서 현지 화폐 대신 USDT, USDC를 선택할 수 있도록 허용했다. 베네수엘라 등 다른 인플레이션 국가에서도 비슷한 양상이 관찰된다.

튀르키예 전자상거래 플랫폼 헵시부라다의 스테이블코인 도입 공지

스테이블코인의 일상 결제 사용은 경제 위기 국가에만 국한되지는 않는다. 미국과 유럽에서도 결제 네트워크의 현대화 및 소비자 편의성을 위해 스테이블코인 도입이 증가하고 있다. 2025년부터 글로벌 전자상거래 플랫폼 소피파이Shopify는 코인베이스, 스트라이프Stripe와 제휴하여 모든 입점 매장에서 USDC 결제 기능을 도입했다. 소비자는 신용카드 수수료 없이 즉시 결제할 수 있게 돼 쇼핑 편의성이 크게 증가했다. 미국에서는 아마존, 월마트 같은 거대 기업이 자체 스테이블코인 발행을 적극 검토하고 있다. 홍콩은 최근 알리바바 산하 앤트그룹이 현지 금융당국에 스테이블코인 발행을 신청하면서 주목받았다. 2025년 하반기부터 홍콩 내 매장 및 온라인 쇼핑 플랫폼에서 앤트그룹의 홍콩달러 연동 스테이블코인을 사용할 수 있을 것으로 예상된다. 싱가포르에서도 차량 호출 및 배달 서비스인 그랩Grab이 XSGD(싱가포르 달러 스테이블코인)를 결제수단으로 채택하는 시범사업을 추진하고 있다. 이용자는 해외 송금 없이 즉시 현지 매장에서 XSGD로 결제할 수 있게 될 것이다.

일반 소비자 대상 크립토 카드도 일상 결제 분야에서 중요한 역할을 하고 있다. 바이낸스, 크라켄, 코인베이스 같은 디지털 화폐 거래소는 비자카드 또는 마스터카드와 제휴하여 스테이블코인 연계 직불카드를 발행했다. 크라켄 거래소는 비자카드와 연결된 크라켄 카드로 사용자가 USDC 등으로 결제할 수 있게 했고, 바이낸스도 바이낸스 카드로 유럽 및 아시아 여러 나라에서 스테이블코인 결제를 지원했다. 암호화폐 지갑 중 하나인 메타마스크 역시 2023년 마스터카드 제휴 카드를 발표하여, 메타마스크에 보관된 USDC를 바로 오프라인 상점에서 결제하는 기능을 선보였다. 이처럼 디지털 자산 지갑 + 카드의 조합은 사용자가 느끼기에 기존 결제와 거의 동일한 사용자 경험UX을 제공하면서도, 실제로는 은행 계좌 없이 디지털 자산을 쓰게 하는 혁신적인 솔루션이다.

또 온체인 상점과 콘텐츠 결제 분야에서도 스테이블코인 사용이 늘고 있다. 이머고Emurgo 등의 보고에 따르면 2023년 아프리카 지역에서 스테이블코인 거래액이 300억 달러를 넘어서며 전체 크립토 거래의 절반 이상을 차지했다. 이는 소액 결제, 소매 상거래 등 실생활 활용이 활발했기 때문이라고 한다. 예를 들어 케냐의 스타트업 슬링머니Sling Money는 스마트폰 앱으로 일상 소액결제를 처리할 수

항목 (Dimension)	기존 결제수단 – 국내 (Existing Payments – Domestic)	기존 결제수단 – 국경 간 (Existing Payments – Cross-border)	스테이블코인 (Stablecoins)
속도 (Speed)	즉시 정산	송금 전문 업체(예: Wise) 20초 이내 정산 가능; SWiFT 주요 경로 당일 정산	원점 또는 목적지, 자금 규모에 관계없이 거의 즉각적인 정산 제공
비용 (Costs)	거래당 0.03~0.05달러 오픈 뱅킹 0.1~1%	송금 전문 업체 평균 1.25% 은행 주도 국제 송금 원금의 평균 13.65%	네트워크(이더리움, 솔라나, 트론 등)에 따라 1.2달러~무료
추적성 (Traceability)	실시간 알림 상태 추적 정보 제공	은행 주도 결제는 결제 상태 가시성 제한	블록체인 기반의 높은 투명성으로 누구나 추적 가능
자동화 잠재력 (Automation Potential)	규칙 정의에 제한된 자동화, 복잡한 지능형 활용 사례 미지원	–	스마트 컨트랙트로 조건부 결제 기능 도입 가능

기존 결제수단과 스테이블코인 비교 표
(출처: BCG Stablecoin Five killer tests to gauge their potential)

있는 M-Pesa 서비스를 시범 운영했다. 사용자들은 마치 모바일머니를 쓰듯이 지갑 앱으로 서로 송금하고 상점 QR을 스캔해 지불하는데, 뒤에서는 스테이블코인이 실시간 이동하면서 은행 간 정산이 필요 없는 편리함을 보여주었다. 이렇듯 일상 결제에서 스테이블코인 활용은 아직 초기 단계이지만, 규제당국의 승인과 소비자 보호만 뒷받침된다면 전 세계 어디서나 통용되는 디지털 현금 형태로 발전할 것이다.

지금까지 살펴본 바와 같이, 스테이블코인은 국제 송금을 더 빠르고 싸게 만들고, 탈중앙화 금융 기반 통화로 기능하며, 기관 간 결제를 실시간화하고, 일상 결제를 편리하게 만들 잠재력을 지니고 있다. 특히 나이지리아, 아르헨티나, 케냐 등에서는 통화 불안이나 송금 문제를 해결하는 실용적인 도구로 이미 자리매김한 모습을 보인다. 요약하면, 스테이블코인은 단순히 암호화폐 거래의 유틸리티를 넘어 전 세계 금융생활의 혁신 플랫폼이 되고 있다.

가까운 미래: AI와 초소액 & 고빈도 결제 그리고 스테이블코인

커피보다 저렴한 AI 서비스의 등장

샌프란시스코의 스타트업 창업자 제시카는 평소와 다름없이 카페에서 6달러짜리 아메리카노를 주문했다. 그런데 그날 오후 그녀가 AI 도구를 사용해 마케팅 문구 20개를 생성하고, 브랜드 로고 5개를 디자인하며, 사업계획서 초안을 작성하는 데 든 비용은 총 45센트였다. 아메리카노 한 잔 가격의 13분의 1에 불과했다.

더 놀라운 것은 이 모든 결제가 USDC라는 스테이블코인으로 실시간 자동 처리되었다는 점이다. 신용카드 수수료나 은행 송금 수수료 없이, 정확히 사용한 만큼만 지불한 것이다. 이는 단순한 기술적 진보가 아니라 경제 거래 방식의 근본적 변화를 보여주는 사례이다.

'초소액 결제'라는 오래된 꿈

사실 초소액 결제Micropayment라는 개념 자체는 새로운 것이 아니다. 1990년대 인터넷이 상용화되기 시작하면서 사람들은 이런 미래를 꿈꿔왔다. '온라인 신문 기사 하나를 읽는 데 3센트만 내면 되는 세상', '좋아하는 블로거에게 글 하나당 20센트씩 후원하는 문화' 같은 비전을 그려왔던 것이다.

하지만 현실은 기존 금융 시스템의 구조적 한계 때문에 어려웠다. 신용카드 회사들은 거래 하나당 최소 30센트에서 몇 달러까지 수수료를 부과했다. 10센트짜리 콘텐츠를 구매하려면 수수료만 50센트를 내야 하는 웃지 못할 상황도 벌어졌다. 마치 편지 한 통을 보내는 데 우표 가격이 편지지보다 비싼 격이었다.

결국 인터넷은 '무료' 모델로 발전할 수밖에 없었다. 사용자는 돈 대신 개인정보와 광고 시청이라는 다른 형태로 대가를 지불하게 되었고, 기업은 광고 수익에 의존하는 비즈니스 모델이 고착화되었다. 하지만 AI 시대가 도래하자 블록체인 기술이 발전하고 스테이블코인이 등장하면서 패러다임이 근본적으로 바뀌게 되었다.

스테이블코인이 연 새로운 가능성

솔라나 블록체인에서 스테이블코인을 전송하는 데 드는 수수료는 0.0001~0.0025달러에 불과하다. 이더리움도 레이어 2 솔루션을 활용하면 1센트 미만으로 거래할 수 있게 됐다. 1센트, 10센트 단위 결제가 갑자기 경제적으로 의미를 갖게 된 것이다.

더 중요한 것은 스테이블코인의 프로그래머빌리티programmability이다. 기존 결제 시스템과 달리 스테이블코인은 스마트 계약을 통해 복잡한 조건부 결제를 자동으로 처리할 수 있다. 이는 마치 자판기에 동전을 넣으면 자동으로 음료수가 나오는 것처럼, 디지털 서비스도 사용량에 따라 자동으로 결제되는 환경을 만들어냈다.

AI 서비스는 태생적으로 초소액 결제와 궁합이 맞다. ChatGPT에 질문 하나를 던지는 데 드는 실제 비용은 약 0.003달러이다. 이미지 하나를 생성하는 데는 0.02달러가 든다. 문서를 요약하는 데는 0.01달러가 소요된다. 이런 서비스를 월 구독료로 묶어서 판매한다는 것은 마치 신문을 1년 치 미리 구독해야만 오늘 자 기사 하나를 읽을 수 있게 하는 것과 같다.

스테이블코인이 활용된다면 사용자는 정확히 사용한 만큼만 지불하고, AI 서비스 제공자는 실시간으로 수익을 얻는다. 마치 전기요금을 사용량에 따라 내는 것처럼 자연스럽고 공정한 구조가 만들어지는 것이다.

다음은 가까운 미래에 가능해질 상상의 시나리오들이다.

앞으로 Agent 2 Agent 시대가 되면 기계들끼리 커뮤니케이션(Machine to Machine, 예를 들어 냉장고에서 우유가 떨어질 때쯤 자동으로 우유를 주문하고 결제)을 하고 결제까지 하는 시대가 올 것인데, 기존 fiat money(법정화폐)나 Process(PG사, VAN사, 카드사, 은행을 거쳐가는)와는 다른 모습이어야 처리가 가능하다. 그때 프로그래머블 머니인 스테이블코인의 사용이 더욱 필요해질 것이다. 이것은 code에 따라 돌아가고 사람이 개입하지 않는 기계어로 고빈도 초소액 결제가 가능하기 때문이다.

● **새로운 창작자 경제의 탄생**

런던의 디지털 아티스트 마이클은 AI를 활용해 매일 예술 작품 수백 장을 생성한다. 그의 작품이 소셜미디어에서 조회될 때마다 0.01 USDC가 자동으로 그의 지갑에 적립된다. 하루에 8,000번 조회되면 수익이 80달러 발생한다. 작은 돈처럼 보이지만, 이것이 매일 지속되면 월 2,400달러이다. 과거라면 0.01달러 결제는 수수료만으로도 적자가 났을 것이다. 하지만 스테이블코인 덕분에 마이클은 순수하게 자신의 창작 활동만으로 생계를 유지할 수 있게 되었다. 이는 크리에이터 경제의 진정한 민주화라고 할 수 있다.

비슷한 사례는 교육 분야에서도 찾을 수 있다. 케냐의 수학 교사 아디스는 AI를 활용한 개인 맞춤형 수학 튜터링 서비스를 개발했다. 수학 문제 하나를 해결해주는 데 0.25 USDC, 상세한 풀이 과정을 설명하는 데는 0.50 USDC를 받는다. 미국이나 유럽 학생에게는 부담 없는 금액이지만, 아디스에게는 상당한 수입이다. 하루에 도움 요청 200건을 처리하면 100달러를 벌 수 있고, 이는 케냐 현지 평균 소득의 몇 배에 달한다.

● 조건부 결제의 혁신

캘리포니아의 스타트업 '크리에이트AI'는 혁신적인 비즈니스 모델을 운영한다. 사용자가 로고 디자인을 요청하면 AI가 시안 여러 개를 생성한다. 하지만 결제는 즉시 이루어지지 않는다. 대신 스마트 계약이 사용자의 만족도에 따라 차등 결제를 진행한다.

- 사용자가 매우 만족하면(5점 만점에 4.5점 이상): 2.5 USDC 전액 결제
- 만족하면(3.5~4.5점): 1.8 USDC 결제
- 보통이면(2.5~3.5점): 1.2 USDC 결제
- 불만족하면(2.5점 미만): 0.5 USDC만 결제하고 재작업 제공

이 모든 과정이 자동으로 이루어진다. 사용자는 품질에 따라 공정한 가격을 지불하고, AI 서비스는 품질 향상에 대한 명확한 경제적 인센티브를 갖게 된다. 기존의 일률적인 가격체계로는 불가능했던 세밀한 가치 평가가 실현된 것이다.

● 글로벌 금융 접근성의 확대

필리핀의 대학생 마리아는 경제적 여건상 월 50달러인 온라인 강의 구독료를 감당하기가 부담스러웠다. 하지만 AI 기반 교육 플랫폼이

USDT를 활용한 강의별 결제 시스템을 도입하면서 상황이 달라졌다. 이제 그녀는 필요한 강의만 선택해서 건당 1~3달러씩 결제할 수 있다. 전체 구독료의 10분의 1 비용으로 필요한 교육을 받을 수 있게 된 것이다.

나이지리아의 젊은 개발자 아데는 AI 코딩 도구를 사용해 프리랜싱 작업을 한다. 코드 리뷰 서비스 한 번에 0.15 USDC, 버그 수정 도구 사용에 0.25 USDC씩 지불한다. 기존 신용카드 시스템으로는 수수료와 환전 수수료가 비싸 불가능했던 일이지만, 스테이블코인 덕분에 글로벌 AI 서비스에 쉽게 접근할 수 있게 되었다.

● IoT와 AI가 만나는 스마트 시티

도시 곳곳에 설치된 IoT 센서가 실시간으로 교통·날씨·대기질 데이터를 수집하고, AI가 이를 분석해 최적 이동 경로를 제공한다. 시민들은 이 서비스를 이용할 때마다 0.02 USDC를 지불한다. 30분 출근길에 경로 최적화를 5회 이용하면 0.10 USDC, 한화로 약 140원이다.

커피 한 잔의 30분의 1 값으로 교통체증을 피하고 시간을 절약할 수 있다면 기꺼이 지불하기에 부담 없는 가격이다. 더 흥미로운 점은 수익 분배 구조이다. 모인 수익의 60%는 센서 유지보수와 AI 모델 개선에, 30%는 정확한 데이터를 제공한 시민의 보상에, 10%는 시 정부 운영비에 자동 배분된다. 스마트 계약이 모든 과정을 투명하고 공정하게 처리한다.

● 개인 AI 에이전트의 경제활동

조금 더 먼 미래를 상상해보자. 2030년경이면 대다수 사람이 자신만의 AI 에이전트를 갖게 될 것이다. 이들 AI는 주인을 대신해서 각종 업무를 처리하고, 서로 정보를 교환하며 거래한다.

예를 들어, 당신의 AI 에이전트가 최적의 여행 계획을 세우려고 다른 사람의 AI 에이전트에게 여행 경험 정보를 구매한다고 하자. 데이터 건당 0.001 USDC를 지불해서 1,000건을 수집하면 1 USDC가 든다. 동시에 당신의 AI 에이전트도 자신의 경험 데이터를 다른 AI에게 판매해서 수익을 올린다. 하루에 200건을 팔면 0.2 USDC, 한 달이면 6 USDC이지만 AI 에이전트 운영비 정도는 충분히 감당할 수 있다. 이렇게 AI들 간의 자율적 경제 생태계가 스테이블코인을 기반으로 형성되는 것이다.

● 창작물 저작권의 새로운 패러다임

AI가 창작한 음악이 스트리밍될 때마다 발생하는 수익은 어떻게 분배해야 할까? 기존에는 복잡한 계약과 정산 과정을 거쳐야 했지만, 스테이블코인과 스마트 계약은 이를 완전히 자동화한다.

음악 한 곡이 재생될 때마다 0.008 USDC 수익이 발생한다면, 이는 즉시 다음과 같이 분배될 수 있다.

- 원본 데이터 제공자: 40%(0.0032 USDC)
- AI 모델 개발자: 30%(0.0024 USDC)
- 플랫폼 운영자: 20%(0.0016 USDC)
- 음악 큐레이터: 10%(0.0008 USDC)

모든 과정이 투명하고 즉각적이다. 창작자들은 자신의 기여도에 정확히 비례하는 수익을 실시간으로 받을 수 있다. 이는 창작 산업의 공정성을 크게 높이는 혁신이다.

왜 스테이블코인이어야 하는가

AI 서비스에서 가격 안정성이 왜 중요할까? 비트코인으로 결제한다고 가정해보자. 아침에 번역 서비스가 0.001 BTC였는데, 저녁에 비트코인 가격이 15% 오르면 같은 서비스가 실질적으로 15% 비싸진다. 이런 변동성은 일상적인 상거래를 불가능하게 만든다.

USDC나 USDT 같은 스테이블코인은 이 문제를 근본적으로 해결한다. 아침에 0.20달러였던 서비스는 저녁에도 0.20달러이다. 사용자도 서비스 제공자도 예측할 수 있는 가격으로 안심하고 거래할 수 있다.

더 중요한 것은 프로그래머빌리티이다. 전통적인 달러로는 'AI 서비스 품질이 85점 이상이면 2달러, 70점 이상이면 1.5달러, 그 미만이면 1달러를 지불한다'는 복잡한 조건을 자동으로 실행할 수 없다. 하지만 스테이블코인과 스마트 계약은 이런 세밀한 조건부 결제를 완벽하게 구현한다. 또 블록체인 기술로 구현되므로 누구나 약속한 대로 계약이 실행되었는지를 즉시 확인할 수 있어 더욱 신뢰를 강화한다.

흥미롭게도 AI와 스테이블코인이 만들어내는 새로운 경제는 과거로 회귀하는 것이기도 하다. 20세기 초에는 전기와 전화의 사용량에 따라 요금을 부과했다. 하지만 20세기 후반부터는 '무제한 요금제'가 대세가 되었다. 측정하고 정산하는 비용이 너무 컸기 때문이다.

이제 상황이 바뀌었다. 디지털 기술로 사용량을 정확히 측정할 수 있고, 스테이블코인으로 실시간 정산이 가능해졌다. 다시금 종량제 시대가 온 것이다. 이는 더 공정하고 효율적인 경제로 이어진다. 많이 사용하는 사람은 많이 내고, 적게 사용하는 사람은 적게 내는 것이다.

기존 플랫폼 경제에서는 중간 업체들이 상당한 수수료를 가져갔다.

앱스토어는 30% 수수료를 받고, 유튜브는 광고 수익의 45%를 가져간다. 하지만 AI와 스테이블코인으로 구성된 새로운 경제에서는 창작자와 소비자가 직접 연결되고, 가치 교환이 실시간으로 이루어진다. 플랫폼은 여전히 필요하지만, 그 역할은 인프라 제공과 신뢰 구축에 국한된다.

1센트가 바꾸는 미래

제시카가 45센트로 하루 종일 AI 서비스를 이용했던 그 순간은 단순한 기술 활용이 아니다. 새로운 경제 시대의 시작을 알리는 신호이다.

AI와 초소액 결제, 그리고 스테이블코인이 만들어내는 삼각 편대는 우리가 일하고, 창작하고, 소비하는 방식을 근본적으로 바꾸고 있다. 지리적 경계는 의미를 잃고, 거래 비용은 사라지며, 가치 교환은 실시간으로 이루어진다.

이 변화의 중심에 '1센트의 혁명'이 있다. 과거에는 불가능했던 소액 거래가 이제는 당연한 일상이 될 수 있다. 그리고 이 작은 변화가 모여서 거대한 경제적 전환을 만들어내고 있다.

우리는 지금 사용한 만큼 결제하는 AI 경제인 'Pay-per-Use AI Economy'의 초기 단계에 있다. 앞으로 10년 후에는 AI 서비스에 대한 초소액 결제가 우리의 자연스러운 일상이 될 것이다. 그리고 그 모든 거래의 혈관 역할을 스테이블코인이 할 것이다.

미래에는 우리가 AI에게 도움을 요청할 때마다 자동으로 스테이블코인이 결제되고, 동시에 우리가 제공하는 데이터와 피드백으로 실시간 스테이블코인 수익을 얻는 상호 보상 생태계가 일상이 될 것이다. 1센트라는 작은 단위가 만들어낸 이 혁명은 이제 막 시작되었을 뿐이다.

미국의 스테이블코인 규제 마스터플랜

스테이블코인은 글로벌 금융 질서를 바꿀 잠재력을 지니고 달러의 디지털 확장판으로 떠오르고 있다. 미국이 세계 금융의 표준을 주도해온 만큼 스테이블코인 분야에서도 글로벌 규제 표준화의 룰세터Rule setter가 되려고 한다. 특히 2019년 리브라Libra(페이스북 스테이블코인) 발표로 촉발된 각국의 스테이블코인 논의와, 2022년 테라/루나 사태 같은 실패 사례를 거치며 미국 정책 입안자들은 소비자 보호와 시스템 리스크 관리를 위해 포괄적인 규제체계를 마련하고 있다. 그 결과가 바로 최근 미국 의회에서 활발히 논의된 두 법안, GENIUS Act와 STABLE ActStablecoin Transparency and Accountability for a Better Ledger Economy Act이다.

두 법안은 모두 스테이블코인 발행자에 대한 인가제도 도입, 1:1 준비자산 보유 의무, 상환청구권 보장, 투명한 공시 및 감사, 그리고 연방·주 규제체계의 정립 등을 담고 있다.

2025년 6월, 상원은 초당적 지지와 68-30의 압도적 찬성으로

GENIUS Act_{Guiding and Establishing National Innovation for U.S. Stablecoins Act}를 가결했고, 하원 금융서비스위원회는 STABLE Act를 통과시켜 전체 표결을 앞두고 있었으나, 결론적으로 GENIUS Act가 상하원 모두 통과되어 수정안(ㄴ.1582)이 제출 된 후 한달반 사이에 상하원의 모든 절차를 끝맺고 동시에 7월 18일 트럼프 대통령이 서명하면서 법안이 발효되었다.

이 장에서는 결론적으로 GENIUS Act가 통과되었으나, 논의되었던 STABLE Act도 함께 살펴보고자 한다.

- **02.04.** 상원 – 법안 제출(S.394)
- **05.01.** 상원 – 수정 법안 제출(S.1582)
- **06.12.** 상원 – 법안 논의 종결 투표
- **06.17.** 상원 – S.1582 법안 가결
- **07.17.** 하원 – GENIUS Act 가결
- **07.18.** 트럼프 대통령 서명, 법률화(Public Law No. 119-27)

GENIUS Act 통과 단계

GENIUS Act와 STABLE Act 완전 해부

미국 의회에서 논의된 GENIUS Act(상원안)와 STABLE Act(하원안)는 스테이블코인 규제의 쌍두마차라고 할 수 있다. 두 법안 모두 지급형 스테이블코인_{payment stablecoin}이라는 개념을 핵심으로 정의하여 규제 대상으로 삼는다. 지급형 스테이블코인이란 '결제나 청산

```
(22) PAYMENT STABLECOIN.—The term "payment stablecoin"—
    (A) means a digital asset—
        (i) that is, or is designed to be, used as a means of payment or settlement; and
        (ii) the issuer of which—
            (I) is obligated to convert, redeem, or repurchase for a fixed amount of monetary value, not including a digital asset
            denominated in a fixed amount of monetary value; and
            (II) represents that such issuer will maintain, or create the reasonable expectation that it will maintain, a stable value
            relative to the value of a fixed amount of monetary value; and
    (B) does not include a digital asset that—
        (i) is a national currency;
        (ii) is a deposit (as defined in section 3 of the Federal Deposit Insurance Act (12 U.S.C. 1813)), including a deposit recorded
        using distributed ledger technology; or
        (iii) is a security, as defined in section 2 of the Securities Act of 1933 (15 U.S.C. 77b), section 3 of the Securities Exchange
        Act of 1934 (15 U.S.C. 78c), or section 2 of the Investment Company Act of 1940 (15 U.S.C. 80a–2), except that, for the
        avoidance of doubt, no bond, note, evidence of indebtedness, or investment contract that was issued by a permitted payment
        stablecoin issuer shall qualify as a security solely by virtue of its satisfying the conditions described in subparagraph (A),
        consistent with section 17 of this Act.
```

S.1582 – GENIUS Act의 Payment Stablecoin 정의(출처: comgress.gov)

수단으로 사용되거나 사용될 의도로 발행되는 디지털 자산으로서, 발행자가 일정한 금액(예: 1달러)의 법정통화 가치로 교환·상환을 약속하고 가치를 안정적으로 유지하도록 설계된 것'을 뜻한다. 쉽게 말해, 스테이블코인의 발행자는 그 코인을 항상 1코인=1달러로 바꿔줄 책임을 지며, 코인 가치가 흔들리지 않도록 충분한 준비금을 갖춰야 한다. 두 법안은 이러한 스테이블코인 발행 행위를 기존 금융규제의 틀 안으로 편입시키고자 하며, 구체적인 규정은 다음과 같은 몇 가지 축으로 나눌 수 있다.

발행자 인가 요건과 준비금 규정

(1) 발행자 자격 요건: GENIUS Act와 STABLE Act 모두 무허

가 발행을 금지하고 인가받은 기관만 스테이블코인을 발행할 수 있게 하고 있다. 미국 내 누구든 허가 없이 스테이블코인을 발행하거나 판매하는 행위는 불법이며, 오직 승인된 스테이블코인 발행자 permitted payment stablecoin issuer만 발행할 수 있다. 여기에는 세 가지 유형이 포함된다.

● **은행 계열 발행자:** 연방예금보험이 적용되는 은행(예금취급 금융기관)의 자회사로서, 규제당국의 승인을 받아 스테이블코인을 발행하는 경우이다. JP모건 은행이 자회사를 통해 JPM 코인을 발행하거나, 은행들이 자체 디지털 예금을 토큰화하여 발행하는 형태가 이에 해당한다. 은행 계열은 전통 금융권의 연장선에서 감독된다.

● **연방 인가 비은행 발행자:** 비은행계 기업이 통화감독청의 인가를 받아 설립한 특별목적법인 등이 해당한다. 예컨대 기술기업이나 핀테크 기업이 은행이 아니어도 통화감독청의 심사를 거쳐 연방 공인 스테이블코인 발행자 Federal qualified nonbank issuer로 지정되면 스테이블코인을 발행할 수 있다. 통화감독청은 이러한 비은행 발행자의 주무 감독기관이 된다.

● **주 정부 인가 발행자:** 각 주의 금융당국에서 허가받은 발행자도 일정 조건하에 인정된다. 이를 주 공인 스테이블코인 발행자 State qualified issuer라고 하며, 주별 라이선스를 취득하고 연방법에 상응하는 엄격한 기준을 충족할 경우에만 허용된다. 다만 연방 수준에서 규정을 마련하여 주 정부의 기준이 연방과 실질적으로 유사한 수준임을 재무부 장관과 연준 의장 등이 인증하도록 했다. 이로써 규제 차익거래 regulatory arbitrage, 즉 규제가 느슨한 주를 찾아 발행하는 행위를 막고 전국적으로

> (23) PERMITTED PAYMENT STABLECOIN ISSUER.—The term "permitted payment stablecoin issuer" means a person formed in the United States that is—
>
> (A) a subsidiary of an insured depository institution that has been approved to issue payment stablecoins under section 5;
>
> (B) a Federal qualified payment stablecoin issuer; or
>
> (C) a State qualified payment stablecoin issuer.

S.1582 - GENIUS Act의 Permitted Payment Stablecoin Issuer 정의
(출처: comgress.gov)

균일한 최소 기준을 보장하려는 것이다.

※ **비금융 대기업의 발행 제한:** GENIUS Act는 한발 더 나아가 일반 상장기업이나 미국 외 거주 기업이 스테이블코인을 발행하는 데 제약을 두고 있다. 만약 본업이 금융업이 아닌 공개 상장기업(예: 빅테크 기업)이거나 미국에 근거를 두지 않은 해외 기업이라면, 금융 관련 활동이 주사업이 아닌 경우 스테이블코인 발행을 금지했다. 이는 페이스북이 리브라(이 사례는 이 장의 끝에 자세히 설명하겠다.)를 추진했던 사례처럼, 거대 기술기업이 금융규제를 우회해 자체 통화를 발행하는 사태를 막으려는 안전장치로 보인다. 반면 STABLE Act 에는 이러한 발행자 신원 제한 조항이 없으며, 인가만 받으면 업종이나 기업 형태와 관계없이 누구나 발행할 수 있도록 했다. 이 부분은 양 법안의 차별점 중 하나이다.

그러나 빅테크 기업의 스테이블코인 발행 길이 완전히 막혀 있는 것은 아니다. 매우 엄격한 조건과 함께 만장일치 승인이라면 가능하다. 일단 재무장관, 연준 의장, 연방예금보험공사 의장으로 구성된 스테이블코인 인증 검토 위원회 Stablecoin Certification Review

Committee, SCRC의 만장일치 승인이 필요하다. 또 엄격한 조건에 해당되는 미국 은행 시스템의 안전성과 건전성을 해치지 않을 시스템 안정성 요구사항과 일반적인 스테이블코인 발행 요구사항(준비금 등)이 있고, 특히 엄격한 데이터 사용 제한 조건(거래 데이터를 광고 목적으로 사용 금지 등)을 충족해야 한다.

사실 이러한 조건들은 실질적으로 메타와 같은 대형 테크 기업의 스테이블코인 발행을 매우 어렵게 만든다. 3명의 만장일치가 필요하므로, 만약 한 명이라도 반대하면 승인이 불가하고, 금융 안정성 위협 평가는 주관적 판단이 들어갈 수 있는 영역이며, 데이터 사용 제한은 테크 기업의 핵심 비즈니스 모델과 충돌할 가능성이 있기 때문이다. 결론적으로, GENIUS Act는 형식적으로는 예외를 두고 있지만, 실질적으로는 메타와 같은 대형 테크 기업의 스테이블코인 발행을 매우 어렵게 만드는 구조로 설계되어 있다.

(2) 인가 및 승인 절차: 발행자가 되려는 기관은 각자의 소관 규제당국에서 사전 승인을 받아야 한다. 은행 자회사는 해당 은행의 주 규제기관(연준, 통화감독청 또는 연방예금보험공사)이 심사하고, 비은행은 통화감독청이 직접 심사한다. 인가 심사에서는 신청자가 기본적 요건을 충족하는지(충분한 자본력, 리스크 관리 능력, 경영진 적격성 등) 평가한다. 법안에는 120일 내 승인 여부를 결정하도록 하여 행정적 지연을 방지하고, 기한 내 답이 없으면 자동 승인 간주 조항도 넣었다. 만약 인가를 거부한다면 규제당국은 사유를 서면으로 통지해야 하며, 신청자는 이에 이의신청appeal을 할 권리가 있다. 이는

규제 명확성을 높이고, 합리적 근거 없이 인가를 차별적으로 막지 못하도록 견제하는 장치이다.

주 정부 인가는 연방 재무장관, 연준 의장, 연방예금보험공사 Federal Deposit Insurance Corporation, FDIC 의장으로 구성된 평가단이 해당 주의 규제가 연방법과 동등 수준인지 여부를 인증하도록 했다. 인증된 주의 라이선스를 받은 발행자는 주 공인 발행자로 활동할 수 있지만, 발행량이 일정 규모(100억 달러)를 넘어서면 연방 규제로 이관된다. GENIUS Act는 100억 달러 초과 시 6개월 내 연방 인가로 전환하도록 의무화했는데, 이는 소규모 혁신은 주에서 시작하되 일정 규모 이상이 되면 연방 차원에서 직접 감독하겠다는 취지이다. 반면 STABLE Act에는 이 의무 전환 조항이 없고 자산 규모와 관계없이 주 라이선스로 계속 운영할 수 있게 했다. 다만, 연방법을 준수하도록 주 발행자를 연방 기관과 공동 감독할 근거는 마련되어 있어 실질적 감독 강도는 비슷할 것으로 보인다.

(3) 준비자산(준비금) 규정: 스테이블코인의 가치는 달러와 1:1로 고정되므로 가치가 동일한 준비자산을 확보하는 것이 규제의 핵심이다. 두 법안 모두 발행된 모든 스테이블코인은 최소 100% 넘는 적격 준비금으로 완전히 담보될 것을 의무화한다. 다시 말해 1달러의 코인을 발행하려면 1달러의 안전자산을 보유해야 한다. 법안에 명시된 적격 준비자산의 종류는 다음과 같다.

- **현금 및 법정통화:** 달러 현금, 연준에 예치된 준비금 계좌의 잔고

등 즉각 현금화할 수 있는 통화자산이다. 예금보험이 적용된 은행 예금도 포함된다.

- **단기 국채 및 정부 자산:** 만기가 짧은(만기 93일 이하) 미국 재무부 발행 국채Treasury bills, 국채 담보부 환매조건부채권, 국채 기반 머니마켓펀드MMF 등이 허용된다. 이는 신용위험과 시장위험이 극히 낮은 자산들이며, 코인 가치의 안전판 역할을 한다.
- **중앙은행 준비금:** 발행자가 연준 계정에 중앙은행 예치금을 보유할 수 있는 경우 이를 인정한다(현재 비은행은 직접 연준 계좌를 개설할 수 없지만, 법안 통과 시 특별목적기관에 한해 가능해질 수도 있다).
- **기타 안정적인 정부 발행 자산:** 규제기관이 승인한 기타 유사 자산도 포함될 수 있다. 예컨대 미국 정부가 보증한 단기 채권 등이 해당한다.

반면 주식, 회사채, 암호자산 등 변동성이 큰 자산은 일체 제외된다. 두 법안 모두 이러한 안전자산 외의 것들로 준비금을 구성하는 것을 금지하며, 발행자는 준비금을 영리목적 투자에 활용할 수도 없도록 제한했다. GENIUS Act에는 준비금을 오로지 코인 상환 및 초단기 환매거래 용도로만 사용할 수 있도록 명문화하여, 준비금을 이용한 위험 추구(예: 장기채 투자나 대출 등)를 차단했다. 이는 스테이블코인 준비금이 마치 은행 예금의 지급준비금처럼 항상 유동성과 안전성을 유지하도록 하는 조치이다.

나아가 준비자산의 관리 방식도 규제 대상이다. 준비자산 수탁기관custodian 개념을 도입하여, 준비금을 제3의 안전한 기관에 보관하거나 별도 계정에 격리하도록 했다. 발행자가 직접 보유할 수 있지만, 그 경우에도 연방 또는 주 정부의 인가를 받은 금융기관(은행, 증권사 등)만 수탁 역할을 할 수 있게 했다. 또 발행자의 고유재산과 고객준비금의 혼합comingling을 금지하여 고객 자산을 별도로 관리하도록 규정했다. 다만 부득이 혼합해야 한다면 일부 예외를 두지만, 원칙적으로는 고객의 돈과 회사 돈을 섞어 쓰지 못하게 한 것이다. 이는 만약 발행회사가 파산하더라도 준비금은 안전하게 분리되어 코인 보유자가 우선적으로 돌려받게 하려는 것이다.

상환 의무와 투명성 강화 방안

(1) 1:1 상환 의무: 스테이블코인의 신뢰는 언제든지 1코인을 1달러로 교환해준다는 약속에서 나온다. 두 법안은 이를 보장하도록 발행자의 상환 의무redeemability를 명문화했다. 모든 허가받은 발행자는 코인 보유자가 요청하면 지체 없이 동등한 금액의 달러로 상환해주어야 한다. 상환 방법과 절차를 사전에 정하고 공시하도록 해, 발행자가 자의적으로 상환을 거부하거나 지연할 수 없게 했다. 예를 들어, 코인 보유자가 100만 달러 상당의 토큰을 보유하고 있다면, 발행자는 정해진 절차에 따라 토큰을 회수하고 100만 달러를 내어줘야 한다.

뉴욕금융서비스국은 별도로 '상환 적시성'에 대한 가이드라인을 두어 이틀 이내(T+2 영업일)에 상환하도록 권고하고 있지만, 연방 법안은 구체적인 기한을 명시하기보다는 상환 절차를 마련하고 준수할 것을 요구하고 있다. 다만, 상환 요청이 쇄도하는 뱅크런bank run 상황에도 대비할 수 있도록 충분한 현금성 자산을 보유하도록 규정한 만큼, 평상시에는 즉시 상환, 위기 시에도 몇 영업일 내 상환이 업계 표준으로 자리 잡을 것으로 보인다. 법안 시행 후에는 스테이블코인 발행사가 상환 요청을 제한하거나 일시중단하는 행위는 엄격히 통제될 전망이다.

또 3년 경과 조항transition period도 포함되어 있다. GENIUS Act에 따르면 법 시행 3년 후부터는 허가받지 않은 스테이블코인은 미국 내 서비스 제공자가 취급할 수 없게 된다. 즉 3년 유예기간에 기존 발행사들은 인가를 받거나 사업 모델을 변경해야 한다. 이후에는 미승인 스테이블코인의 거래소나 지갑 서비스 등을 미국인 대상으로 제공하지 못하게 차단된다. 이 조항은 상환 의무와 함께 작동하는데, 미국 내 유통되는 모든 스테이블코인은 1:1 상환 보장이 뒷받침된 것만 남게 하려는 의도이다. 투자자나 이용자는 3년 후부터 '미국에서 공식 유통되는 스테이블코인은 모두 안전하게 교환이 보장되는 코인'이라는 신뢰를 가질 수 있게 된다.

한편, 해외 발행 스테이블코인에 대한 제한도 눈에 띈다. 시행 3년 후부터 미국인 대상 판매가 금지되는 스테이블코인 중에는 해외에서 발행된 코인도 포함된다. 다만 미국과 상호 호환되는 규제를 갖춘 국가의 발행사라면 예외적으로 허용할 수 있도록 했다. 이 경우에도 미국 통화감독청이나 연준에 등록·감독을 받고, 미국 내 상환에 대비해 일정 수준의 준비금을 미국 금융기관에 예치해야 한다. 미국 내 준비금 요건은 상호인정 협정Reciprocal Agreement에 따라 일부 완화될 수 있으며 미국과 동등하지 않은 규제국가, 제재국가, 자금세탁 우려국은 원천적으로 금지된다. 예를 들어, 유럽연합의 규제하에 발행된 유로화 스테이블코인이 미국 투자자에게 제공되려면, EU의 규제가 미국과 비슷하다고 인정받고, 그 발행사가 미국 통화감독청에 등록해 감독을 수용하며, 상환 대비 준비금을 미국 은행에 보관하는 등 조건을 충족해야 하는 식이다. 이는 글로벌 스테이블코인에 미국 표준을 적용함으로써 해외 발행 스테이블코인이 미국 금융시장에 미칠 수 있는 리스크를 통제하려는 조치이다.

(2) 공시 및 투명성 제고: 은행이 예금자의 신뢰를 얻으려면 재무 상태 공개와 감사가 필수이듯, 스테이블코인 발행자도 상시 투명성을 확보해야 한다. 두 법안은 발행자에게 정기적인 준비자산 내역 보고 의무와 경영진의 인증, 외부 감사 등을 부과하고 있다.

우선, 매월 준비자산 현황과 스테이블코인 발행량 공개report가 의무화된다. 발행자는 지난달 말 기준으로 코인을 얼마나 발행했고 그에 대응하는 준비금 포트폴리오가 어떻게 구성되어 있는지를 상세히 공개해야 한다. 예컨대 7월 말 기준 50억 달러 상당 코인이 유통 중이며, 그 준비자산으로 현금 20%, 단기국채 60%, 기타 예치금 20%를 보유 중이라는 식의 구성 보고서를 자체 웹사이트 등에 게시해야 한다. 이로써 시장 참여자와 규제당국 모두 발행자의 건전성을 모니터링할 수 있게 된다.

경영진의 책임성도 명시됐다. 매월 공개되는 준비자산 보고에 대해 발행사의 최고경영자CEO와 최고재무책임자CFO가 직접 그 정확성을 인증하도록 의무화했다. 이는 만약 허위 보고가 드러날 경우 경영진이 책임져야 함을 뜻하며, 증권법상 재무제표 인증과 유사한 강력한 내부통제 압박 수단이다. 아울러 등록 공인회계법인으로 하여금 이 월간 보고를 검증하도록 요구하여 이중 감시 장치를 두었다. 특히 발행 코인 총액이 500억 달러를 넘는 거대 발행자는 매년 외부감사인에게 정식 회계감사 결과를 제출하도록 규정했다. 이로써 일정 규모 이상 발행사는 은행에 준하는 엄격한 회계감사를 받게 되어 기업이 취약해지지 않도록 예방한다.

규제당국도 수시 검사권 및 보고 요구권을 가진다. 법안에 따르면 모든 연방 인가 발행자는 관할 연방기관에 정기 보고서를 제출해야 하며, 필요시 언제든 현장 검사 및 계정 감사를 받을 수 있다. 예를 들어 통화감독청이나 연준이 해당 발행사의 계좌 및 장부를 검사해 준비금이 규정대로 보관되어 있는지, 위험한 부채가 끼어 있지는 않은지 확인할 수 있다. 주 인가 발행자에 대해서도 주 규제당국이 동일한 검사 권한을 행사하며, 연준이 이를 수시로 모니터링한다. 특히 상원안은 특이하고 긴급한 상황에서는 연준이나 통화감독청이 직접 주 발행자를 상대로 검사·제재 등 조치를 취할 수 있도록 길을 열어두었다. 이는 2008년 금융위기 때 연준이 비은행기관까지 지원했던 권한을 연상시키는데, 필요시 연방이 나서서 전체 시스템 안정을 도모할 수 있게 한 것이다.

마지막으로 몇 가지 공시조항이 있다. 스테이블코인은 연방예금보험공사가 보호하지 않음을 명시하여 이용자가 혼동하지 않게 하고, 스테이블코인은 증권이나 상품(선물)이 아니라는 법적 정의를 분명히 하여 별도 법적 지위를 줌으로써 규제 중복을 해소했다. 광고나 이용약관에도 이러한 사실(예금이자 지급 없음, 보험 미적용 등)을 명확히 표기하여, 소비자가 스테이블코인의 성격을 오인하여 생길 수 있는 피해를 예방하려 한다.

소비자 보호와 시스템 리스크 관리

GENIUS Act와 STABLE Act의 밑바탕에는 2008년 금융위기와 2022년 암호자산시장 폭락 등을 거치며 깨달은 선제적 소비자 보호와 시스템 리스크 통제 철학이 깔려 있다. 관련하여 눈여겨볼 조항은 다음과 같다.

(1) 소비자 보호 장치:

● **파산 시 우선변제권:** GENIUS Act에는 스테이블코인 보유자의 청구권은 발행자 파산 시 기타 채권보다 우선한다는 조항이 있다. 이는 만약 발행사가 파산하더라도 준비자산은 다른 빚잔치에 쓰이지 않고 코인 보유자 환불에 최우선적으로 사용된다는 의미이다. 쉽게 말하면, 은행 파산 시 예금자가 예금을 먼저 돌려받는 것과 유사한 보호막이다. 결과적으로 스테이블코인 보유자는 발행사의 일반 채권자보다 자신의 돈을 먼저 돌려받을 법적 권리를 갖게 될 전망이다. 이러한 우선변제권은 소비자 신뢰를 높여 스테이블코인이 안전하다는 인식을 심어주며 뱅크런 억제에도 기여한다.

- **이자 지급 금지:** 양 법안 모두 스테이블코인에 이자를 제공하는 것을 금지하고 있다. 이는 투자수단이 아닌 결제수단으로서 순수성을 지키기 위한 조치이다. 만약 스테이블코인에 이자를 얹어주면, 발행자는 수익을 내려고 더 위험한 자산에 투자할 유인이 생기고, 이용자는 고수익을 노리다가 손실 볼 위험이 커진다. 이자 없는 디지털 현금으로 한정함으로써 복잡한 투자상품화를 방지하고, 증권법 적용 대상에서 제외하여 규제 명확성도 얻는다. 이는 마치 선불카드나 상품권에 이자를 주지 않는 것과 비슷한 개념으로 이해할 수 있다.

- **자금세탁 및 제재 준수:** 소비자 보호에는 불법행위에서 보호하는 것도 포함된다. 두 법안은 발행자에게 은행비밀법BSA과 자금세탁방지Anti-Money Laundering, AML 규정을 준수할 의무를 부과했다. 미 재무부 산하 금융범죄단속네트워크FinCEN가 스테이블코인 업계에 맞는 특별한 AML 규칙을 마련하고, 발행자는 이를 충실히 이행해야 한다. 예컨대 일정 금액 이상 현금 교환 시 신원확인KYC, 의심거래보고STR, 지갑 주소 추적을 통한 제재 대상 차단 등의 조치가 예상된다. 또 과거 중대한 금융범죄로 유죄 판결을 받은 인물은 발행사의 임원이나 이사가 될 수 없도록 제한하여, 잠재적 내부 범죄 리스크를 낮췄다. 이러한 규정은 테러자금이나 사기에 소비자가 노출되는 것을 막고, 스테이블코인이 믿을 수 있는 금융상품이 되도록 기반을 다진다.

- **규모 제한과 외부 리스크 차단:** 초기 3년 유예 후 미허가 코인의 유통을 금지하고, 해외 위험 코인의 미국 상륙을 차단하는 등 외부 리스크 요인도 관리한다. 이는 소비자가 검증되지 않은 스캠성 스테이블코인에 현혹되는 것을 줄이고, 미국 내 통용되는 코인은 모두 일정 수준 이

상의 안전망을 갖추도록 한다.

(2) 금융 시스템 리스크 관리:

● **연준의 개입 권한:** 앞서 언급했듯, 연준은 필요시 비은행 발행자까지 검사 및 발행 중단 명령을 내릴 수 있는 권한을 갖게 된다. 이 조항은 매우 이례적이지만, 시스템 붕괴 위험이 감지되면 중앙은행이 즉각 개입할 수 있음을 시사한다. 예를 들어, 어떤 거대 스테이블코인이 준비금 부족으로 흔들려 금융시장에 충격을 줄 상황이라면, 연준이 해당 발행을 중단시키고 자산을 동결·관리하여 사태를 안정화시킬 수 있는 것이다. 이처럼 연준을 백스톱(backstop)으로 두는 설계는 시스템 리스크를 통제하는 강력한 안전장치라고 볼 수 있다.

● **시스템적 중요 발행자에 대한 추가 규율:** 발행 코인 규모가 500억 달러를 넘는 경우 특별조치를 가한다. 앞서 언급한 연례 외부감사 의무 외에도, 규제당국은 이들을 정기 스트레스테스트나 추가 유동성 요건 부과 대상으로 삼을 수 있다. 일종의 시스템적 중요 금융기관SIFI처럼 간주하여, 해당 발행사가 페그를 유지하지 못하면 금융시장에 미칠 파급을 항상 점검하겠다는 취지이다. 미국 재무부 산하 금융안정감독위원회FSOC도 스테이블코인 발행과 유통을 주시하며, 필요시 시스템적으로 특정 발행인을 중요 결제기관으로 지정해 더 엄격한 규제를 적용할 가능성도 있다. 이는 추후 시행령이나 부처 협의를 거쳐 구체화될 부분이다.

● **국제 공조와 표준 확산:** 미국이 엄격한 내부 기준을 세우는 것과 동시에 다른 나라에도 비슷한 기준을 채택하도록 유도하는 효과도 있다. GENIUS Act의 해외 발행자 요건(미국과 비교 가능한 규제 준수 시에만

시장 접근 허용)은, 글로벌 스테이블코인 규제 수준을 상향 평준화하는 압력으로 작용할 것이다. 예컨대 한국이나 싱가포르 등에서 스테이블코인 사업을 하려는 업체도 '미국 시장에 진출하려면 우리나라도 이와 비슷한 요건을 만족해야겠다'고 규제당국과 업계가 인식하게 된다. 이와 같이 미국은 자국 법안을 사실상의 세계 표준처럼 만들면서 국제적 리스크도 낮추는 전략을 취하고 있다. 이는 과거 미국 회계기준이나 자본규제(바젤 협약 적용 등)가 전 세계 모범이 된 전례와 맥락을 같이한다.

- **발행자 위험관리 및 내부통제:** 법안에는 발행자가 적절한 자본 및 유동성 관리체계를 갖출 것을 요구하는 조항도 포함된다. 다만 일반 은행에 적용되는 바젤식 자기자본비율(BIS 자기자본비율) 같은 것은 발행자에게 면제해주었다. 이는 어차피 100% 준비금을 보유하기 때문에 전통적 은행처럼 예금 대비 자기자본비율을 규제할 필요는 없다는 판단에서다. 그 대신 규제당국이 스테이블코인 업계 특성을 고려한 별도의 건전성 규칙(예: 준비금 품질관리, 유동성 커버리지 등)을 제정하도록 하고 있다. 또 발행자는 위험관리 책임자 지정, 내부 감사와 통제 시스템 구축, 사이버 보안 및 운영 리스크 대비 등을 모두 충족해야 인가를 받을 수 있다. 이는 비은행 기업이더라도 사실상 은행 수준의 위험관리 문화를 갖추도록 유도하는 것이다.

- 2023년 3월, 실리콘밸리은행 파산 사태 때 주요 스테이블코인 USDC가 일시적으로 1달러 밑으로 가치가 떨어져(0.88달러까지 디페깅) 시장이 요동친 바 있다. 당시 USDC 발행사인 서클이 보유한 준비금 중 일부가 실리콘밸리은행에 예치되어 인출이 불투명해지자 투자자들이 패닉에 빠진 것이다. 그러나 미국 재무부·연준·연방예금보험공사

가 예금 전액 보장을 신속히 결정하면서 USDC는 다시 1:1 페그를 회복했다. 이 사례는 스테이블코인이 전통 금융 리스크와도 밀접하게 연동되며, 동시에 규제당국의 개입이 안정화를 가져올 수 있음을 보여준다. 앞으로 도입될 법안에 따르면, 애초에 발행사가 한 은행에 과다하게 예치하지 않도록 분산하고, 연준 등 감독기관이 이러한 위험을 사전에 파악하며, 문제가 생기면 즉각 발행자에게 조치를 취할 권한까지 갖게 된다. 이는 스테이블코인에 따르는 시스템 충격을 최소화하고, 설령 문제가 발생해도 신속히 연착륙시킬 수 있는 제도적 기틀이라고 할 수 있다.

GENIUS Act와 STABLE Act는 발행자 인가제 도입과 100% 안전자산 준비금, 엄격한 상환·공시 의무, 소비자 보호 장치, 금융안정 보강책 등을 망라한 포괄적 스테이블코인 규율체계이다. 비유하자면 스테이블코인을 은행 예금과 전자화폐의 중간적 존재로 간주하여, 은행 수준의 엄격함과 전자결제의 혁신성을 조화시키려는 시도라고 볼 수 있다. 두 법안은 세부적으로 몇 가지 차이가 있지만 큰 틀에서 방향성은 동일하며, 최종 입법 과정에서 조정될 여지도 있다. 현재 상원을 통과한 GENIUS Act는 하원 표결과 양원 간 조율을 거쳐 법률로 확정될 전망이며, 행정부와 규제기관도 이에 발맞춰 세부 규정을 준비하고 있다. 다음 표는 두 법안의 핵심 내용을 비교한 것이다.

GENIUS Act와 STABLE Act는 대동소이한 규제 틀을 제시하면서도 일부 범위와 절차에서 이견을 보인다. 그러나 결제용 스테이블코인을 별도의 인가체계로 편입하고, 은행 수준의 안전장치를 요구한다는 큰 흐름은 같다. 이는 미국이 디지털 달러 시대의 민간 달러를

	GENIUS Act (상원안)	STABLE Act (하원안)
발의 및 추진 현황	2025년 2월 공화당 빌 해거티 상원의원 발의, 3월 상원은행위 통과(18-6 표결), 6월 상원 본회의 가결(68-30 초당적 지지), 하원 심의 단계. 7월 18일 GENIUS Act가 최종 통과되어 대통령이 서명하고 법안 발효됨.	2025년 2월 공화당 프렌치 힐 의원 등 주도 공개, 4월 하원 금융위 통과(32-17 표결), 하원 본회의 표결 예정.
지급형 스테이블 코인 정의	STABLE Act와 동일.	법정통화에 고정되고 발행자가 고정가치로 상환 의무를 지는 디지털 자산(국가통화, 은행 예금, 증권 제외).
발행자 자격	은행 자회사, 연방 인가 비은행, 주 인가 발행자. 단, 금융업 비중이 낮은 공개기업과 해외비거주 기업은 발행 불가.	은행 자회사, 연방 인가 비은행, 주 인가 발행자(제한 없음).
인가 절차	OCC/연준 등 승인, 주 발행자 100억 달러 초과 시 6개월 내 연방 전환 의무, 120일 자동승인 규정 포함.	OCC/연준/FDIC/NCUA 등 소관기관 승인, 주 발행자는 재무부·연준 등 인증 필요, 발행 6개월 전 사전신고 조항(초기안)에 대한 논의 있었음.
준비자산 요건	STABLE Act와 동일. 발행자 준비금 자기계정 혼용 금지, 별도 수탁관리.	발행액 100% 이상의 현금·단기국채 등 안전자산 보유, 월별 준비금 내역 공개.
상환 의무	STABLE Act와 동일. 시행 3년 후 미인가 코인 취급금지로 상환 보장된 코인만 유통.	1:1 상환 의무. 상환 절차 사전공시 (구체적인 기한 규정은 없음).
투명성 공시	STABLE Act와 동일(양안 모두 증권법으로 스테이블코인 '증권 아님' 명시).	월별 준비자산 보고 + CEO/CFO 인증 + 회계검토, 대형사는 연례 외부감사 보고.
소비자 보호	파산 시 코인보유자 우선변제권 명시, AML/CFT 준수, 범죄자 임원 제한, 이자지급 금지.	FDIC 예금 아님 명시(우선변제권 조항 최종반영 예상), AML/KYC 등 금융범죄방지 준수 의무.
시스템 리스크 관리	연준/OCC의 긴급개입권, 100억 이상 발행자 연준 직접감독, 외국규제 '비교 가능' 판단 후 상호 인정.	연준, OCC, FDIC 등 협력감독(발행 전 시스템영향평가 요구사항 논의 중).
기타 특징	'미국 스테이블코인 혁신 수립' 강조 (법명 의미). 대통령도 수정 없이 하원통과 촉구, 연내 법제화 유력.	'더 나은 장부 경제'를 위한 투명성·책임성 강조(법명 의미). 주 정부 혁신을 존중하면서도 연방 기준 유지 의도.

(주: 위 표는 2025년 6월 기준 상원 통과안과 하원위원회 통과안의 내용을 요약한 것이며, 최종 법률 제정 시 변경될 수 있다.)

제도권에 끌어들여 관리하겠다는 의지를 표현한 것이다.

미국은 달러 패권을 지키고 금융 안정성을 확보하고자 스테이블코인 규제 계획을 종합적으로 마련하고 있다. 핵심 내용은 민간이 발행하는 달러 토큰을 은행처럼 엄격히 관리하겠다는 것이다. 앞으로 미국에서 스테이블코인을 만들려면 정부 허가를 받아야 하고, 발행된 코인만큼 100% 안전자산(현금·국채 등)을 예치해야 한다. 또 코인 보유자는 언제든 1코인을 1달러로 바꿀 수 있는 권리가 보장된다. 발행사는 매달 준비금 내역을 투명하게 공개하고, 잘못이 있으면 경영진까지 책임진다. 발행사가 망해도 코인 이용자가 맡긴 돈은 먼저 돌려받도록 법으로 보호된다. 쉽게 말해, 스테이블코인을 디지털 은행 예금처럼 안전하게 만들겠다는 것이다. 이를 위해 미국의 여러 정부 기관이 힘을 합친다. 연준이 전체 시스템을 살피고, 필요하면 개입하여 위기를 막는다. 재무부는 자금세탁이나 테러자금 같은 나쁜 용도로 코인이 쓰이지 않게 감시한다. 통화감독청은 새로운 코인 발행 회사를 심사하고 감독한다. 증권거래위원회는 코인이 투자사기로 악용되지 않도록 견제한다. 이처럼 여러 기관이 협력해 안전망을 촘촘히 짜는 것이 미국 방식이다.

결론적으로, 미국의 스테이블코인 규제 마스터플랜은 디지털 달러 경제의 토대를 다지는 작업이다. 이것이 실행되면 달러 연동 코인은 지금보다 훨씬 신뢰도가 높아지고, 전 세계 사람들이 안심하고 사용할 수 있게 될 전망이다. 미국은 이로써 글로벌 표준을 선점하고, 나아가 달러의 디지털 패권을 공고히 할 수 있게 된다. 우리 같은 일반인에게도, 앞으로는 미국에서 승인된 안전한 스테이블코인

페이스북(현 메타)의 스테이블코인 프로젝트 리브라: 배경과 좌절

리브라 프로젝트의 배경과 목표

페이스북은 2019년 6월 암호화폐 리브라 계획을 발표하며 전 세계 금융계에 파장을 일으켰다. 전 세계 성인 약 17억 명이 은행 계좌를 이용하지 못하고, 해외 송금 수수료가 평균 6%에 달하는 현실에 대한 해결책으로 제시되었다. 페이스북은 국경을 넘나드는 세계 공용 디지털 화폐를 만들어 스마트폰만 있으면 누구나 저렴하게 송금할 수 있는 글로벌 금융 인프라를 구축하겠다는 야심찬 목표를 세웠다.

리브라 협회와 리저브 구조

리브라 프로젝트의 특징은 페이스북이 단독 통제하지 않는다는 점이었다. 스위스 제네바에 본부를 둔 비영리 리브라 협회가 구성되어 비자카드, 마스터카드, 페이팔, 우버 등 28개 글로벌 기업이 참여했다.

리브라는 달러, 유로 등 법정통화에 연동되는 스테이블코인으로 설계되었다. 핵심은 '리브라 리저브'인데, 리브라 발행 시마다 동일한 가치의 현금이나 국채 등 안전자산을 준비금으로 보유하여 가치를 뒷받침하는 구조였다. 초기에는 여러 주요국 통화로 구성된 바스켓에 연동되어 비트코인과 달리 가격 변동성을 최소화하려 했다.

각국 정부의 강한 반발

리브라 발표 직후 각국 정부와 중앙은행은 일제히 강하게 반발했다.

G7과 G20은 글로벌 스테이블코인 규제 검토에 착수하며 필요한 규제 과제가 해결될 때까지 운영을 불허한다는 공동 입장을 밝혔다.

가장 큰 우려는 통화 주권 침해였다. 프랑스 재무장관은 "국가의 통화 주권이 걸린 문제"라며 유럽 내 출시 불허를 경고했다. 월 활성 사용자 20억 명을 보유한 페이스북이 출시하는 통화가 폭발적으로 보급되면, 작은 국가에서는 자국 통화보다 리브라를 더 쓰는 상황이 될 수 있어 중앙은행의 통화정책 효과가 무력화될 위험이 있었다.

금융 안정성 우려

규제당국은 리브라가 은행 시스템 밖에서 거대 금융 생태계를 형성해 새로운 시스템 리스크를 가져올 것을 우려했다. 대규모 인출 사태 시 준비자산 급매로 국채시장 충격, 자금세탁과 범죄 악용 가능성, 페이스북의 개인정보 유출 전력에 따른 신뢰 문제 등이 제기되었다.

리브라 2.0과 디엠Diem으로 변화

거센 반발에 직면한 페이스북은 2020년 4월 '리브라 2.0'을 발표했다. 단일 글로벌 통화 구상을 접고, 각국 통화와 1:1로 연동되는 개별 스테이블코인(리브라USD, 리브라EUR 등)을 도입하는 것으로 수정했다. 또 엄격한 자금세탁 방지 규정 준수, 허가형 네트워크 유지 등 규제 친화적 개선책을 제시했다.

2020년 말에는 프로젝트명을 '디엠'으로 변경하며 이미지 쇄신을 시도했다. 하지만 미국 등 감독당국은 끝내 승인하지 않았고, 핵심 파트너들이 줄줄이 이탈하면서 2022년 초 메타는 디엠 프로젝트를 공식 중단하고 자산을 매각했다.

남긴 흔적

리브라 프로젝트는 실패했지만 전 세계적으로 스테이블코인 규제 논의를 촉발하는 계기가 되었다. 미국에서는 STABLE Act, GENIUS Act 등 스테이블코인 규제 입법이 본격화되었고, 각국에서는 민간 발행 디지털 화폐 규제 장치를 마련하기 시작했다. 또 각국 중앙은행은 디지털 화폐 개발에 속도를 냈다. 리브라의 도전과 좌절은 정책 입안자들에게 강렬한 교훈을 남겼고, 향후 민간 주도 글로벌 통화 실험에 경각심을 일으키는 계기가 되었다.

왜 빅테크의 스테이블 코인 발행에 대해 엄격할까?

메타 같은 곳은 사람들의 행동 데이터를 가지고 있다. SNS에 자발적으로 쓰는 글과 보는 글들에서 행동을 파악하고 예측한다. 그런데 이들이 금융정보마저 가지게 된다면? (아직까지 행동+금융 데이터까지 가지고 있는 곳은 어디에도 없다.) 국가를 초월하는 무소불위의 권력을 거대 플랫폼 기업이 소유하는 상황을 경계한 것이 아닐까?

인지 여부가 중요한 선택 기준이 될 것이다. 미국의 규제 모델이 제대로 정착한다면 스테이블코인이 누구나 안심하고 쓰는 디지털 현금으로 자리 잡을 날이 한층 가까워질 것이다.

글로벌 스테이블코인 도입 전략 및 규제 경쟁

    은행과 전통 금융기관들이 디지털 자산 혁명의 관찰자에서 적극적인 참여자로 변모하고 있다. 과거 암호화폐를 회의적으로 바라보던 금융 거대기업들이 이제는 스테이블코인을 차세대 금융 인프라의 핵심 요소로 인식하고 있다. 이는 단순한 추세 따라가기가 아니라, 글로벌 결제 시스템의 근본적 변화에 대응하려는 전략적 선택이다. 2024년 스테이블코인 거래량이 처음으로 비자카드와 마스터카드의 결합 거래량을 넘어선 것은 상징적인 의미를 지닌다. 이는 디지털 화폐가 더는 실험적 기술이 아닌 실용적인 금융 도구로 자리잡았음을 보여준다. 전통 금융기관들은 이러한 변화의 물결 앞에서 혁신과 안정성 사이의 균형점을 찾아야 하는 과제에 직면해 있다.

    미국의 주요 금융기관은 각자의 강점과 고객층에 맞는 차별화된 스테이블코인 전략을 수립하는 한편, 일본과 유럽은 서로 다른 규제 접근법으로 스테이블코인 생태계를 구축하려 노력하고 있다. 일본은 명확한 규제 프레임워크로 혁신을 장려하고 있으나 아직 시장 활성화에는 한계를 보인다. 유럽은 가상자산시장 규제안으로 포괄적인 틀을 마련했지만, 오히려 과도한 규제가 혁신을 제약할 수 있다는 우려가 제기된다. 중국은 본토와 홍콩을 분리된 전략 공간으로 삼아, 본토에서는 디지털 위안화를 중심으로 중앙집중적 통제 모델을 강화하는 동시에, 홍콩에서는 규제 허용 범위에서 민간 스테이블코인 실험을 허용함으로써 관리된 개방 모델을 실험하고 있다. 이처럼 중국은 모두 중앙정부 주도하에 기획된 질서 속에서 스테이블코인의 제도화 가능성을 탐색하고 있지만, 접근 방식과 추진 구조는 상이하다.

이 장에서는 전통 금융기관들이 스테이블코인을 자신들의 비즈니스 모델에 어떻게 통합하고 있는지, 그리고 국가별로 어떤 과제와 기회가 존재하는지 살펴본다.

미국 주요 금융사의 스테이블코인 추진 전략

세계 최대 경제국인 미국에서는 JP모건, 뱅크오브아메리카Bank of America, BoA 등 전통적인 대형 금융사들이 스테이블코인 도입을 적극 모색하고 있다. 한때 규제 불확실성과 리스크 우려로 암호자산 분야에 신중했지만, 2023년 이후 규제 환경이 개선될 조짐을 보이면서 분위기가 달라졌다. 은행들은 내부 파일럿 프로젝트를 가동하고, 관련 핀테크 기업들과 파트너십을 맺는 등 블록체인 기반 토큰화 예금 전략을 착실히 준비하고 있다. 이에 미국 주요 은행과 결제 네트워크 업체에서 어떤 방식으로 스테이블코인을 도입하려 하는지 살펴본다.

JP모건: JPM 코인과 토큰화 예금(JPMD)의 선도적 실험

미국 최대 은행인 JP모건은 2019년 자체 블록체인 플랫폼 오닉스Onyx로 JPM 코인을 출시해 전통 금융권 중 가장 앞선 사례가 되었다. JPM 코인은 기관 고객 전용으로 발행되어 은행 계좌 간 24시간 즉시 결제를 지원하며, 2023년 중반까지 누적 3,000억 달러 규모 거래를 처리했다. 2023년 6월에는 유로화 결제용 JPM 코인도 도입했다.

2025년 6월에는 JPMD JPMorgan Deposit Token(JP모건 예금토큰)라는 혁신적 상품의 테스트를 시작했다. JPMD는 기존 스테이블코인과 달리 상업은행 예금의 디지털 표현이며, 고객이 대차대조표상 은행 예금으로 처리할 수 있어 기존 회계 처리와의 연속성을 보장한다. 특히 이자를 지급할 수 있어 기관투자자에게 유동성과 수익성을 동시에 제공한다. JPMD는 코인베이스의 베이스Base 블록체인에서 운영되어 24시간 연중무휴 결제를 가능하게 한다.

BoA: 규제 명확화에 맞춘 선제적 준비

미국 2위 은행 뱅크오브아메리카는 최근 들어 자체 스테이블코인 발행 계획을 공개적으로 언급해 주목받았다. 브라이언 모이니핸 CEO는 2025년 6월 "연방법이 명확해지는 대로 미국 달러에 연동된 스테이블코인을 발행할 계획"이라고 밝히며, 현재 다른 산업 파트너들과 내부적으로 달러 스테이블코인 시제품을 개발 중이라고 확인했다. 그는 "시장 수요가 얼마나 될지는 확신할 수 없지만 미리 준비하고 있어야 한다."라며 은행들이 만반의 대비를 해야 한다고 강조했으며, 명확한 규제 틀이 갖춰질 때까지는 공식 출시를 유보하는 보수적 자세를 취하고 있다.

시티그룹: 컨소시엄 실험을 통한 글로벌 인프라 전략

시티그룹Citi Group은 독자적으로 스테이블코인을 발행하기보다는 여러 컨소시엄과 파일럿 프로젝트에 적극 참여하고 있다. 2022~2023년 뉴욕 연준과 공동으로 진행한 규제된 부채 네트워크 Regulated Liability Network, RLN 실험에 핵심 참가자로 참여해 여러 은행이 공유 분산원장에서 상업은행 예금토큰과 가상 CBDC를 연계한 실시간 송금을 시험했다. 컨소시엄 실험에서 얻은 통찰을 바탕으로 시티그룹은 향후 자체 토큰화 예금/결제망 전략을 수립하는 데 주력하고 있다. 현재까지는 단독 코인 출시보다 업계 협업과 시장 연구에 집중하고 있으며, 규제가 마련되면 안정적인 대규모 스테이블코인 인프라의 한 축으로 참여하는 방향을 선호하는 모습이다. 실제로 2025년 5월 월스트리트저널WSJ 보도에서는 시티은행, JP모건, 뱅크오브아메리카, 웰스파고 등의 대형 은행들이 합작 형태로 공동 달러 스테이블코인을 도입하는 방안을 논의 중이라고 전했다.

비자카드·마스터카드: 글로벌 결제망에서의 스테이블코인 활용

2024년 스테이블코인 거래량이 비자카드·마스터카드 결합 거래량을 7.7% 초과하자, 두 카드 네트워크는 빠른 대응에 나섰다.

비자카드는 네 가지 핵심 영역에 집중한다: ① 결제 인프라 현대화(고객이 USDC로 비자넷 결제 의무 이행), ② 국경 간 자금 이동 개선(비자 다이렉트에 스테이블코인 기능 추가), ③ 스테이블코인 연동 카

Supply
$217B
46% YoY growth in circulating stablecoin supply[1]

Volume
$6.4T
63% YoY growth in adjusted transaction volume[2]

Create your stablecoin strategy with Visa

Partner with Visa to help integrate stablecoins into your strategy. You can utilize stablecoins to enhance your digital wallets and payment features, and offer stablecoin-linked cards that enable your customers to make purchases with stablecoins across the vast Visa merchant network.

Consulting and analytics

Expert practitioners help create a stablecoin strategy for each client.

Stablecoin-linked cards

Stablecoin-linked cards enable consumers to spend their stablecoin balance at Visa-accepting merchant locations.

Cross-border money movement

Stablecoins can help make payments faster and more cost effective into and out of emerging markets.

Infrastructure

With the Visa Tokenized Asset Platform (VTAP), Visa clients can mint, burn and transact in stablecoins.

스테이블코인 관련 비자카드의 사업 (출처: corporate.visa.com)

드 서비스(라틴아메리카 6개국에서 시작해 확대), ④ 비자 토큰화 자산 플랫폼VTAP을 통한 스테이블코인 발행·소각·거래 지원.

마스터카드는 2025년 4월 엔드투엔드end-to-end 스테이블코인 결제 지원을 발표하고 암호화폐거래소 OKX와 제휴한 직불카드를 출시했다. 소비자가 스테이블코인으로 결제하고 가맹점도 동일한 스테이블코인으로 대금을 받는 시스템을 도입해, 중간 환전이나 은행송금 단계를 제거한다. 2023년에는 멀티 토큰 네트워크MTN 플랫폼을 선보여 토큰화 자산의 실시간 결제를 지원하고 있다.

미국 대형 은행들은 모두 준비 태세를 갖추고 규제당국의 신호를 기다리는 공통점을 보인다. 연준의 가이드라인을 준수하며 100% 준비금 담보 등 신뢰성 확보를 최우선에 두고 있다. 가까운 장래에 관련 법·제도가 정비되면 본격적인 은행권 스테이블코인 시대가 열릴 전망이다.

각국의 스테이블코인 추진 전략 및 규제

일본: 철저한 규제하에 시장 정체

일본에서는 2023년 6월 개정 자금결제법이 시행되면서 은행 등 일부 기관에 한해 스테이블코인 발행이 합법화되었다. 그러나 발행 자격과 준비자산 운용 면에서 매우 엄격히 규제하여 시장 활성화에 걸림돌이 된다는 평가가 나온다. 예를 들어 준비금은 반드시 현금 또는 은행 예금으로 100% 보유해야 하며, 미국 사례처럼 국채 등

이자가 발생하는 자산으로 예치금을 운용하는 것이 허용되지 않는다. 이 때문에 발행사가 얻는 이자 수익이 거의 없어 수익 모델이 불투명하고, 별도의 수수료 수입 없이는 사업성을 찾기 어렵다. 또 스테이블코인을 유통하려는 회사는 전자결제수단 서비스 제공자EPISP로 등록해야 하는데, 이용자 보호나 자금세탁방지AML, 내부통제 등 요건이 까다로워 진입 장벽이 높다. 이러한 이유로 일본에서는 스테이블코인이 성공한 사례가 드물고, 거래소 상장이나 광범위한 유통에도 어려움이 있다. 더군다나 기존 결제수단(신용카드, 교통카드 Suica, 모바일 간편결제 등)이 워낙 편리하여 소비자가 스테이블코인을 써야 할 뚜렷한 유인이 부족하다는 점도 확산 장애 요인이다. 그래도 규제 틀이 갖춰진 만큼, 일본의 대형 은행들과 일부 기업이 스테이블코인 프로젝트를 최근 시험적으로 추진하기 시작했다.

일본 스테이블코인 혁신 사례
MUFG의 프로그맷 코인: 대형 은행 컨소시엄 인프라

일본 최대 금융그룹 미쓰비시UFJ 금융그룹MUFG은 프로그맷 코인Progmat Coin이라는 스테이블코인 플랫폼을 개발했다. 이는 단일 은행 발행이 아닌 일본 3대 은행(MUFG, SMBC, 미즈호)이 공동 참여하는 컨소시엄형 디지털 화폐 인프라이다. 각 참여 은행은 엔화에 1:1로 연동된 자체 스테이블코인을 발행할 수 있으며, 각 코인은 신탁은행에 예치된 엔화 현금으로 100% 담보된다. 준비금이 신탁 형태로 격리되어 발행은행 파산 시에도 이용자 자금이 보호되는 구조이다. 미국식 은행 예금토큰화와 달리, 공개형 스테이블코인과 유사하게 블록체인상에서 거래를 기록하며, 현금 상환 시에만 신탁 자금을 인출한다. 프로그맷 코인은 증권결제용으로 구상되었으나 NFT, 가상자산 거래, 향후 CBDC 연계 등 폭넓은 활용을 목표로 한다. 2023년 6월 새로운 법 시행에 맞춰 이더리움, 폴리곤, 아발란체, 코스모스 등 여러 퍼블릭 체인에서 엔화 스테이블코인 발행을 계획했다.

현재 다양한 실증 프로젝트를 진행 중이다. 무역 결제에서는 스탠다지STANDAGE, 긴코Ginco와 협력해 신흥국 대상 무역 거래의 복잡성과 높은 수수료를 해결하는 시스템을 개발하고 있다. 탄소 크레딧 거래에서는 KlimaDAO JAPAN, JPYC, 옵테지와 함께 디지털 탄소 크레딧 매매에 스테이블코인을 결제수단으로 활용하는 시스템을 구축했다. 암호화폐 거래소 간 결제에서는 기존 은행 시스템의 느린 정산을 블록체인 기반 즉시 결제로 대체하는 방안을 검토하고 있다.

소니은행: 엔터테인먼트 금융 융합 모델

2024년 4월 소니은행이 시작한 엔화 스테이블코인 실증실험은 그룹 내 엔터테인먼트 사업과의 연계를 전제로 설계된 수직 통합 모델이다. 실증실험은 기술 검증, 규제 적합성 확보, 소니그룹 생태계 통합 가능성 검증이라는 세 가지 목표를 추구한다. 핵심 혁신은 '크리에이터-팬 경제권' 구축이다. 기존 팬덤 경제의 일회성 후원을 넘어 체계적이고 지속가능한 가치 교환 시스템을 만드는 것이다. 게임 스트리머가 특별 콘텐츠를 제공하면 팬들이 스테이블코인으로 후원하고, 이를 새로운 콘텐츠 제작에 재투자하는 순환 구조가 가능하다. 플레이스테이션 게임 수익을 소니 뮤직 콘서트 티켓 구매에 사용하는 등 그룹 내 교차 소비를 촉진할 수 있다.

Sony Bank CONNECT 앱을 통해 스테이블코인뿐만 아니라 NFT, 디지털 증권 등을 통합 관리하며, 금융 서비스와 엔터테인먼트 콘텐츠를 연결하는 플랫폼 역할을 수행한다. 2025년 6월에는 싱가포르 CauchyE ASIA와 파트너십을 맺고 전용 블록체인 구축 실증 실험을 시작했으며, 소니그룹 소니움Soneium 블록체인과의 상호 운용성도 검토하고 있다.

홋코쿠은행의 토치카: 지방은행 혁신 실험

홋코쿠은행은 2024년 초 일본 최초로 은행 예금 연계형 스테이블코인 토치카Tochika를 출시했다. 이시카와현 지역은행으로서 지역 경제 활성화를 위한 디지털 통화 도입에 나선 것이다. 토치카 코인은 엔화 예금으로 100% 담보되는 은행 예금-연동 디지털 머니이다. 이용자가 1토치카를 충전하면 은행 계정의 1엔이 동결되어 준비금이 되고, 환전 시 1엔이 계정에 입금되는 구조이다. 현금 중심 지역 상권의 디지털화를 목표로 한다. 기존 캐시리스 결제의 높은 수수료(3~5%)가 부담스러운 소규모 상인을 돕고자 토치카 수수료를 0.5% 수준으로 낮췄다. 또 종이 상품권을 발행하던 지방 기업들에게 포인트 발행과 정산 디지털화를 제공한다.

2025년부터는 타 금융기관 계좌에서도 충전할 수 있게 하고, 개인 간 송금 기능 추가와 사용 지역 확대를 계획하고 있다. 최초로 현실 경제에 실질 적용된 예금 기반 스테이블코인이라는 의의가 있지만, 현재는 이용 범위가 제한적이고 네트워크 효과가 미미한 상황이다.

JPYC: 스타트업의 선구적 도전

2021년 1월 JPYC Inc.가 발표한 JPYC는 일본 최초의 일반인 대상 엔화 스테이블코인이다. 스테이블코인 법적 프레임워크가 없던 불확실한 상황에서 소규모 스타트업의 모험적 도전이었다. 독창적인 법적 포지셔닝을 통해 '제3자형 전불식 지급수단(사용자가 미리 돈을 내고 그만큼의 가치를 나중에 사용할 수 있는 지급수단)'으로 운영된다. 1 JPYC = 1엔 고정 비율을 유지하되 현금 환전은 불가능한 구조이며, 은행업 규제를 회피하면서 합법적 운영을 실현했다. 2023년 3월 관동재무국에서 정식 인가를 받았다. 시장 성과는 꾸준한 성장세를 보여 2021년 1월 1억 엔에서 시작해 2025년 21억 엔을 돌파했다. 복잡한 고객확인 절차 없이 빠르게 이용할 수 있고, 일본 엔화에서 탈중앙화 금융 생태계로 연결되는 가장 간단한 통로 역할을 한다. 2023년 6월 자금결제법 개정 후 미쓰비시UFJ 신탁은행과 협력해 프로그맷 플랫폼에서 신탁형 JPYC 발행을 준비 중이다. 새로운 JPYC는 전자결제수단으로 분류되어 1:1 현금 상환이 보장되고 송금 한도 제한도 없어 활용도가 크게 향상될 전망이다.

JPYC 사례는 금융 혁신이 대형 기관에만 의존하지 않으며, 적절한 법적 전략과 기술 역량을 갖춘 스타트업도 금융 시스템 변화를 이끌 수 있음을 보여준다. 규제 회피가 아닌 기존 법적 프레임워크 내 창의적 해석을 바탕으로 '책임 있는 혁신'의 모델을 제시했다.

유럽의 유로화 스테이블코인: 가상자산시장 규제안 시대의 경쟁

유럽연합은 2024년 6월 30일부터 가상자산시장 규제안을 바탕으로 전 세계에서 가장 포괄적인 스테이블코인 규제체계를 도입했다. 가상자산시장 규제안은 암호화 자산시장에 통일된 EU 시장 규칙을 제정하며, 기존 금융 서비스 법률로 규제되지 않는 암호화 자산을 포괄한다. 하지만 이 혁신적인 규제가 오히려 스테이블코인 시장의 성장을 제약할 수 있다는 우려가 제기되고 있다. 가상자산시장 규제안은 스테이블코인을 자산 기준 토큰Asset-Referenced Tokens, ART과 전자화폐 토큰Electronic Money Tokens, EMT으로 분류한다. 두 유형 모두 특정 기준에 따라 유럽은행청EBA이 '중요한significant' 것으로 분류할 수 있으며, 이 경우 강화된 규제와 감독을 받게 된다. 가상자산시장 규제안의 핵심 특징은 매우 엄격한 준비금 요구사항이다. 스테이블코인 발행사는 1:1 비율로 유동성 준비금을 보유해야 하며, 토큰 발행으로 받은 자금의 최소 30%(대형은 60%)는 신용기관에 예금으로 보관해야 한다. 또 정기적으로 감사를 받아야 하고, 웹사이트에 유통 중인 토큰 수량과 준비자산의 가치 및 구성을 공개해야 한다. 가상자산시장 규제안의 가장 논란이 되는 부분은 거래량 제한이다. EU 통화가 아닌 스테이블코인은 하루 거래량이 2억 유로를 초과하거나 분기 평균 거래가 100만 건을 넘으면 새로운 발행을 중단해야 한다. 이는 스테이블코인이 EU 내에서 교환, 결제 등의 수단으로 지나치게 널리 채택되는 것을 방지하려는 조치이며, 금융 안정성 및 통화 정책 영향을 최소화하려는 것이다.

이러한 엄격한 기준은 일본 규제와 유사하지만, 유럽의 은행 시스템과 연계하는 것은 비교적 유연하여(예: 준비금으로 국채 등도 일부 허용 가능) 수익모델 측면에서 발행사의 부담이 덜하다는 평가도 있다.

서클의 EURC

서클은 미국에서 USDC(미국 달러 연동 스테이블코인)를 발행한 대표 기업이다. 유로 연동 스테이블코인인 유로 코인 Euro Coin, EURC을 출시하여 유럽 시장을 공략하고 있다. EURC는 2022년 6월 처음 도입되었으며, 1 EURC당 1유로 가치를 갖도록 설계된 스테이블코인이다. 서클 유럽법인이 발행 주체이며, 유로화로 표시된 준비자산을 유럽 경제 지역의 규제를 받는 금융기관에 보관하고 매월 회계법인의 검증을 거쳐 준비금 내역을 투명하게 공개하고 있다. 서클 측은 EURC가 가상자산시장 규제안 규정에 부합하도록 운영된다고 강조하는데, 이는 곧 발행사가 가상자산시장 규제안 시행 시한 내에 EU 전자화폐제도 라이선스를 취득하고 준비금 요건을 충족하겠다는 의미이다. 실제 가상자산시장 규제안 시행 전에도 서클은 아일랜드 등지에서 전자화폐 기관 인가를 신청하는 등 선제적으로 규제 준수 움직임을 보여왔다.

주요 활용 사례로는, 탈중앙화 금융 시장에서 USD 스테이블코인과 쌍을 이루는 24시간 외환거래가 꼽힌다. EURC와 USDC를 조합하면 주말이나 야간에도 탈중앙화 거래소에서 유로-달러 교차 거래를 할 수 있고, 중개은행 없이 곧바로 자산을 교환할 수 있다. 또 글로벌 기업들이 EURC를 활용해 국제 송금을 하면 국제결제망을 거칠 때보다 비용과 시간이 크게 절약되며, 유럽 이외 지역에서도 은행 계좌 없이 유로 가치를 보유하거나 결제할 수 있다는 장점이 있다.

SG-Forge의 EURCV(유로 코인버터블)

프랑스 소시에테제네랄의 자회사 SG-Forge가 2023년 4월 발행한 유로화 스테이블코인이다. 1 EURCV = 1유로 가치를 가지며, 발행량만큼 유로 예금이 은행 내 별도 계정에 100% 예치된다. 프랑스 금융당국ACPR에서 전자화폐기관EMI 라이선스를 취득해 가상자산시장 규제안 규정에 부합하게 발행했다. 초기에는 화이트리스트 기관투자자만 이용할 수 있었으나, 2023년 후반부터 제한을 완화하여 일반투자자도 접근할 수 있게 되었다. 2023년 9월 비트스탬프 거래소에 상장되어 유동성이 확대되었다. 언제든지 1:1로 유로화 현금 상환이 보장된다.

EURCV의 대부분은 아직도 소수의 기관 주소에 집중되어 있는데(출시 초기 물량을 은행 클라이언트들이 들고 있기 때문) 점차 유통을 늘려가는 추세이다.

멤브레인파이낸스의 EUROe

핀란드의 멤브레인파이낸스Membrane Finance는 EU 최초의 규제 준수 유로 스테이블코인 EUROe를 발행했다. 전자화폐기관 라이선스를 확보하여 EU 전역에서 합법적으로 발행할 수 있다. EUROe는 발행량에 상응하는 유로 예금 외에 추가로 자기자본 2%를 보유하여 총 102% 담보를 갖췄다. 국경 간 결제, 탈중앙화 금융유동성 공급 등에 활용되나 아직 시장 규모는 작다. 핀란드와 북유럽을 중심으로 몇몇 거래소에 상장되어 있으나, 아직 유럽 전체로 폭넓게 퍼지지는 않았다. 그러나 EU 최초의 규제 승인 스테이블코인이라는 상징성과, 멤브레인파이낸스가 제공하는 법인 대상 토큰화 솔루션(EUROe Link 등)을 통해 향후 탈중앙화 금융과 전통 금융을 연결하는 여러 사업을 전개하고 있어 잠재력이 주목된다. EUROe 사례는 스타트업도 규제의 틀 안에서 혁신을 시도할 수 있음을 보여주며, 가상자산시장 규제안 시행 이후 중소업체의 스테이블코인 경쟁 가능성을 보여주는 선례로 평가된다.

실패한 유로 스테이블코인 사례: 테더의 EURt

2018년 출시된 테더의 유로 연동 토큰 EURt는 낮은 유동성 때문에 실패했다. 전성기에도 시가총액이 약 3,500만 유로에 불과했으며, 가상자산시장 규제안 발효를 앞두고 테더는 2024년 EURt 지원 종료를 발표했다. 테더는 가상자산시장 규제안의 엄격한 준비금 요건(60% 이상 유럽 은행 예치)이 시스템 리스크를 초래하고 혁신을 저해한다고 비판하며, 제3자 기업들이 가상자산시장 규제안에 부합하는 스테이블코인을 발행하도록 지원하는 하드론 Hadron 플랫폼으로 전략을 전환했다. 다시 말해 테더는 스스로 발행하는 대신 플랫폼 제공자 역할로 선회하여, 스테이블코인 발행을 희망하는 기업들이 규제 책임을 지도록 하는 전략을 취했다.

EURt의 퇴장은 규제에 적응하지 못한 스테이블코인의 퇴로를 상징적으로 보여준다. 미국에서는 규제가 모호한 덕분에 테더가 오랫동안 압도적인 1위를 차지했지만, 유럽의 분명한 규제 장벽 앞에서는 철수하게 된 것이다. 앞으로 가상자산시장 규제안이 시행되면 유럽 내 비인가 스테이블코인은 거래소 상장 금지 등 제재를 받게 되어 유통이 어려워진다. 결국 유럽 스테이블코인 시장은 규제와의 싸움에서 승리한 자들만 남는 양상으로 재편되고 있다.

중국의 스테이블코인 현황: 본토와 홍콩을 통한 이중 전략

중국 정부가 원딩비穩定币(스테이블코인)에 눈을 돌리고 있다. 겉으로는 민간 암호화폐 거래를 엄격히 제한하면서도 국가 전략 차원에서는 블록체인 기반 디지털 자산을 적극 수용하려는 양면적 행보가 뚜렷하다. 특히 중국 본토는 디지털 위안화에 주력하고, 홍콩은 글로벌 스테이블코인 허브로 활용하는 이중 전략을 펼치고 있다. 이는 블록체인과 AI를 결합해 지능형 디지털 경제를 구축하려는 국가 비전과 맥락을 같이한다.

중국 본토: 디지털 위안화 우선하며 스테이블코인에 신중한 접근

중국은 이미 제14차 5개년 계획과 '신형 인프라 건설新基建' 정책에서 블록체인과 AI를 국가 핵심 디지털 인프라로 지정했다. 이는 두 기술을 별개가 아닌 융합된 도구로 보겠다는 뜻이다. 비유하자면, 블록체인이 신뢰의 바탕이 되는 디지털 장부를 깔면 그 위에서 AI가 데이터 엔진으로 돌며 가치를 뽑아내는 구조이다. 정책 문건에도 "AI, 빅데이터, 사물인터넷IoT 등 차세대 정보기술과 블록체인의 융합 혁신 및 통합 응용을 추진"한다고 명시되어 있다. 블록체인으로 데이터의 투명성과 무결성을 확보하고, 그 기반 위에서 AI가 데이터를 분석·활용하여 지능형 경제 사회를 구축하겠다는 국가 전략이다. 이러한 기조하에 중국 정부는 민간의 암호화폐 투기는 엄격히 단속하면서도 공공 영역에서는 블록체인과 디지털 자산 기술을 적극 도입해왔다.

이런 맥락에서 중국 인민은행은 CBDC인 디지털 위안화를 수년째 시험 및 보급 중이다. 디지털 위안화는 법정통화인 위안화를 전자 형태로 구현한 것인데, 국가 통제하에 결제 효율을 높이고 위안화 국제화를 뒷받침하려는 프로젝트이다. 중국 본토에서는 이 디지털 화폐를 공식 통용 화폐로 점진 도입하고, 민간에서 발행한 스테이블코인은 한때 전면 금지 기조를 보여왔다. 2021년을 전후해 중국 당국은 비트코인 등 암호자산뿐 아니라 USDT 같은 스테이블코인 거래도 불법으로 간주하며 단속했다. 이는 자본유출을 막고 통화 주권을 지키려는 조처였다.

그러나 최근 미묘한 변화가 감지된다. 2025년 6월 상하이에서 열린 루자쭈이陸家嘴 금융포럼에서 판궁성潘功勝 인민은행 총재가 사상 처음으로 공식 석상에서 스테이블코인을 언급했다. 그는 "블록체인과 분산원장 기술 등이 CBDC와 스테이블코인의 발전을 견인하여 '지불 즉시 결산支付即結算'을 실현하고 전통 지급결제체계를 근본적으로 바꾸고 있다."라고 평가했다. 이와 동시에 이러한 혁신이 금융 규제에 큰 도전이 되고 있어 대비해야 한다고도 언급했다. 중국 당국자가 그동안 금기시하던 스테이블코인의 효용을 공개적으로 인정한 것은 비록 '규제하 활용'이라는 단서가 있더라도 의미심장한 변화로 받아들여졌다. 스테이블코인을 완전히 배척하기보다는 통제 가능한 영역에서 활용 가능성을 모색하기 시작했다는 신호인 것이다.

홍콩: 가상자산 금융 허브의 스테이블코인 선도 행보

중국 본토와 달리 홍콩은 가상자산을 포용하는 규제 환경을 빠르게 갖춰왔다. 홍콩 특별행정구 정부는 글로벌 가상자산 허브를 지향하며, 2023년부터 소매투자자의 라이선스 취득 거래소를 통한 암호화폐 거래를 허용하고 제도권 상품도 속속 승인했다. 대표 사례가 비트코인·이더리움 현물 ETF 출시이다. 2024년 4월 홍콩 증시에 아시아 최초로 비트코인·이더리움 현물 ETF가 상장되어 주목을 받았다.

이러한 분위기에 홍콩은 스테이블코인 규제도 선봉에 섰다. 2025년 5월 말 홍콩 입법회는 아시아 최초로 '스테이블코인 조례'를 통과시켰다. 이 법의 통과는 법정화폐 기반 스테이블코인Fiat-Referenced Stablecoin, FRS의 발행과 유통을 포괄적으로 감독하는 허가제 프레임워크 도입을 의미한다. 법 통과 이후 2025년 8월 1일부터 홍콩 당국이 정식으로 스테이블코인 발행자 라이선스 신청을 받는다. 이로써 홍콩은 스테이블코인을 위한 완전한 법적 관할을 구축한 세계 최초의 지역이 될 전망이다.

홍콩금융관리국HKMA은 이 조례에 따라 스테이블코인 발행사에 은행 수준의 엄격한 기준을 적용할 방침이다. 예를 들어, 스테이블코인 발행 시 반드시 법정화폐 등으로 100% 준비금이 뒷받침되어야 하며, 발행사는 내부 통제와 위험관리 체계를 은행 수준으로 갖추어야 한다. 또 '구체적이고 실용적인' 활용 목적이 있는 프로젝트에 우선 허가를 내줄 것을 명시하여, 단순 투기성 토큰은 배제할 뜻을 밝혔다. 홍콩의 목표는 신뢰할 수 있는 플레이어만 끌어들여 스

홍콩 '스테이블코인 조례' 주요 내용

1) 기본 개요
- 2025년 5월 말 홍콩 입법회가 아시아 최초로 통과시킨 스테이블코인 규제 법안
- 2025년 8월 1일부터 공식 시행
- 홍콩을 글로벌 Web3 중심지로 자리매김시키려는 목적

2) 라이선스 제도
- 홍콩에서 스테이블코인 발행 시 홍콩금융관리국 라이선스 취득 의무화
- 홍콩 달러 기반 스테이블코인 발행자도 라이선스 필요
- 시행 초기에는 소수 허가 방식으로 제한적 라이선스 발급

3) 발행 기본 요건
- 스테이블코인은 반드시 법정화폐를 기반 자산으로 설정
- 자본 요건 충족 필수(최소 2,500만 홍콩 달러 이상)
- 지급준비금 보유 의무(100% 이상)
- 준비자산 포트폴리오의 시가총액이 유통 스테이블코인 액면가와 최소 동등 수준 유지

4) 발행자 규제 의무사항
- 준비자산 관리 및 상환체계 구축
- 고객 자산의 적절한 분리 관리
- 견고한 안정화 메커니즘 구축
- 법정화폐 연동 스테이블 코인 보유자의 액면가 상환 요청을 합리

적 조건으로 처리
- 자금세탁방지(AML) 및 테러자금조달방지(CFT) 준수
- 리스크 관리체계 구축
- 정보 공시 및 감사 의무
- 적격성과 적정성 기준 충족

5) 제공 및 마케팅 제한
- 홍콩에서 스테이블코인 제공 및 마케팅은 규제된 기관과 플랫폼에만 허용
- 홍콩 대중에게 적극적 홍보 시 라이선스 필수
- 소비자 보호를 위한 광범위한 규정 적용

6) 규제 샌드박스
- 홍콩금융관리국이 규제 샌드박스 운영
- 일부 기관의 스테이블코인 발행 및 응용 선제적 테스트 허용
- 경험 축적 및 시장 위험 감소 목적

7) 규제 원칙
- '동일 활동, 동일 리스크, 동일 규제' 원칙 적용
  (금융이나 가상자산 등에서 동일하거나 비슷한 서비스를 제공하고, 그에 따르는 위험이 같다면 법적 형태나 업종과 상관없이 동일한 수준으로 규제해야 한다는 국제적 원칙)
- 리스크 중심 접근 방식 채택
- 국제 규제 기준과 부합

테이블코인을 결제 인프라로 육성하는 것이다. 실제로 금융관리국은 정식 시행에 앞서 규제 샌드박스를 운영하여 시범 사례를 모았다. 그 결과 스탠다드차타드은행(홍콩), HKT(통신사), Animoca Brands(Web3) 등이 컨소시엄을 이뤄 스테이블코인 결제 파일럿을 진행했고, 중국 본토계 기업 JD.com의 홍콩 핀테크 자회사와 현지 스타트업 RD테크놀로지스도 샌드박스 참가자로 선정되었다. 이는 홍콩의 새 체계에 다국적 금융사부터 중국 테크기업까지 두루 참여 의지가 높음을 보여준다.

홍콩 당국자들은 스테이블코인 규제가 홍콩을 새로운 디지털 금융 시대의 교두보로 만들 것이라고 강조한다. 홍콩금융관리국 총재는 "엄격한 기준 아래 건전한 시장을 조성해 제대로 된 사업자들만 참여시키겠다."라고 밝혔는데, 이는 홍콩이 스테이블코인을 기반으로 차세대 금융 혁신을 선도하겠다는 의지로 해석된다. 사실 홍콩은 지리적·제도적으로 중국 본토와 외부 시장을 연결하는 게이트웨이 역할을 해왔으며, 이번에도 본토의 CBDC 전략과 연계된 스테이블코인 허브라는 독특한 포지션을 구축하고 있다. 본토에서 막아둔 스테이블코인을 홍콩이라는 완충지대에서 철저히 관리하며 육성함으로써, 중국은 CBDC와 스테이블코인 두 마리 토끼를 모두 잡는 전략적 실험을 펼치는 셈이다.

홍콩의 규제 정비에 발맞춰 중국의 빅테크 기업들도 발 빠르게 스테이블코인 사업 진출을 선언하고 있다. 대표적 사례가 앤트그룹과 JD.com이다. 먼저 알리페이Alipay를 운영하는 앤트그룹은 2025년 6월 홍콩에서 스테이블코인 발행자 라이선스 신청 계획을 공식 발표했다. 앤트그룹 해외 자회사인 앤트인터내셔널이 주체가 되어, 8월 1일 조례 발효 후 절차가 열리는 대로 즉시 신청서를 제출할 것이라고 밝혔다. 앤트 측은 이로써 법정화폐 연동 스테이블코인FRS 발행 허가를 받을 계획이며, 홍콩뿐 아니라 싱가포르, 룩셈부르크 등 다른 국제 금융센터에도 동시다발적으로 라이선스를 타진할 계획이다. 한편 중국 2위 전자상거래 업체 JD.com도 글로벌 스테이블코인 추진 전략을 공개했다. JD.com의 창업자 류창둥劉强東은 2025년 6월 베이징 기자간담회에서 "국경 간 결제 비용을 90%까지 낮추고 정산 시간을 10초 이내로 단축하겠다."라고 선언하며, 이를 위한 다국적 스테이블코인 라이선스 획득 계획을 발표했다.

규제 차익거래 방지와 국제 공조의 필요성

각국이 앞다투어 스테이블코인 제도를 정비하는 근본 이유는 규제 차익거래를 방지하려는 것이다. 전 세계적으로 통용되는 스테이블코인의 특성상, 어떤 국가의 규제가 허술하면 그 틈을 노린 위험요소가 자국 경제에 유입될 수 있다. 또 반대로 한쪽만 엄격하면 자국 기업과 혁신이 해외로 빠져나갈 수 있다. 디지털 자산시장은 특정 국가에 국한되지 않으며 글로벌 개방형 성격을 띤다. 인터넷만 연결되면 해외에서 발행된 토큰도 누구나 이용할 수 있기 때문에, 한쪽의 규제가 까다로워지면 수요와 공급이 일제히 규제가 느슨한 곳으로 쏠리는 현상이 벌어진다. 이 때문에 엄격한 규제를 도입한 국가는 정작 국내 시장 위축과 규제 실효성 저하를 겪을 수 있다. 규제 밖에서 발행된 스테이블코인이 자국민에게 유통되면 자국 법의 집행력이 미치지 않는 그레이존gray zone이 생겨난다. 이때 해당 국가는 발행인의 재무건전성 정보를 충분히 확보하지 못하고 감독 권한도 행사할 수 없게 된다. 나아가 준비자산이 해외에 보관되어 있으면 문제 발생 시 자국 투자자가 신속히 구제받기 어려울 수 있다.

각국 금융당국은 글로벌 공조로 최소한의 공통 규제기준을 마련해야 한다는 데 의견을 같이하지만, 접근법 차이에 따른 규제 경쟁도 현실화되고 있다. 일부 국가는 규제 완화로 시장을 키우는 데 주력하는 반면, 일부 국가는 엄격한 규제하에 소비자 보호를 최우선한다. 전자는 혁신을 촉진하지만 시스템 리스크를 키울 수 있고, 후자는 안정성을 확보하지만 국내 산업이 위축될 우려가 있다. 선제적으로 산업을 육성하려고 다소 위험을 감수하는 규제 경쟁을 벌인다면, 일부 국가에서 세제 혜택이나 완화된 규제를 미끼로 기업 유치에 적극 나설 수 있다. 이렇게 경쟁이 심화하면 국제 금융경제 질서의 건전성을 훼손할 우려도 있다.

따라서 글로벌 공조와 함께 공통 기준 확립이 무엇보다 중요하다. 금융안정위원회FSB는 2020년 10월 글로벌 스테이블코인에 대한 고위급 권고안을 발표하고, 2023년 7월 디지털 자산 및 글로벌 스테이블코인에 대한 최종 권고안을 업데이트했다. 권고안의 주요 내용은 스테이블코인 발행 및 서비스 제공자에 대해 '동일 활동same activity, 동일 위험same risk, 동일 규제same regulation' 원칙을 적용하고, 국경 간 규제 협력, 감독 및 데이터 공유체계를 구축하는 것이다. 미국도 이러한 금융안정위원회의 논의에 적극 참여하여 자국 주도의 원칙을 관철하려 하고 있다. 그러나 EU와 영국, 일본 등도 역시 자신들의 법제가 국제 표준에 반영되기를 희망한다. 각국의 이해관계가 달라 합의 과정에서 진통이 예상되지만, 글로벌 통화 질서의 변화를 동반하는 스테이블코인 시대에 국제적 협력과 규제 기준 수립은 피할 수 없는 선택이다.

결국 디지털 달러의 부상에 대응하는 다른 통화권의 전략과 글로벌 금융안정 유지를 위한 공동 노력에 따라 스테이블코인 규제의 미래는 결정될 것이다.

각국의 스테이블코인 접근법을 바탕으로 종합해보면 다음과 같다. 미국의 혁신 정신으로 민간 참여를 장려하되, 일본의 신중함으로 리스크를 관리한다. 유럽의 소비자 보호 철학을 받아들이되, 과도한 규제로 시장을 질식시키지는 않는다. 중국의 빠른 추진력은 배우되, 감시사회의 어두운 면은 철저히 배제한다. 각 나라의 이러한 교훈에서 알 수 있듯이, 성공적인 스테이블코인 전략의 핵심은 혁신과 규제 준수, 글로벌 확장성과 지역별 요구사항 충족 사이에서 균형을 찾는 것이다. 한국 역시 가까운 시일에 원화 기반 스테이블코인 규제와 발행이 논의되고 있는 만큼 균형 잡힌 정책 설계가 필요하다.

무엇보다 중요한 것은 "왜 써야 하는가?"에 대한 답을 시장이 체감하도록 하는 것이다. 일반인과 기업은 스테이블코인으로 실현할 수 있는 뚜렷한 편익(예: 24시간 결제, 초저렴 해외 송금 수수료, 스마트 컨트랙트를 통한 자동결제 등)을 경험할 때 비로소 본격 채택할 것이다. 전통 금융의 강점인 신뢰성과 규모에 스테이블코인의 기술력과 효율성이 결합된다면, 글로벌 경제에 새로운 금융 하부구조가 열릴 것이다. 그 여정의 중심에 금융사들과 규제당국의 협력이 있으며,

현재 진행 중인 파일럿들과 법제 논의는 그 길을 다지는 중요한 발걸음이라 할 수 있다. 디지털 머니를 향한 전통 금융권의 진화는 이제 시작되었으며, 향후 몇 년간 그 방향과 속도가 결정될 것이다. 금융의 역사에서 기술 혁신과 제도 신뢰가 맞닿을 때 비로소 대중화된 선례를 떠올려본다면, 스테이블코인 분야 역시 곧 그런 임계점에 다다를지도 모른다.

중앙은행이 발행하는 스테이블코인: CBDC

앞서 민간 기업과 은행에서 스테이블코인을 활용하는 전략을 살펴보았다. 이제는 중앙은행 발행 디지털 화폐CBDC를 알아보자. 세계 각국의 중앙은행은 디지털 시대에 맞춰 자국 통화의 디지털 버전, 즉 CBDC 개발에 속도를 내고 있다. 이는 민간 주도 스테이블코인에 대응하면서도 디지털 경제에서 통화 주권을 지키려는 중앙은행들의 전략적 행보이다. 이에 CBDC의 개념과 주요 국가의 CBDC 추진 현황을 살펴본다.

CBDC는 무엇인가

CBDC란 중앙은행이 직접 발행하고 보증하는 디지털 화폐이다. 쉽게 말해 기존의 지폐나 동전을 전자적 형태로 구현한 것이며, 법적으로는 현금과 동일한 효력을 지닌다. 민간에서 달러나 원화를 담보로 발행하는 스테이블코인과 달리, CBDC는 별도의 담보 자산 없이도 국가의 신용을 바탕으로 발행된다는 점에서 다르다. 중앙은행이 발행과 유통을 직접 책임지므로 안정성과 신뢰성이 높고, 가치도 해당 법정통화에 1:1로 고정되어 변동성이 없다.

CBDC를 도입하려는 이유는 다양하다. 첫째, 금융 포용을 높일 수 있다. 은행 계좌가 없는 국민도 중앙은행이 제공하는 디지털 지갑만 있으면 돈을 안전하게 보유하고 결제에 참여할 수 있기 때문이다. 둘째, 결제 효율성과 편의성을 향상한다. 예를 들어 디지털 현금인 CBDC를 이용하면 은행을 거치지 않고도 즉시 결제와 송금을 할 수 있고 수수료를 줄이고 이체 속도를 높일 수 있다. 마치 현금 인출기ATM에서 돈을 빼서 바로 건네듯이, CBDC로 지불하면 중개기관 없이도 거래가 즉시 완료된다. 셋째, 통화 주권과 금융안정 측면에서 민간 암호자산이나 외국 CBDC가 자국 경제를 장악하지 못하도록 공공 주도 디지털 화폐를 마련해두는 전략적 의의도 있다.

CBDC 시스템은 사이버 보안이 필수인데, 국가 인프라급으로 운영되는 만큼 해킹이나 시스템 장애에 철저히 대비해야 한다. 아울러 모든 거래 데이터가 중앙은행에 기록될 수 있어 프라이버시 침해 우려도 제기된다. 정부가 국민 개개인이 CBDC를 쓰는 내역을 들여다 볼 수 있다는 걱정이 일부에서 나오는데, 이는 디지털 감시사회로 이어질 수 있다는 논란이어서 정치권에서도 뜨거운 감자가 되고 있다. 실제로 미국 등 일부 국가에서는 '정부가 모든 거래를 추적할 수 있다'는 이유로 CBDC 도입을 반대하는 목소리도 나온다. 이러한 우려를 해소하고자 다수의 중앙은행은 프라이버시 보호 설계, 개인 거래 한도 설정, 오프라인 사용 기술 등 다양한 보완책을 함께 연구하고 있다.

정리하면, CBDC는 중앙은행판 스테이블코인이라 할 수 있다. 기존 현금을 디지털로 업그레이드한 버전인 동시에, 민간 스테이블코인으로 촉발된 디지털 화폐 혁신에 대한 공공 부문의 답변인 셈이다. 세계에서 CBDC를 가장 앞서 도입한 나라와 우리나라의 사례, 기타 주요 국가의 동향을 살펴보자.

중국의 CBDC: 디지털 위안화 사례

* 중국은 CBDC를 도입하고 있으며, 그 공식 명칭은 DCEP_{Digital Currency Electronic Payment}이지만 편의상 CBDC라고 한다.

중국은 CBDC 분야에서 가장 앞서는 국가로 꼽힌다. 2014년에 인민은행이 디지털 위안화 연구팀을 꾸렸을 정도이다. 이후 수년간 파일럿과 기술 개발을 거쳐 2020년대에는 중국 내 여러 도시와 지역에서 일반 국민이 디지털 위안화를 사용할 수 있는 대규모 시험 사업을 진행하고 있다. 디지털 위안화는 기존 위안화와 1:1로 동일한 가치를 지니며, 인민은행이 직접 발행하는 전자적 법정통화이다. 2020년대 초 베이징 동계올림픽 기간에 외국인도 사용해볼 수 있을 정도로 시범 범위를 넓혔다. 현재는 베이징, 선전, 상하이 등 주요 도시를 포함한 17개 지역에서 시범 유통되고 있다.

중국의 CBDC 추진 성과는 수치로도 드러난다. 디지털 위안화 지갑을 개설한 이용자가 이미 2억 명에 이르며, 누적 거래액도 빠르게 증가하고 있다. 2023년 중반까지는 누적 1.8조 위안 정도가 사용되었는데, 불과 1년 만에 그 규모가 4배 가까이 폭증하여 2024년 6

월 기준 누적 7조 위안(약 1조 달러)에 달했다. 이는 중국 정부가 디지털 위안화 사용을 적극 장려하여 공공요금 납부나 교통비 결제 등 일상생활 영역에 활용을 확대한 결과로 풀이된다. 2019년 4월 선전, 청두, 쑤저우, 슝안신구와 2022년 동계올림픽이 열리는 베이징의 일부를 시범지역으로 정했고, 2020년 10월에는 상하이, 하이난, 칭다오, 다롄, 창사, 시안 등 6개 도시를 추가했다. 2020년 코로나19가 전 세계를 강타했을 때 중국은 이를 오히려 기회로 활용했다. 비대면 거래의 필요성이 급증하자 디지털 위안화 테스트를 본격화한 것이다. 선전에서는 복권 방식으로 시민 5만 명에게 디지털 위안화를 지급해 실제 상점에서 사용하도록 했다. 맥도날드, 스타벅스, 세븐일레븐 같은 글로벌 브랜드도 테스트에 참여했다.

 중국의 운영 방식은 독특하다. 중국 중앙은행인 인민은행이 디지털 화폐 발행을 주도하고, 실제 유통 과정은 중국 내 4대 국유은행인 공상은행, 중국은행 BOC, 건설은행, 농업은행 등이 담당하는, 이른바 '이중운영체계'를 채택하고 있다. 이러한 방식은 기존 금융 시스템을 해체하지 않으면서도 디지털 화폐의 흐름을 중앙은행이 직접 관리하고 통제력을 유지할 수 있도록 설계된 전략적 접근이다.

 이처럼 세계 최대 규모로 진행 중인 중국의 CBDC이지만 여전히 갈 길도 남아 있다. 아직 전 국민의 화폐 사용 습관을 단기간에 바꾸지는 못했는데, 디지털 위안화를 한 번이라도 이용해본 사람은 2023년 기준으로 중국 인구의 20% 미만으로 추정된다. 이는 알리페이와 위챗페이 WeChat Pay 같은 민간 모바일 결제수단이 매우 발달되어 있어, 굳이 CBDC를 써야 하는 체감 편익이 크지 않기 때문이

e-CNY의 이중운영체계 시스템(출처: Hoover(2022), Digital Currencies)

라는 지적도 있다. 그런데도 중국 정부는 강력한 드라이브를 걸고 있다. 암호화폐는 자국에서 모두 금지하는 대신 디지털 위안화에 전 국적 역량을 집중하고 있고, 나아가 국제 무대에서도 위안화의 영향력을 높이는 수단으로 CBDC를 활용하려는 모습이다. 실제로 중국은 여러 나라와 함께 m-CBDC 브리지mBridge라는 국제 프로젝트에 참여해 국경 간 거래를 CBDC로 처리하는 테스트도 진행하고 있다. 홍콩, 태국, 아랍에미리트UAE, 사우디 등이 이 컨소시엄에 참여하여 자국 CBDC 간 초국경 결제를 실험 중이며, CBDC로 결제하면 국제 송금이 불과 몇 초 만에 끝나고 비용도 국제결제망 대비 98% 절감되는 효과를 확인했다고 한다. 이러한 움직임은 디지털 위안화로 장차 달러 중심 국제결제 시스템에 도전하려는 포석이라는 평가도 있다. 요약하면, 중국은 선도자로서 CBDC를 통해 내수 결제망 혁신과 위안화 국제화 두 마리 토끼를 잡기 위해 공세적으로 나아가고 있다.

중국 정부의 디지털 위안화에는 단순히 기술 혁신을 넘어 거시적 전략이 자리 잡고 있다.

우선 디지털 위안화로 기축통화 지위를 확보하려 한다. 지금까지 국제 무역의 거의 모든 영역은 달러 중심으로 돌아갔다. 하지만 중국은 수출입 규모 세계 1위 국가로서, 자국 화폐 위안화의 국제적 위상을 끌어올리는 데 꾸준히 공을 들여왔다. 디지털 위안화는 그 야심을 구체화할 수 있는 도구이다. 중앙은행이 직접 발행하고 국가 신용이 보장된 디지털 화폐로 위안화 기반 국제결제 시스템을 구축하려는 것이다. 이미 홍콩, 태국, 아랍에미리트 등과 함께 mBridge 프로젝트로 국경 간 CBDC 결제 실험을 진행 중이며, 일부 석유 거래에도 디지털 위안화를 적용하려고 시도하고 있다. 이는 단순한 효율 개선을 넘어 '탈달러화' 실험이라 불릴 만한 수준이다.

둘째, 자본 유출을 통제하고 통화 주권을 강화하려는 의도도 뚜렷하다. 중국은 전통적으로 자산가의 자금이 해외로 빠져나가는 것을 강하게 통제해왔다. 특히 암호화폐와 민간 스테이블코인을 통한 우회 송금은 국가에서 통제하기 힘든 골칫거리였다. CBDC는 이러한 흐름을 원천 차단할 수 있는 도구이다. 모든 거래 기록이 중앙은행의 시스템에 남고, 필요시 실시간으로 흐름을 추적할 수 있다. 이는 통화 흐름의 디지털 감시체계를 구축하는 데 매우 유리하다. 물론 프라이버시 침해라는 비판도 있지만, 중국 정부는 국가 금융안보를 위한 정당한 선택으로 보는 것이다.

셋째, 디지털 경제 패권을 선도하려는 의지도 무시할 수 없다. 중국은 이미 거대 민간 결제 플랫폼이 국민 일상에 깊숙이 들어와 있다. 현금보다 QR코드를 더 자주 사용하는 나라에서, 중앙은행이 디지털 결제 시스템을 구축한다는 것은 단지 기존 시스템을 대체하는 수준이 아니다. 이는 국가가 디지털 경제의 운영자이자 표준 설정자로 나선다는 선언에 가깝다. 디지털 위안화는 기존 민간 플랫폼과 경쟁하기보다는, 그 위에 올라타 국가가 관리하는 디지털 현금 역할을 하려 한다.

마지막으로, 중국 정부는 CBDC를 통해 글로벌 무대에서 통화 주권 확장을 꾀한다. 미국이 디지털 달러 논의에 신중한 태도를 보이는 사이, 중국은 디지털 위안화를 중심으로 새로운 국제 금융 질서에 한발 앞서 들어서려는 것이다. 디지털 위안화를 기축통화의 대안으로 삼으려는 전략은, 기존 국제결제망에 대한 탈중앙화된 대응이자 달러 패권에 균열을 내려는 경제적 디커플링 시도로도 해석된다.

결국 중국의 CBDC 전략은 기술을 넘어서 통화 주권 확보, 자본 통제, 디지털 패권, 국제 영향력 확대라는 네 축을 중심으로 진행되고 있다. 단지 미래 결제를 위한 실험이 아니라, 국가 전략 자체로 디지털 화폐를 바라보고 있는 것이다. 디지털 위안화는 이제 실험 단계를 넘어 중국의 외교, 무역, 금융 전략 전반에 영향을 미치는 핵심 도구가 되었다. 이는 다른 나라들이 단지 편의성 중심으로 디지털 화폐를 고민하고 있을 때, 중국은 한발 더 나아가 화폐가 곧 전략 무기라는 관점에서 접근하고 있음을 보여준다.

중국 CBDC는 시험 단계(파일럿)에서 일부 유통은행간 거래 내역 관리에 프라이빗 블록체인 구조를 실험했으나, 실제 운영 시스템에는 적용하지 않았다. 현재 기술 수준에서 블록체인은 중국과 같은 초거대 규모 경제에 적합하지 않을뿐더러 중국이 필요로 하는 것은 중앙화된 고성능 처리 능력이라고 밝혔으며, 여러 노드 간 합의가 필요하지만 인민은행PBoC은 모든 합의와 기록을 중앙은행 서버 단일 노드에서 처리하도록 설계했다. 최종적으로 일반 중앙집중형 데이터베이스에 블록체인 아이디어만 약간 차용한 것이다.

한국의 CBDC 실험: 프로젝트 한강

한국 역시 CBDC 도입 가능성을 놓고 활발하게 실험을 진행하고 있다. 한국은행은 2020년대 초부터 디지털 원화의 기술적 타당성을 검토해왔고, 2021년에는 가상환경에서 기본 기능을 테스트하는 모의실험도 수행했다. 2024년에 들어서는 이를 발전시켜 실제 국민이 참여하는 파일럿 프로그램, 이른바 '프로젝트 한강'을 추진했다. 이 프로젝트를 추진하는 목적은 분산원장 기술을 활용해 실시간 정산, 수수료 절감, 바우처 지급 등 다양한 디지털 화폐 인프라의 실효성을 검증하는 것이었다. 한국은행이 디지털 화폐의 도매 형태(기관용 CBDC)를 먼저 발행하면, 참여 은행들이 그에 연동된 예금토큰을 소비자에게 제공하는 방식이다. 이는 참가자 입장에서는 기존 모바일 결제와 유사한 경험을 제공하되, 직접 중앙은행에서 돈을 받는 대신 기존 거래은행을 통해 디지털 화폐를 이용하도록 설계한 것이다. 예를 들면, 프로젝트 한강에 참여한 국민, 신한, 하나, 우리, 농협 등 시중은행의 고객은 자기 계좌 속 예금을 디지털 예금토큰으로 전환한 뒤, 해당 은행의 모바일 앱을 통해 편의점이나 서점 등에서 이 토큰

2021. 8.~12.	2022. 1~6.	2022. 7.~12.	2023. 10.~
모의실험 1단계	모의실험 2단계	금융기관 연계 실험	디지털 화폐 활용성 테스트(프로젝트 한강)
가상 실험 환경에서 디지털 화폐의 기본기능(발행·유통·환수 등) 구현	디지털 화폐의 확장 기능(오프라인 결제, 디지털 자산 거래, 국가 간 송금 등) 구현 및 IT 신기술 적용 가능성 검증	15개 금융기관 등의 테스트 서버와 연계하여 디지털 화폐 모의 시스템의 정상 작동 여부 및 성능 등 점검	기관용 디지털 화폐를 기반으로 디지털 통화의 다양한 활용사례 점검

한국은행의 디지털 화폐 활용성 테스트(출처: 한국은행)

으로 결제해보는 실험을 했다. 실제로 2025년 상반기에 교보문고, 세븐일레븐 등 일부 오프라인 매장에서 디지털 원화로 결제하는 시범 서비스를 시행해 참가자가 미래의 화폐 사용감을 체험하도록 했다.

이 1차 테스트 결과가 한편으로는 기대에 못 미치는 면도 있었다. 당초 최대 10만 명까지 모집했던 일반인 테스트에 약 8만 명이 참여하여 예금토큰 지갑을 개설했는데, 목표 대비 80% 수준에 그친 것이다. 게다가 참가자들이 새로운 결제수단을 자주 사용하지 않은 것으로 나타났다. 단순히 신기술 체험이라는 이유만으로 번거롭게 앱을 깔고 돈을 옮겨 쓰게 만들기엔 유인이 부족했다는 지적이 나왔다. 결국 소비자 편의성과 혜택 측면에서 매력이 더 보강돼야 함을 시사했다. 다만 기술적으로는 은행별로 원활하게 디지털 원화 전환과 결제가 처리됐고, 스마트 컨트랙트를 활용한 디지털 바우처 지급 테스트도 병행하는 등 새로운 기능을 점검하는 성과가 있었다. 이를 바탕으로 한국은행은 2025년 말경 2차 테스트로 더 많은 활용 시나리오를 검증할 예정이었다.

그런데 2025년 6월 말, 한국은행은 프로젝트 한강 2차 테스트를 잠정 보류한다고 전격 발표했다. 그 배경으로는 국내에서 최근 원화 스테이블코인 논의가 급물살을 탄 상황이 영향을 미쳤다는 해석이 있다. 국회와 금융당국을 중심으로 민간 원화 스테이블코인 제도화를 추진하는 움직임이 활발해지는 상황에서 한국은행이 섣불리 2차 테스트를 진행하기보다는, 정책 환경이 명확해질 때까지 기다리겠다고 판단한 것으로 보인다. 또 1차 테스트에 참여한 은행들이 이미 최소 30억 원에서 최대 60억 원 가까이 투자한 것으로 알려졌는데, 정식 서비스 도입 여부가 불투명한 상태에서 추가 테스트로 더 많은 비용을 들이기 어렵다는 현실적인 문제도 제기됐다.

한국 사례의 시사점은, 기술적 구현만큼이나 제도적 뒷받침과 시장 수요가 중요하다는 것이다. 프로젝트 한강에서 이중 구조 CBDC(중앙은행 – 시중은행 – 소비자)의 현실성을 어느 정도 입증했지만, 정작 국민에게 와닿는 편익과 명확한 정책 비전 없이는 참여를 끌어내기 어렵다는 교훈을 얻었다. 한국은 이미 카드 결제와 간편결제 시스템이 고도로 발달해 있어 CBDC의 필요성이 중국만큼 절실하지 않다는 점도 고려해야 한다. 현금이 일정 수준 꾸준히 사용되고, 경쟁력을 갖춘 지급결제 서비스가 많으며, 금융포용성 역시 높은 한국의 현실을 감안하면 단기적으로는 CBDC 발행의 긴급성은 낮다. 다만, 향후 경제나 시장 환경이 급격히 변화할 경우를 대비해 즉각적으로 대응할 수 있는 준비 태세를 갖출 필요는 있다.

기타 국가의 CBDC 현황: 다양한 접근법

전 세계 CBDC 지형을 살펴보면, 각국이 자신만의 독특한 접근법을 취하고 있음을 알 수 있다. 2025년 2월 기준, 애틀랜틱카운슬Atlantic Council의 CBDC 트래커에 따르면 전 세계 130개국 이상이 CBDC 도입을 탐색하고 있으며, 이는 전 세계 GDP의 98%에 해당한다. 이는 CBDC가 더는 실험적 기술이 아니라 글로벌 금융 시스템의 미래임을 의미한다.

● **실제 운영 중인 국가:** 현재 일반 대중이 사용할 수 있는 소매형 또는 범용 CBDC를 공식 출시한 국가는 나이지리아(eNaira), 바하마(Sand Dollar), 자메이카(Jam-Dex) 세 곳이다. 나이지리아의 eNaira는 아프리카 최초의 CBDC로서 높은 인플레이션에 따른 달러화 현상에 대응하려고 도입되었으며, 바하마의 샌드 달러Sand Dollar는 2020년 10월 세계 최초의 CBDC로 출시되었다. 700여 개 섬으로 이루어진 바하마의 지리적 특성상, 은행 접근이 어려운 외딴섬 주민에게 금융 서비스를 제공하는 것이 주목적이었다. 자메이카의 Jam-Dex는 캐리비안 최초로 현금 의존도 감소, 금융 포용, 디지털 전환을 촉진하는 것이 목적이었다.

● **적극적인 테스트 국가:** 브라질, 일본, 인도, 호주, 러시아, 튀르키예를 포함한 13개국이 파일럿 단계에 있으며, 약 44개 CBDC 파일럿 프로젝트가 진행 중이다. 이들 국가는 각각 다른 목표와 접근법을 취하고 있다. 브라질은 레알 디지털(Drex) 프로젝트로 스마트 계약 기능이 내장된 CBDC를 개발하고 있다. 이는 단순한 결제수단을 넘어 프로그래밍 가능한 화폐라는 혁신적 개념이다. 일본은 2020년부터 일본은행

이 CBDC 연구를 본격화했으나, 현금 사용 비중이 높은 일본의 특성상 신중한 접근을 유지하고 있다.

● **유럽의 통합적 접근:** 유럽중앙은행은 2019년부터 디지털 유로 도입을 적극적으로 논의하고 있으며, 여러 단계를 거쳐 현재는 본격적인 준비과 실행 단계에 돌입했다. 빠르면 2025년 말 도입하며, EU 27개 회원국이 모두 사용할 수 있는 통합형 디지털 화폐를 지향하고 있다. 이는 단일 국가 차원에서 추진하는 CBDC와 비교할 때 훨씬 더 복잡한 설계와 운영 방식을 필요로 한다. 특히 유럽 국가들은 유로 지역 내외를 막론하고 도매형 CBDC의 국내 및 국가 간 테스트를 활발히 진행하고 있다. 스위스, 프랑스, 독일 등은 국경 간 결제 효율성 개선에 중점을 두고 있다. 이는 유럽연합의 단일 시장 통합이라는 대목표와 맞닿아 있다.

● **아시아 금융 허브의 적극적 연구:** 싱가포르는 비교적 이른 시기인 2016년부터 CBDC 관련 연구를 본격화했고, 지금까지 상당한 성과를 축적했다. 특히 프로젝트 유빈Ubin으로 금융기관 간 거래에 활용되는 도매형 CBDC의 타당성을 확인했으며, 현재는 프로젝트 오키드Orchid로 일반 소비자 대상 소매형 CBDC 연구를 진행 중이다. 또 싱가포르의 국제결제은행 혁신 허브가 주도하여 주요 국가 중앙은행과 함께 CBDC를 활용한 국제 간 송금 및 결제 방안을 적극적으로 모색하고 있으며, 글로벌 차원의 CBDC 표준화에 중추적 역할을 하고 있다.

홍콩 역시 CBDC와 관련된 연구를 지속적으로 활발하게 수행 중이다. 지난 수년 동안 블록체인 기반의 자산 토큰화 연구와 CBDC와 토큰화 자산의 융합 가능성을 꾸준히 탐색했다. 최근에는 금융기관 간 결제에 기관 전용 CBDC를 활용한 시스템 구축 및 표준화를 위한 실증 테스트를 진행하면서 관련 기술과 인프라 고도화에 박차를 가하고 있다.

● **미국의 급반전:** CBDC 도입과 관련해 가장 뚜렷한 입장 변화를 보인 국가가 바로 미국이다. 이전 바이든 행정부 시기에는 CBDC 도입을 위한 연구와 논의가 이루어졌지만, 트럼프 정부가 다시 들어서면서 이러한 흐름은 급격히 뒤바뀌었다. 현재 트럼프 행정부는 CBDC 발행이 개인의 자유와 프라이버시를 침해하는 정부 주도의 감시 수단이 될 가능성이 크다고 판단하며, 원칙적으로 발행을 금지하겠다는 강경한 입장을 표명했다. CBDC가 달러의 국제적 위상과 국가적 이익을 오히려 약화시킬 우려가 있다고 본 것이다.

이러한 미국 정부의 정책 전환은 이전부터 꾸준히 연구를 진행해온 연준의 신중한 접근 방식과도 다소 대조를 이룬다. 2016년부터 연준은 CBDC 도입의 필요성과 실효성을 탐색해왔지만, 개인 프라이버시와 보안 문제에 대한 우려 때문에 진행 속도가 상당히 느렸던 것이 사실이다. 트럼프 행정부는 이러한 문제를 더욱 부각하면서, CBDC 대신 민간이 주도하는 달러 기반 스테이블코인이나 비트코인 같은 암호화폐를 활성화시키는 쪽으로 전략적 무게 중심을 옮기고 있다.

하지만 화려한 계획에도 불구하고 현실은 그리 순탄치 않다. 2025년 2월 OMFIF_{Official Monetary and Financial Institutions Forum}와 Giesecke+Devrient가 34개 중앙은행을 대상으로 실시한 설문조사 결과, CBDC 발행 계획을 가진 중앙은행 중 약 31%가 규제 문제, 정책 우선순위 변화, 기술적 과제 등을 이유로 출시 계획을 연기한 것으로 나타났다. 이는 CBDC가 단순한 기술적 도전이 아님을 보여준다. 기술적 문제만 해도 만만치 않다. 사이버 보안, 시스템 안정성, 확장성, 상호 운용성 등 해결해야 할 과제가 산적해 있다. 여기에 법적·제도적 문제까지 더해지면 복잡성은 기하급수적으로 증가한다. 무엇보다 기존 금융 시스템과 충돌하지 않고 CBDC를 도입하는 것은 마치 비행 중인 비행기의 엔진을 교체하는 것과 같다.

전 세계적으로 진행되는 CBDC 실험을 종합해보면, 우리는 화폐 역사상 가장 큰 변화의 기로에 서 있다. 금속 화폐에서 종이 화폐로, 종이 화폐에서 디지털 화폐로 전환하는 일은 단순한 형태 변화가 아니라 경제 시스템 자체의 근본적 변화를 의미한다.

CBDC의 가장 큰 혁신은 통화 정책 전달 메커니즘의 변화이다. 현재 중앙은행이 기준금리를 조정해도 그 효과가 실제 경제에 전달되기까지는 상당한 시간이 걸린다. 은행들이 정책 의도대로 움직이지 않을 수도 있다. 하지만 CBDC를 통하면 중앙은행이 직접 시중에 유동성을 공급하거나 회수할 수 있다. 예를 들어, 경기 침체 시 중앙은행이 특정 조건을 만족하는 소비자에게 직접 디지털 화폐를 지급할 수 있다. 마치 재난지원금을 지급하듯 말이다. 심지어 사용 기한을 설정해 소비를 촉진하거나, 특정 업종에서만 사용하도록 제한할 수도 있다. 이는 기존 통화 정책의 한계를 뛰어넘는 혁신적 도구가 될 수 있다.

CBDC는 금융 소외 계층에 새로운 기회를 제공한다. 은행 계좌가 없어도 스마트폰만 있으면 금융 서비스를 이용할 수 있다. 하지만 CBDC의 가장 큰 과제는 프라이버시 보호이다. 모든 거래가 디지털로 기록되는 CBDC는 정부의 완벽한 감시를 가능하게 한다. 내가 어디서 무엇을 샀는지, 누구에게 돈을 보냈는지가 모두 기록된다. 현금이 제공하던 익명성은 완전히 사라진다. 중국은 이미 사회 신용 시스템과 연계해 개인의 모든 경제 활동을 감시하고 있다. 디지털 위안화는 이런 감시체계를 더욱 정교하게 만들 수 있다. 정부가 마음만 먹으면 특정 개인의 화폐 사용을 제한하거나 차단할 수도 있다. 이는 권위주의 정부에는 매력적인 도구이지만, 민주주의 사회에서는 받아들이기 어려운 위험이다. 이 때문에 대부분의 민주주의 국가에서는 '프라이버시 보호형 CBDC' 설계에 고심하고 있다. 완전한 익명성은 불법 활동에 악용될 수 있지만, 그렇다고 모든 거래를 감시할 수는 없다. 이 딜레마를 어떻게 해결하느냐가 CBDC 성공의 핵심 열쇠가 될 것이다.

또 CBDC는 기존 금융 시스템을 완전히 대체하는 것이 아니라 보완하는 역할을 할 가능성이 높다. 은행들은 처음에는 CBDC를 위협으로 인식할 수 있지만, 실제로는 새로운 기회가 될 수도 있다. CBDC를 활용한 새로운 금융 상품과 서비스가 등장할 수 있기 때문이다. 예를 들어, 스마트 계약 기능이 내장된 CBDC로 조건부 결제, 자동 대출 상환, 보험금 자동 지급 등이 가능해질 수 있다. 이는 금융 서비스의 효율성을 크게 높이면서도 새로운 비즈니스 모델을 창출할 수 있다.

국제결제은행의 조사에 따르면 향후 10년 내 CBDC를 유통시킬 것으로 예상되는 신흥국과 선진국이 24개 중앙은행에 달할 것으로 전망된다. 하지만 그 형태와 범위는 국가마다 다를 것이다. 중국처럼 범용 CBDC를 적극 추진하는 국가가 있는 반면, 미국처럼 도매형에 국한하거나 아예 도입하지 않는 국가도 있을 것이다. 유럽은 통합적 접근을, 아시아 금융 허브들은 국제결제 효율성에 중점을 둘 것으로 보인다.

무엇보다 중요한 것은 CBDC가 화폐의 미래가 아니라 화폐의 현재라는 점이다. 이미 시작된 변화에 어떻게 대응하느냐가 각국의 금융 주권과 경쟁력을 결정할 것이다. 한국도 신중하면서도 적극적인 준비로 디지털 화폐 시대를 선도해야 할 것이다.

스테이블 코인에서 CBDC로

스테이블 코인에서 시작된 이야기가 CBDC에 이르러 새로운 차원으로 발전했다. 민간에서 시작된 화폐 혁신이 이제 국가 차원의 화폐 개혁으로 확산하고 있는 것이다. 처음 스테이블 코인이 암호화폐의 변동성 문제를 해결하려고 등장했다면, CBDC는 디지털 시대에 맞는 새로운 국가 화폐 시스템을 구축하려고 등장했다. 둘 다 안정성을 추구한다는 공통점이 있지만, 그 안정성의 근거는 다르다. 스테이블 코인은 기술과 시장 메커니즘에 의존하는 반면, CBDC는 국가의 신용과 권력에 기반한다.

전통 금융기관에게 CBDC는 위기이자 기회이다. 중앙은행이 직접 개인에게 디지털 화폐를 공급할 수 있게 되면 은행의 중개 역할이 약화될 수 있다. 하지만 동시에 CBDC를 활용한 새로운 금융 서비스와 상품 개발 기회도 열린다. 핵심은 변화에 얼마나 빠르게 적응하느냐이다.

개인에게 CBDC는 편의성과 프라이버시 사이의 선택을 의미한다. 더 빠르고 편리한 결제, 더 나은 금융 서비스를 얻는 대신 금융 프라이버시의 일부를 포기해야 할 수도 있다. 이 선택은 각 사회가 추구하는 가치와 철학에 따라 달라질 것이다.

종합해보면, 디지털 자산은 이제 더는 선택이 아니라 생존 문제로 여겨진다. 각국 중앙은행은 저마다의 목적과 우선순위에 따라 속도는 다르지만 디지털 화폐 시대에 대비하려는 움직임을 보인다. 일부는 이미 현실화 단계에 접어들었고 일부는 탐색 단계에 머물러 있지만, 분명한 점은 전 세계 금융의 지형이 CBDC의 영향으로 서서히 변하고 있다는 사실이다. 앞으로도 민간 스테이블코인과 중앙은행 CBDC가 공존하며 경쟁하고 보완하면서 전통 금융의 모습도 지금과 많이 달라질 것이다. 중앙은행들이 과연 신뢰성과 혁신 두 마리 토끼를 잡아, 디지털 시대에 걸맞은 새로운 화폐 패러다임을 성공적으로 구축할 수 있을지 귀추가 주목된다.

스테이블코인의 글로벌 패권 구조와 미국의 전략적 계산

스테이블코인을 통한 달러 패권 강화 메커니즘

스콧 베선트 미국 재무장관은 2025년 3월 "미국은 스테이블코인을 활용해 세계 준비통화로서 달러의 역할을 보존하고 미국 국채에 대한 순신규 수요를 촉진할 것"이라고 밝혔다. 미국 정부의 연방부채는 약 36조 달러(2025년 5월 기준)인데, 이를 관리하는 정부로서는 달러 패권 유지 및 국채에 대한 신규 수요 창출 기회가 전략적으로 매우 중요할 수밖에 없다.

이러한 미국의 전략적 기회를 뒷받침하는 달러 패권 강화 메커니즘의 요소를 살펴보자. 첫째는 스테이블코인이 달러의 '디지털 분신'으로서 역할한다는 것이다. 누구나 인터넷상에서 달러에 연동된 스테이블코인을 손쉽게 매수하고 전송할 수 있어, 기존에 달러에 접근하기 어려웠던 신흥국의 국민까지도 디지털 달러를 결제수단으로 활용하고 있다. 올해 3월 발표된 빗소 보고서에 따르면, 2024년

라틴아메리카에서는 비트코인보다 스테이블코인을 구매하는 비율이 높아졌고, 아르헨티나 등 인플레이션 국가에서는 가치가 안정적인 미국 달러에 연동된 스테이블코인(USDT·USDC 등) 선호가 특히 두드러졌다. 이는 달러 기반 스테이블코인이 불안정한 현지 통화를 대신해 디지털 달러로 통용되며, 그 결과 달러화의 영향력이 그 나라의 금융과 경제 시스템에까지 확대됨을 의미한다. 이는 미국 외 국가에서 자국 통화정책의 영향력을 약화시키는 결과로 이어질 것이고, 자국 통화의 수요 또한 점차 감소시켜 통화정책의 효용을 약화시킬 수 있다. 연준의 금리 변동이 자국 경제에 직접적인 영향을 미치게 되는 반면, 자국의 기준금리 정책은 자국 내에서조차 작동하기 어려울 수 있다.

둘째는 탈중앙화 금융을 비롯한 블록체인 경제에서 거래 마켓의 기준통화로서의 역할이다. 이미 글로벌 디지털 자산 거래소와 탈중앙화 금융 프로토콜에서는 법정통화 대신 스테이블코인이 거래 마켓의 기준통화로 쓰이고 있다. 달러가 국제 금융거래에서 기축통화로서 지급결제 역할을 맡고 있다면, 디지털 자산시장에서는 달러 스테이블코인이 그 역할을 담당하게 된 것이다. 2025년 5월 코인게코에 따르면 OKX 거래소는 USDT 85.32%, USDC 3.45%로 달러 스테이블코인이 전체 거래 대금의 89%를 차지하고, 바이비트 거래소는 USDT 86.32%, USDC 4.24%로 90%를 상회한다. 요컨대 암호화폐 시장에서는 달러화 자체보다 달러 기반 스테이블코인이 핵심 결제 수단으로 통용되고 있으며, 이로써 달러의 가치표시 단위가 블록체인 경제 전반에 침투하고 있다.

셋째는 미국이 가장 중요하게 생각하고 있는 미국 국채 수요를 증가시키는 역할이다. 현재 주요 스테이블코인은 달러화를 담보로 미국 재무부 발행 국채 등 안전자산에 투자하는데, USDT와 USDC가 준비자산으로 보유한 미국 국채만 1,518억 달러에 달한다. 이는 달러화에 대한 글로벌 수요를 떠받치는 요소로 작용한다. 금융분석 기관들은 스테이블코인 시장이 성숙함에 따라 이러한 미국 국채 수요가 기하급수적으로 증가할 것이라고 전망한다. 그렇게 되면 오늘날 일본이나 중국 등을 뒤로하고 스테이블 코인 발행사가 미국 국채 시장의 큰손이 될 수도 있다. 다시 말해 스테이블코인을 통한 달러 공급 확대가 미국 국채 수요 증가로 이어지는 순환 구조가 형성되어, 장기적으로 달러화의 국제적 지위와 금융 패권을 지탱하는 새로운 축이 될 수도 있는 것이다.

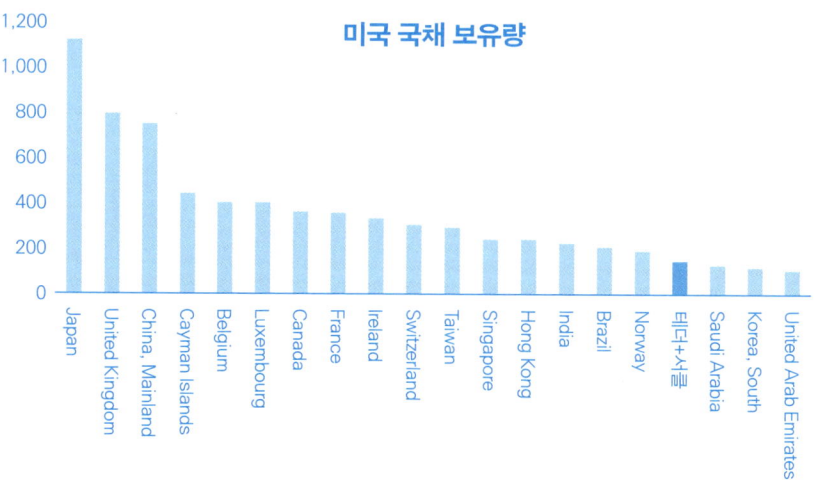

4월 기준 미국 국채 보유 순위(출처: treasury.gov)

탈달러화 움직임에 대한 스테이블코인의 대응력

　달러 패권에 도전장을 내민 중국 외에 러시아, 중동 등 일부 국가는 무역 결제 통화를 다변화하거나 공동 통화를 별도로 모색하는 등 달러 중심 국제경제 질서에서 벗어나고자 노력해왔다. 21세기 들어 달러 의존도를 줄이려는 탈달러화 움직임이 계속되어온 것이다.

　그런데 스테이블코인 자체는 탈달러화 흐름에도 부합하는 대응력이 있다. 스테이블코인이 본질적으로 민간 부문의 수요에 따라 탄력적으로 통화 구성을 바꿀 수 있는 디지털 그릇이기 때문이다. 현재는 달러 패권이 유지되는 상황에서 달러 기반 스테이블코인이 시장을 선점하고 있지만, 달러의 위상이 약화될 경우 스테이블코인 발행자는 시장 수요에 맞춰 유로나 엔화, 심지어 금Gold 등 대체 자산에 연동된 새로운 스테이블코인을 얼마든지 내놓을 수 있다. 실제로 테더는 달러 외에 유로에 연동된 EURT, 중국 위안화에 연동된 CNHT, 금에 연동된 XAUT 등을 발행하여 사업 영역을 넓히고 있으며, 서클도 유로 연동 스테이블코인(EUR-C)을 출시했다. 비非달러 기반 스테이블코인의 규모가 아직은 미미하지만, 향후 어떠한 이유로든 유로화나 위안화 결제 수요가 늘어난다면 발빠른 민간 발행자들이 해당 통화에 연동된 스테이블코인을 공급함으로써 시장을 확대해나갈 수 있다. 다시 말해 탈달러화 국면에서도 스테이블코인 자체의 존재감이 줄어들기보다는 오히려 통화 다변화를 흡수하는 방향으로 진화할 수 있다.

　다만 현실적으로 달러 연동 스테이블코인의 네트워크 효과를 단기간에 따라잡기는 쉽지 않아 보인다. 러시아는 국제결제망 제재에 대응하려고 2024년 국제 무역 결제에 디지털 자산 사용을 허용했는데 주요 석유 회사는 비트코인, 이더리움, USDT를 활용하는 것으로 나타났다. 달러에 대한 현실적 수요가 달러 기반 스테이블코인을 통해 우회적으로 충족되면, 탈달러화를 표방하는 국가라도 그 정책의 실효성은 낮을 수밖에 없다. 스테이블코인은 탈달러화 흐름조차 담아낼 수 있는 디지털 그릇이지만, 역으로 달러 수요를 쉽게 충족시켜 달러의 네트워크 효과를 더 견고하게 만들 수도 있는 것이다. 또 앞서 언급했듯 스테이블코인의 준비자산은 대부분 미국 국채 등으로 운용되므로, 각국 중앙은행이 탈달러화 일환으로 미국 국채를 매도해도 달러 스테이블코인 발행사의 새로운 수요가 그 몫을 메워주는 양상이 나타날 수 있다. 이 경우 달러 패권을 떠받치는 유동성 공급원과 자금순환 경로가 기존 정부와 은행이라는 제도권 채널에서 스테이블코인 네트워크라는 민간 채널로 대체될 수는 있지만, 그것이 곧 탈달러화 성공을 의미하지는 않는다.

결론적으로, 탈달러화 흐름 속에서도 스테이블코인의 적응력은 매우 높아 달러 패권에는 오히려 유리한 방향으로 작용할 수 있다. 다만 각국 정부의 규제 정책은 변수라 하겠다. 예를 들어 유럽연합은 비유로화 스테이블코인의 대규모 사용을 법으로 제한함으로써 (가상자산시장 규제안 Article 23(1): 하루 100만 건 거래 또는 2억 유로 초과 시 발행중단 조치) 자국 통화 주권을 지키고자 한다. 일본도 통화 경쟁력을 유지하고자 자국 통화 스테이블코인 발행을 일찍이 허용했다. 향후 스테이블코인의 통화 구성과 역할은 국가별 규제 정책에 영향을 받겠지만, 민간이 주도하는 기술 혁신이라는 속성상 시장 수요에 발 빠르게 대응하는 스테이블코인은 지속적인 수요를 창출하며 확산될 것으로 보인다.

CBDC와 스테이블코인의 상호 보완 관계

CBDC와 스테이블코인은 정책적 경쟁 관계로도 묘사되지만, 실상은 적절한 역할 분담으로 상호 보완 관계를 형성할 수 있다. CBDC는 중앙은행이 직접 발행하는 디지털 법정통화로서 절대적

	(법정화폐 담보) 스테이블코인	CBDC
발행 주체	민간기업(Circle)	중앙은행(공공부문)
법정화폐 연동성	1:1 연동 (USDC는 달러 연동, 준비자산 기반)	실제 중앙은행 계좌 기반 디지털 화폐
인프라 활용	민간 금융시장 인프라 (ICE의 거래소, 청산소 등)	중앙은행 간 네트워크 또는 분산원장 기반
규제 적용	FinCEN, MiCA 등	국가별로 상이
활용 대상	기관 및 기업 중심, 점차 확장 중	금융기관 중심 (B2B 결제, 증권결제, 외환결제 등)
위험요소	발행기관 신용위험, 규제 불확실성	국가 보증, 규제 명확
기술 특징	블록체인 기반 토큰, 스마트 컨트랙트 가능	분산원장 또는 하이브리드 시스템 가능

스테이블코인과 CBDC 비교(출처: 자본시장포커스)

안정성과 신뢰를 갖지만, 기술 혁신과 사용자 서비스 측면에서는 민간이 발행하는 스테이블코인만큼 기민하게 대응하기 어렵다. 그런 반면 스테이블코인은 민간의 창의적 금융 서비스와 결합하여 새로운 시장과 수요를 개척하지만, 가치의 최종적 안정성은 결국 기초가 되는 CBDC와 발행인의 운용투명성에 의존할 수밖에 없다.

표에서 보듯 CBDC와 스테이블코인은 상호 보완적인 강점을 지닌다. CBDC는 중앙은행이 직접 발행하므로 법적 지급능력과 신뢰도가 최고 수준이며 통화정책에 연계될 수 있다. 스테이블코인은 이종 블록체인 간 이동성과 탈중앙화 금융 연계 등 개방형 혁신 플랫폼에서 활용하기에 적합하고, 사용자 친화 인터페이스와 부가 서비스 측면에서 다양성을 제공한다. 이러한 특징은 CBDC와 스테이블코인을 이분법적 택일 관계로 삼기보다는 병행 발전시키는 방향을 고민하게 한다. 특히 소매 서비스를 중앙은행이 직접 제공하기보다 민간이 주도하도록 하고, 중앙은행은 신뢰 기반을 제공하는 이원체계가 바람직하다는 논의에 따라 공공과 민간 디지털 화폐의 분업 모델이 부상하고 있다.

유럽연합은 2023년 가상자산시장 규제안을 제정해 민간 스테이블코인을 전면 규율하면서, 한편으로는 디지털 유로 CBDC 도입을 준비하는 투트랙 전략을 구사하고 있다. 일본은 2023년부터 엔화에 연동된 스테이블코인을 은행 등에서 발행하도록 허용하는 동시에 일본은행은 디지털 엔 CBDC 실증을 별도로 진행하고 있다. 일본 정부는 민간이 발행하는 엔화 스테이블코인으로 결제 혁신을 촉진하면서도, 시스템 리스크 발생 시 중앙은행이 CBDC로 백업할 수 있도록 이중 안전망을 갖추고자 한다.

그러나 CBDC와 스테이블코인을 병행 발행하는 데는 해결해야 할 과제도 적지 않다. 대표적으로 금융안정성 이슈가 있다. 민간 스테이블코인은 은행 예금 등 기존 통화 공급을 부분적으로 대체할 수 있으므로 중앙은행의 통화정책 전파 경로를 교란시킬 위험이 있다. 이에 대응하여 일부 전문가는 공개적으로 인가받은 민간 스테이블코인에 한해 중앙은행 예치금과 1:1로 교환을 보장하는 방안을 제안하기도 한다. 이는 중앙은행이 민간 스테이블코인의 준환금성을 보증하여 CBDC와 유사한 신뢰를 부여하되, 운영은 효율성이 높은 민간이 맡게 하는 절충안이다.

또 미국처럼 CBDC에 부정적인 견해를 보이는 국가도 있다. 트럼프 2기 행정부는 지난 1월 CBDC가 개인의 사생활 침해와 국가의 주권 약화 등 위험을 초래한다며 바이든 정부의 기존 'Ensuring Responsible Development of Digital Assets(디지털 자산의 책임 있는 개발 보장) 행정명령(Executive Order 14067)'을 철회하고 새로운 행정명령을 통해 CBDC의 개발, 발행, 유통, 사용을 금지했다. 이어 민간 스테이블코인의 법적 지위, 발행자 규제, 발행된 스테이블코인에 대한 충분한 준비자산 보유 의무화 및 달러 기반 스테이블코인 발행에 허용되는 준비자산 한정, 이용자 보호를 위한 투명한 감사 및 공시 절차 등을 명시한 GENIUS Act가 미국 상원을 통과했다. 즉 CBDC가 아닌 민간 기반 스테이블코인이 전통 금융의 디지털 인프라에서 사용될 수 있다는 시장 확대 가능성을 시사하는 것이다.

현재 한국에서는 민간을 중심으로 원화 기반 스테이블코인 발행에 높은 관심이 쏠리고 있다. 한국은행은 그간 국제결제은행 중심의 CBDC 개발 프로젝트에 참여해왔고 얼마 전 '프로젝트 한강'으로 일반 사용자의 실거래 테스트를 진행한 바 있다. 한국은행은 그간 CBDC 발행을 위한 논의에 집중해왔고, 스테이블코인이 발행되고 시장이 성장하면 통화 정책에 영향을 미칠 수 있어 규제가 필요하다는 입장을 지속적으로 밝혀왔다. 2025년 6월 집권한 새 정부는 원화 기반 스테이블코인 발행을 디지털 자산 분야 공약으로 제시했고, 이에 대한 시장의 기대는 카카오페이, 네이버페이 등 관련주로 평가되는 주식 가치의 급격한 상승으로 명확하게 드러나고 있다. 새 정부의 정책이 민간 스테이블코인과 공공 CBDC의 공존 모델을 택할지, 미국의 스테이블코인 모델을 택할지, 중국 등과 같이 CDBC 모델에 집중할지에 디지털 자산시장의 모든 이목이 집중되어 있다고 해도 과언이 아니다. 아마도 새 정부의 고민점은, 중앙은행이 기존 역할인 신뢰성 보증과 최종결제 기능을 유지하면서도 혁신과 편의성의 전초기지로서 민간의 역할을 최대로 끌어올려 양자가 결합된 디지털 자산 생태계를 만드는 구상일 것이다.

궁극적으로 각국의 정책 목표는 인터넷 속도에 맞춘 돈의 이동이라는 초국경적인 수요를 해소하고 그에 대한 공급을 선점하는 데 있으며, 스테이블코인이 유용한 수단이 될 수 있다고 평가된다. CBDC와 스테이블코인의 유용성과 상호 관계에 대해서는 각국 정책이 다른 판단을 보이고 있다. 신뢰를 기반으로 투명성을 확보하면서도 혁신을 기반으로 효율성을 제고하는 디지털 금융 생태계 조성을 위한 정책적 고심이 깊은 시점이다.

3부

미국 금융 전략의 지정학적 함의

디지털 냉전: 블록체인 위의 통화 전쟁

　21세기 중반에 접어들면서 세계 패권 경쟁은 새로운 무대로 옮겨가고 있다. 20세기 냉전 시대의 핵무기와 이데올로기 대결이 오늘날에는 디지털 금융과 통화 시스템의 경쟁으로 재현되는 양상이다. 달러 중심의 전통 금융 체제에 도전하는 움직임과 블록체인 기술 위에서 탄생한 비트코인과 스테이블코인이 그 중심에 있다. 미국은 디지털 금융 질서의 새로운 표준을 만드는 룰세터가 되고자 전략적으로 움직이고 있고, 중국을 비롯한 경쟁 세력도 이에 맞서 고유의 디지털 통화 전략을 강화하고 있다. 이 장에서는 미국과 중국의 디지털 패권 경쟁 현실을 살펴보고, 미국이 추진하는 비트코인 전략 보유와 스테이블코인을 통한 새로운 금융 질서 모색을 분석한다. 또 강대국 사이에 낀 중견 국가들의 전략적 선택(일종의 '디지털 비동맹 운동') 가능성을 조명하고, 이러한 디지털 자산이 초래하는 사이버 보안과 국가 안보상의 딜레마를 살펴본다.

미국 vs 중국: 디지털 패권 경쟁의 현실

미국과 중국은 첨단 기술부터 무역, 군사에 이르기까지 다방면에서 패권 경쟁을 벌이고 있다. 디지털 통화 영역도 예외는 아니다. 미국은 기존의 달러 중심 국제금융망(국제결제망 체제, 달러 결제망 등)을 통해 압도적인 영향력을 행사하며, 이를 외교·안보 수단으로도 활용해왔다.

미국의 달러 결제망 활용 사례는 다수 존재한다. 2017년 트럼프 행정부는 북한의 대외 무역은행을 제재 리스트에 올려 국제 송금과 금융 거래를 차단했다. 2018년 이란 핵합의 탈퇴 후 이란 중앙은행과 주요 국영 은행을 국제 달러 결제망에서 차단해 원유 수출과 주요 금융 거래를 극도로 제한했다. 2022년 러시아의 우크라이나 침공 후에는 스베르방크 등 러시아 주요 은행을 국제결제망에서 퇴출시키고 중앙은행의 미국 내 외환보유고를 동결하는 조치를 취했다. 이러한 금융 패권에 도전하는 가장 큰 경쟁자가 바로 중국이다. 중국은 미국 주도의 달러 시스템을 탈피하고자 디지털 위안화를 개발하고, 자국 주도 결제망CIPS을 확산시키려 하고 있다.

블록체인 기반 민간 디지털 통화들이 미중 경쟁의 새로운 변수로 떠올랐다. 미국은 중앙은행이 발행하는 공식 디지털 달러 CBDC를 발행하지는 않았지만, 달러 연동 스테이블코인을 사실상 방치하거나 장려하는 방향으로 전략을 취해왔다. 미국에서 발행된 USDT, USDC 등의 스테이블코인은 이미 전 세계 암호화폐 시장과 제도권 금융의 접점에서 막대한 유통량을 기록하며 디지털 달러화를 촉진하고 있다. 나이지리아(GDP의 1/3을 USDT로 결제), 아르헨티나 등 자국 통화에 대한 신뢰가 낮은 국가에서는 국민이 현찰 대신 스테이블코인을 비상금이나 결제수단으로 활용하는 현상이 나타나고 있다.

중국은 이런 흐름을 좌시하지 않고 있다. 한편으로는 세계 최초로 CBDC를 도입하여 디지털 위안화의 자국 내 유통을 늘리고, 향후 자국 영향권 국가들과 교역하는 데 활용하려 한다. 다른 한편으로는 민간 암호화폐 단속으로 자본 유출을 막으려는 노력도 병행해왔다. 2017년부터 중국은 자국 내 비트코인 거래소를 폐쇄하고, 2021년에는 아예 암호화폐 채굴과 거래에 대해 전면 금지 조치를 취했다. 중국이 선택한 반격 카드는 홍콩 같은 회색지대 활용이다. 중국 본토에서는 암호화폐를 옥죄면서도, 일국양제 체제인 홍콩에서는 오히려 암호화폐 친화 정책을 펼치도록 묵인하고 있다. 2023년 홍콩 정부는 자국을 크립토 허브로 만들겠다고 선언하고, 암호화폐 거래소에 라이선스 제도를 시행하여 규제 아래 거래를 허용했다.

미국 역시 가만히 있는 것은 아니다. 미국 정책 입안자들은 스테이블코인과 비트코인을 중국을 견제하는 수단으로 활용할 수 있다는 점을 인식하기 시작했다. 스콧 베선트 미국 재무부 장관은 "중국은 환율 조작을 멈추고, 수출 주도 성장이 아닌 내수 중심으로 전환해야 한다."라며 중국의 금융 전략을 공개적으로 비판했고, 이러한 맥락에서 비트코인과 달러 스테이블코인이 중국의 금융 전략을 무력화할 미국의 무기가 될 수 있다고 언급했다. 중국 정부가 위안화 환율을 인위적으로 낮게 유지하며 수출 경쟁력을 높이는 데 대응하려 하면, 민간 부문의 힘으로 중국이 쥐고 있는 미국 국채를 받아줄

판을 만들 필요가 있다. 여기에서 스테이블코인이 유용한 도구가 된다. 달러 스테이블코인 시장이 현재의 10배나 20배 규모로 성장하면 중국이 보유 미국 채권을 시장에 던져도 민간에서 이를 소화할 능력이 생긴다는 분석이 나오고 있다. 실제로 달러 스테이블코인은 블록체인상 국경 없이 돌아다니는 달러와 같아서, 중국이 국채를 매도하더라도 전 세계 투자자가 스테이블코인을 발행해 그 물량을 흡수하고 결과적으로 미국 국채 수요를 지탱할 수 있다는 계산이다. 다시 말해 스테이블코인이 충분히 커지면 미국은 중국의 국채 매각에 흔들리지 않는 민간 방파제를 확보하는 셈이 된다. 이는 최근 들어 미국이 스테이블코인 법제화에 적극 나서는 이유를 설명해준다.

비트코인 전략보유와 스테이블코인이 만드는 새로운 금융 질서

현재 진행 중인 디지털 통화 전쟁을 이해하려면 미국이 어떠한 역사적 맥락에서 전략을 펼치고 있는지 살펴봐야 한다. 미국은 20세기 대부분을 달러 패권 아래 지냈다. 1944년 브레튼우즈 체제(이 장의 끝에 설명)를 통해 달러를 금본위제로 묶어 기축통화 지위를 확보했고, 1971년 금 태환 중지 이후에는 페트로달러 Petrodollar 시스템으로 달러의 기축 지위를 유지했다. 페트로달러 체제에서는 석유 등 주요 원자재 거래를 달러로 결제해야 하므로 세계 각국이 달러를 벌기 위해 미국과 교역하고, 벌어들인 달러를 다시 미국 국채 등 안전자산에 재투자하는 순환 구조를 만들었다. 달러의 글로벌 수요를 유지하는 한편, 미국 재정 적자를 지속적으로 펀딩해주는 이 메커니즘 덕분에 미국은 쌓여도 문제되지 않는 적자의 특권을 누려왔다. 그러나 21세기 들어 중국 등이 부상하면서 이런 달러 체제에 균열 조짐이 나타났다. 러시아, 이란 등 일부 국가는 원유 대금을 위안화나 루블화로 결제하려고 시도했고, 브릭스 신흥국 연합은 자체 공동결제 통화 구상을 발표하는 등 탈달러화 움직임이 가속화되었다. 이러한 도전에 직면한 미국이 선택한 대응 중 하나가 바로 디지털 달러의 확장, 즉 민간 스테이블코인을 통한 달러 영향력 극대화 전략이다.

    스테이블코인을 통한 달러 패권 강화 메커니즘은 비교적 단순하면서도 강력하다. 앞서 언급했듯 스테이블코인 발행사는 사용자에게 달러를 받고 같은 가치의 토큰을 블록체인에 발행해준다. 핵심은 이렇게 예치받은 달러의 활용이다. 일반 기업이 예금 등으로 모집한 달러를 멋대로 운용하면 무허가 은행 행위로 제재받지만, 스테이블코인 발행사가 그 돈으로 미국 국채를 사는 것에는 사실상 미국 정부가 눈감아주고 있다. 그 덕분에 시중 스테이블코인은 막대한 준비금을 미국 재무부 채권에 투자해 수익을 내고 있는데, 예컨대 최대 스테이블코인인 USDT는 매 분기 미국 국채 이자로 약 12억 달러에 달하는 수익을 얻는다고 추정된다. 이는 세계 최대 자산운용사 블랙록의 분기 실적에 맞먹는 수준이며, 땅 짚고 헤엄치기식 수익 모델이라는 평가도 나온다. 바로 이 점에서 미국의 지정학적 의도가 엿보인다. 스테이블코인을 통해 글로벌 시장에서 달러 토큰 수요를 늘리면, 자연히 미국 국채 수요가 함께 창출된다. 달러 패권이 디지털 시대에 더욱 강화되는 동시에, 미국 재정에 도움이 되는 방향으로 굴러가는 것이다. 실제로 미국 공화당계 싱크탱크들은 스테이블코인이 달러 패권을 연장시켜줄 수 있는 혁신이라며 노골적으로 찬사를 보내고 있다. 크리스토퍼 월러 Christopher Waller 미국 연준 이사도 "스테이블코인이 달러의 기축통화 지위를 공고히 하는 데 도움이 될 것"이라고 언급했다는 보도가 있다. 한마디로 미국은 스테이블코인을 달러의 디지털 분신으로 적극 활용하여 국제 금융 규칙을 주도하려는 전략적 노선을 분명히 하고 있다.

미국은 최근 비트코인을 '국가 전략자산'으로 활용하는 방안을 추진하고 있다. 전략자산이란 국가가 안보나 경제적 이익을 위해 필수로 보유하는 자산이다. 미국은 이미 비트코인 약 21만 개를 보유해 전 세계 국가 중 비트코인이 가장 많다. 이러한 선도적 지위를 활용하면 디지털 금융 패권 경쟁에서 우위를 점하고 국가 안보를 강화할 수 있다고 보는 것이다. 미국은 왜 하필 비트코인을 국가 전략자산으로 선택하려 할까? 비트코인은 어느 특정 국가가 통제하지 않는 탈국가적이고 글로벌한 결제 네트워크를 가지고 있다. 이 말은 전 세계 어디서나 정부 개입 없이 거래를 할 수 있다는 의미이다. 또 정부나 기관이 자의적으로 거래를 차단하거나 감시할 수 없다는 검열 저항성도 지닌다. 비트코인의 이런 특성 때문에 미국이 이를 전략적으로 수용하면 중국이 구축하려는 폐쇄망보다 우위에 설 수 있다고 판단한 것으로 보인다.

비트코인 전략보유의 배경에는 여러 가지 의도가 깔려 있다. 우선 인플레이션 헤지와 부채 관리 측면에서 비트코인을 금과 유사한 가치 저장 수단으로 삼겠다는 계산이다. 미국은 2020년대 들어 팬데믹 부양책 등으로 천문학적인 재정을 풀면서 누적 부채와 인플레이션 압박에 직면했다. 만약 비트코인 가치가 향후 수십 년간 계속 상승한다면 보유한 비트코인이 국가부채를 상환하거나 재정에 보탬이 되는 비상자금 역할을 할 수 있다. 둘째는 기술 패권 경쟁 우위 확보이다. 중국, 러시아 등 경쟁국이 비트코인을 공식 통화로 채택하거나 자국 통화 기반을 잠식당할 경우에 대비해, 미국이 한발 앞서 비트코인에 대한 지배력을 확보하려는 것이다. 나아가 비트코인은 글로벌 디지털 자산시장의 흐름을 파악하고 통제하는 데도 유리한 도구가 될 수 있다. 예컨대 이란, 북한, 러시아처럼 미국의 제재 대상 국가들은 전통적인 달러 결제망에서 벗어나려고 시도해왔고, 실제로 암호화폐를 통해 거래를 우회하기도 한다. 미국이 비트코인의 흐름을 면밀히 모니터링하고 관리하면, 이런 국가들의 자금 이동을 파악하고 대응하는 데 훨씬 효과적일 수 있다. 실제로 러시아는 국제 무대에서 자국산 원자재를 비트코인으로 거래하거나, 러시아 채굴자들이 캔 비트코인을 해외로 팔아 수입대금을 결제하는 방식을 검토한 바 있다. 따라서 미국이 비트코인 시장의 큰손이 된다면 러시아 등의 금융 제재 회피 시도를 상당 부분 무력화할 수 있을 것으로 본다.

비트코인은 채무가 없는 자산이다. 달러나 미국 국채는 외국, 특히 중국과 같은 경쟁국이 상당 부분 보유하고 있어 자칫 미국 경제에 위협이 될 수 있지만, 비트코인은 달러와 달리 특정 국가에 종속되지 않고 채무 형태도 아니다. 즉, 미국이 비트코인을 많이 축적할수록 외국 자본에 대한 경제적 의존도와 취약성을 줄일 수 있다는 점에서 국가 경제와 안보에도 전략적으로 중요한 수단이 될 수 있다는 것이다. 민간투자자와 기관투자자 유입 추세도 중요한 배경이다. 2024년 1월 미국 증권거래위원회가 사상 처음으로 비트코인 현물 ETF를 무더기 승인하면서 뉴욕증시에 비트코인 ETF 10여 개가 상장되는 역사적 전환점이 찾아왔다. 이로써 그동안 암호화폐 거래소에서만 거래되던 비트코인을 이제는 일반 주식 계좌로도 투자할 수 있는 길이 열렸고, 각 주의 공적 연금기금도 ETF로 비트코인에 간접 투자할 수 있게 되었다. ETF 승인 후 미국 시장에는 신규 자금 수십억 달러가 비트코인으로 유입되었다. 특히 세계 최대 자산운용사 블랙록이 주도한 비트코인 ETF가 불러일으킨 기관 자금의 러시는 미국이 글로벌 비트코인 금융의 중심지로 도약하는 촉매가 되었다. 이러한 흐름은 비트코인의 가치와 신뢰도를 높이고, 미국 금융시장을 통해 전 세계 자금이 비트코인에 유입되는 결과를 낳았다. 이로써 미국은 글로벌 디지털 자산시장의 중심지로 자리 잡게 되었다. 또 전략적으로 비축한 비트코인의 가치가 앞으로 수십 년 동안 상승한다면, 이는 미국의 국가 재정과 경제에도 큰 보탬이 될 것이다.

결국 미국이 비트코인을 국가 전략자산으로 수용하는 움직임에는 단순한 투자나 자산 축적을 넘어 새로운 디지털 금융 시대의 주도권을 확보하고 국가 안보를 강화하려는 지정학적 전략 의도가 담겨 있다고 볼 수 있다. 마치 20세기 미국이 금 보유고로 패권을 장악했듯, 21세기 미국은 비트코인 보유고로 새로운 금융 질서의 주도권을 쥐려는 그림이다.

중간국들의 선택: 디지털 비동맹운동의 가능성

강대국들의 디지털 통화 패권 다툼 속에서, 미국과 중국 어느 한쪽에 속하지 않는 중간국들은 어떤 선택을 할 수 있을까? 냉전 시기에 인도, 유고슬라비아 등이 주창했던 비동맹운동처럼, 디지털 금융 시대에도 어느 블록에도 속하지 않고 자율적인 통화 노선을 추구하려는 국가들의 움직임이 나타날 가능성이 있다. 이른바 '디지털 비동맹운동'이다.

한 축은 암호화폐 우호 국가들이다. 동유럽과 남미, 아시아 일부 국가에서는 미국의 금융 제재나 달러 시스템에 피로감을 느끼거나 자국 통화의 가치 급락을 경험한 나머지 비트코인 자산화를 국가 전략으로 고려하는 사례가 나타나고 있다. 대표적으로 엘살바도르는 비트코인을 법정화폐로 삼아 달러 의존을 줄이고 독자 노선을 걷겠다는 의지를 보였다. 브라질, 아르헨티나 등 남미의 주요국도 일시적으로나마 비트코인을 외환보유고나 교역 결제에 활용하는 방안을 논의한 바 있다. 2023년 초 브릭스 정상회의에서는 미국 달러 대안으로 금 또는 암호화폐로 담보되는 새로운 결제 단위가 제안되기도 했다. 인도 등 전략적으로 중립을 지향하는 국가에서는 미국산 스테이블코인이나 중국 디지털 위안 어느 쪽에도 치우치지 않고, 자국 CBDC와 민간 암호화폐의 혼용 전략을 펼칠 가능성이 있다. 인도는 루피화 기반 디지털 루피(CBDC)를 시범 운영하는 한편, 디지털 자산에 과세와 규제를 도입했다.

또 다른 축은 크립토 우호 국가들이다. 싱가포르, 스위스, 아랍에미리트, 홍콩 등이다. 이들은 전통적으로 금융 허브 역할을 해온 국가로서 디지털 자산 분야에서도 글로벌 자금과 기업을 유치하려고 비교적 열린 정책을 추구한다. 흥미로운 점은 이들 국가와 지역이 미중 패권 경쟁에서 미묘한 위치라는 것이다. 싱가포르는 2019년 세계 최초로 암호화폐 사업자 라이선스 제도를 도입해 합법 거래를 활성화했고, 스위스의 추크주는 '크립토 밸리'로 불릴 만큼 블록체인 스타트업 수백 곳이 몰려 있다. 아랍에미리트는 두바이에 암호화폐 규제 자유구역을 만들어 전 세계 거래소와 핀테크 기업의 지역 본부가 속속 들어서고 있다.

다만 이러한 시나리오는 어디까지나 가능성일 뿐 현실적인 제약 또한 존재한다. 첫째, 비트코인이나 글로벌 스테이블코인은 가치 변동성과 기술적 불확실성이 아직 크기 때문에, 중견국들이 섣불리 자국 금융의 근간을 그것에 의존하는 것은 위험하다. 둘째, 미국과 중국이 자국 진영에서 이탈하려는 움직임을 좌시하지 않을 가능성이 높다. 셋째, 기술 표준과 인프라 측면에서 중간국들이 독자 생태계를 꾸리기가 쉽지 않다.

결국 디지털 비동맹운동은 태동하고 있으나, 그것이 국제 금융의 패러다임 전환으로 이어질지는 미지수이다. 다만 한 가지 분명한 점은, 과거처럼 하나의 기축통화와 일극 패권이 지배하는 시대는 저물고 있다는 것이다. 미국과 중국의 경쟁 사이에서 다수 국가는 자국의 이익을 극대화하고자 여러 통화와 네트워크를 실용적으로 활용하는 멀티홈 multi-home 전략을 구사할 것이다. 예컨대 인도는 교역 상대에 따라 달러, 위안, 루피, 비트코인을 가리지 않고 쓰려 할 수 있고, 브라질은 자국 CBDC와 미국 승인 스테이블코인을 모두 허용하면서 달러 의존도를 줄이려 할 수 있다. 이러한 다원화된 통화 질서가 현실화되면, 미중 어느 쪽도 상대를 완전히 압도하지 못하는 균형 상태가 올 수도 있다. 디지털 냉전은 때때로 교착 상태에 빠지겠지만, 이는 오히려 중간국들에는 어느 정도 전략적 자율성 공간을 제공할 수 있을 것이다. 21세기판 비동맹운동은 블록체인 네트워크 위에서 은밀히 전개되고 있다.

브레튼우즈 체제

브레튼우즈 체제는 제2차 세계대전 말기인 1944년 7월, 미국 뉴햄프셔주 브레튼우즈에서 열린 국제 회의에서 44개국이 합의한 국제 통화 체제이다. 이후 약 30년 동안 세계 경제 질서를 지배했다.

1930년대 대공황으로 세계 경제가 혼란에 빠지자, 각국은 자국 경제를 보호하려고 관세 장벽을 높이고 경쟁적으로 자국 화폐의 가치를 절하하는 '근린궁핍화 정책'을 펼쳤다. 이는 세계 무역을 급격히 위축시켜 불황을 더욱 악화시키는 악순환을 불러왔다. 이러한 경험을 바탕으로 각국은 국제적 협력과 안정적인 통화 제도가 필요하다는 교훈을 얻었고, 전쟁 말기인 1944년 새로운 합의를 마련했다.

브레튼우즈 체제는 각국 통화의 가치를 금에 연계한 금본위제와 달러 중심 체제를 결합한 형태였다.

- **달러-금 태환 체제:** 미국 달러는 유일하게 금과 직접 교환할 수 있는 통화였다. 미국은 금 1온스 = 35달러 비율로 달러를 언제든 금과 바꿔줄 것을 약속했다. 다른 나라들은 자국 통화의 가치를 달러에 고정시키는 방식으로 금에 간접적으로 연결되었다.
- **고정환율제:** 모든 참가국은 자국 통화의 가치를 달러에 고정된 일정한 비율로 유지해야 했다. 원칙적으로 1% 이내의 변동만 허용되어 각국의 무역이 예측 가능해졌고, 국제 무역과 투자가 활발히 이뤄질 수 있는 환경이 마련되었다.
- **국제기구 설립:** IMF는 각국의 경제적 어려움 시 자금 지원과 환

율 안정을, 세계은행은 전후 재건과 개발도상국 지원을 위한 장기 자금 제공을 담당했다.

브레튼우즈 체제는 1950년대와 1960년대 전후 세계 경제 성장의 기초가 되었다. 환율 안정과 자유 무역 확산 덕분에 전 세계 무역 규모가 급격히 성장했고, 이 시기를 '자본주의의 황금시대'라고 부르기도 한다. 그러나 시간이 지나면서 트리핀 딜레마라는 근본적 한계가 드러났다. 미국이 전 세계에 달러를 공급하려면 무역 적자를 유지하며 달러를 지속적으로 해외로 내보내야 했다. 그러나 달러 공급이 늘어날수록 금과 달러 간 태환 약속을 미국이 지킬 수 있을지에 대한 국제적 의구심이 커졌다.

1960년대 후반 미국의 베트남 전쟁과 사회 복지 정책으로 재정 적자가 급증하자, 전 세계에 공급된 달러가 미국이 보유한 금의 양을 크게 초과하게 되었다. 각국이 달러를 금으로 바꾸려 하자 미국의 금 보유량이 위험한 수준까지 떨어졌다. 결국 1971년 8월, 리처드 닉슨 대통령은 달러와 금의 교환을 일방적으로 중단했다. 이 '닉슨 쇼크'로 브레튼우즈 체제가 무너지고, 변동환율제 시대가 시작되었다.

브레튼우즈 체제 붕괴 후 국제 금융 질서는 달러 중심의 페트로달러 체제로 옮겨갔다. 미국은 주요 산유국과 협정을 맺고 석유 거래를 오직 달러로만 하게 했다. 이에 따라 각국은 석유를 사려면 미국 달러를 반드시 보유해야 했고, 달러 수요는 다시 증가했다. 브레튼우즈 체제는 비록 영구적으로 지속되지 못했으나, 국제 경제 질서의 토대를 마련했다는 점에서 역사적 의의가 크다. 이 체제가 남긴 IMF와 세계은행은 여전히 국제 금융의 핵심 기구로 작동하고 있다.

최근에는 암호화폐와 블록체인 등 새로운 디지털 금융 혁신을 두고, 제2의 브레튼우즈 체제를 모색하자는 논의도 활발히 이뤄지고 있다. 과거 브레튼우즈가 금과 달러를 중심으로 했다면, 앞으로 논의는 디지털 자산과 기술을 중심으로 펼쳐질 가능성이 크다.

한국의 전략적 선택과 대응 방안

스테이블코인의 글로벌 확산과 미국의 전략적 활용이 기정사실화되는 상황에서, 이제 한국이 어떤 선택을 할 것인가라는 문제가 남았다. 앞서 살펴본 미국의 달러 패권 강화 전략, 유럽과 아시아 각국의 대응, 스테이블코인이 가져올 금융 질서의 변화는 모두 한국에 직접적인 영향을 미치는 현실이다. 이 장에서는 이러한 글로벌 변화의 물결 속에서 한국이 취할 수 있는 구체적 전략과 대응 방안을 종합적으로 검토해본다.

한국은 미중 갈등의 최전선에 있으면서도, 세계 최고 수준의 디지털 인프라와 기술력을 보유하고 있다. 이는 위기이자 기회이다. 스테이블코인 시대의 도래는 한국에 새로운 도전을 제기하는 동시에 디지털 금융 강국으로 도약하는 전환점이 될 수도 있다.

미국 정책이 한국에 미치는 직접적 영향

미국의 디지털 금융 패권 전략은 여러 경로로 한국에 직접적인 영향을 미치고 있다. 첫째, 달러 스테이블코인을 바탕으로 한 미국의 패권 강화는 한국의 통화 주권과 금융 안정성에 새로운 위험 요인을 제기한다. 미국은 민간 발행 달러 스테이블코인을 차세대 달러 무기로 육성하며 글로벌 달러화 수요를 늘리고 있는데, 유럽과 한국 같은 동맹국에도 그 여파가 미칠 수 있다. 실제로 유럽연합은 자국민과 기업이 유로화 대신 달러 기반 스테이블코인을 쓰게 될 가능성에 위기감을 느끼고 있다. 유럽중앙은행 내부에서는 '달러 스테이블코인을 막아야 한다'는 주장까지 나오지만, 블록체인에 올라탄 토큰을 물리적으로 차단하기 어렵다는 현실적 한계에 부딪힌 상황이다. 유럽연합은 차선책으로 비유로화 스테이블코인의 사용을 일정 수준 이상 제한하는 규정을 가상자산시장 규제안에 포함해, 일일 100만 건 또는 2억 유로 규모로 거래 상한을 두는 조치를 취했다. 이는 달러화 스테이블코인의 유통 속도와 영향력을 억제하려는 시도이지만, 얼마나 효과를 거둘지는 미지수이다.

한국도 사정은 크게 다르지 않다. 달러화 스테이블코인이 국경 없이 퍼져나가면, 우리나라 국민과 기업도 점차 원화보다 디지털 달러를 더 선호하게 될 위험이 있다. 특히 변동성이 낮고 글로벌 결제에 편리한 달러 스테이블코인은 사실상 국경 없는 달러 예금통장이나 다름없어서, 신흥국뿐 아니라 원화처럼 비교적 안정된 통화를 쓰는 나라에도 매력적으로 다가올 수 있다. 예컨대 인플레이션이 심한 나라의 국민은 물론이고, 한국이나 일본처럼 안정된 통화권에서도 기업과 개인이 달러 토큰을 보유하는 사례가 늘어날 가능성이 제기된다. 이는 곧 한국은행의 통화정책 독립성 약화와 금융당국의 자본 흐름 통제력 저하로 이어질 수 있다. 블록체인상에서 자유롭게 이동하는 달러 토큰은 외환 규제의 회색지대를 파고들어, 중앙은행이 시중 유동성을 관리하거나 급격한 환율 변동에 대응하는 데 어려움을 줄 수 있기 때문이다. 한마디로, 미국이 뿌리는 달러화 스테이블코인의 편의성과 신뢰성이 한국 금융 시스템 전체를 흔드는 지정학적 변수가 될 수도 있는 것이다.

구체적인 예를 들어보자. 누군가 한국 시중은행 예금을 인출해 USDT나 USDC 같은 달러 스테이블코인을 매수한다고 가정해보자. 그는 원화를 e디지털 자산 거래소에서 비트코인이나 이더리움으로 바꾸거나, P2P 방식으로 달러 토큰을 직접 확보할 수 있다. 이렇게 한국에서 빠져나간 원화는 해외에서 달러로 전환되어 스테이블코인 발행사의 준비금이 된다. 준비금은 대부분 미국 국채 등 안전자산에 투자되므로, 결과적으로 한국 자금이 미국으로 흘러들어가 미국 국채 한 장을 더 사주는 효과가 발생한다. 반면 한국 안에서는 그만큼 통화량이 빠져나가고 금융기관 예금이 줄어드는 셈이다. 이처럼 민간 부문의 탈원화·달러화 현상이 가속되면, 한국 경제는 전통적인 달러라이제이션 dollarization 못지않은 충격을 받을 수 있다. 기존에도 무역결제나 외화예금 등을 통해 달러 자산 선호 현상이 존재했지만, 스테이블코인은 이를 디지털 공간에서 훨씬 쉽게, 대규모로 진행시킬 수 있는 촉매제이다. 이런 변화가 더욱 심각한 이유는 단순한 외화 유출을 넘어 '금융 주권'의 실질적 약화로 이어질 수 있기 때문이다. 통화 정책의 효과는 해당 통화가 실제로 사용될 때 발휘된다. 만약 경제 주체가 원화 대신 달러 스테이블코인을 선호하게 된다면, 한국은행의 기준금리 정책이나 유동성 조절 정책의 실효성이 크게 떨어질 수 있다.

미국의 스테이블코인 정책은 한국 금융 산업에도 직접적인 경쟁 압력을 가한다. 미국 기반 스테이블코인은 이미 글로벌 표준으로 자리 잡고 있으며, 향후 더욱 강력하게 제도가 뒷받침될 것이다. 반면 한국의 금융기관은 여전히 전통적인 은행 시스템에 의존하고 있어 디지털 자산 기반 서비스에서 뒤처지고 있다.

특히 결제 서비스 분야에서 이런 격차가 두드러진다. 글로벌 스테이블코인을 활용한 결제는 24시간 실시간 처리, 낮은 수수료, 프로그래머블 머니 Programmable Money 등 기존 은행 송금보다 월등한 사용자 경험을 제공한다. 이는 한국의 핀테크 기업들이 글로벌 시장에서 경쟁력을 잃을 위험을 높인다.

정리하면, 미국의 디지털 금융 패권 정책의 두 축인 달러 스테이블코인과 비트코인은 한국에 직접적인 파급력을 행사하고 있다. 달러화 토큰의 범람은 원화 주권과 금융정책 자율성을 압박하고, 미국의 법·제도 수립은 한국 규제의 방향타를 쥐고 흔든다. 또 비트코인이라는 신흥 전략자산의 부상은 한국의 자산 운용과 안보전략에까지 영향을 미친다. 한국은 이제 더는 방관자 위치에 머물 수 없으며, 미국 정책이 불러올 변화의 물결을 제대로 읽고 선제적으로 대응 전략을 마련해야 하는 상황에 놓여 있다.

한국형(KRW) 스테이블코인 발행 가능성

이러한 맥락에서 원화 기반 스테이블코인을 발행하는 방안은 한국이 고려할 수 있는 중요한 전략 중 하나이다. 쉽게 말해 디지털 원화 토큰을 만들어 민간과 시장의 힘으로 원화의 쓰임새를 확장한다는 구상이다. 한때 이러한 아이디어는 중앙은행이 발행하는 CBDC 논의에 가려져 있었다. 그러나 2024년을 전후하여 민간 주도의 원화 스테이블코인 제도화 필요성이 정치권과 학계를 중심으로 본격 거론되기 시작했다. 미국이 달러 스테이블코인에 날개를 달아준 이상, 원화도 가만히 앉아 당할 수만은 없다는 문제의식이 싹튼 것이다. 한국형 스테이블코인은 과연 성공할 수 있을까? 이 질문에 답하려면 현실적인 제약과 잠재적 이득을 모두 따져보아야 한다.

먼저 현실적 어려움부터 직시해보자. 역사적으로 자국통화 스테이블코인을 시도한 사례는 대체로 실패하거나 미미한 성과에 그쳤다는 점에 유의해야 한다. 예컨대 유럽에서도 유로화에 연동된 스테이블코인을 몇몇 민간에서 출시했지만 시장점유율이 1% 남짓에 불과하며, 글로벌 유동성의 99%를 달러 기반 코인이 가져간 것으로 알려졌다. 결국 사람들은 가장 신뢰받는 기축통화를 디지털로 옮겨 담는 데 열광하지, 굳이 변방 통화를 토큰화한 것에는 큰 관심이 없다. 한국 원화도 국제적으로는 위상이 제한적인 통화이므로, 원화 스테이블코인을 만들어봤자 해외 수요는 극히 제한적일 것이라는 비관론이 존재한다. 실제로 '원화 스테이블코인이 네이버페이랑 뭐가 다르냐'는 식의 회의적인 시각도 있다. 국내 결제에서야 원화가 그대로 통용되니 토큰으로 만들 필요성을 못 느낄 것이고, 해외에서는 달러도 아닌 원화 토큰을 왜 써야 하느냐는 반문이다. 요컨대 자연스러운 시장 수요에만 맡겨둔다면 원화 스테이블코인이 제자리걸음을 면치 못할 가능성이 크다.

그러나 소극적 비관론에 머물러 있을 시간이 없다. 오히려 미국이 달러 토큰으로 금융 패권을 연장하려 한다면, 한국은 디지털 통화 주권을 지키는 모든 가용 수단을 동원해야 한다는 적극론이 힘을 얻고 있다. 원화 스테이블코인은 그중에서도 가장 직접적이고 선제적인 대응 카드라 할 수 있다. 핵심은 어떻게 해야 실패 확률을 줄이고 성공 가능성을 높일 수 있느냐이다. 전문가들은 '지금부터 지혜를 모아 방법을 찾아야 한다'고 강조한다. 몇 가지 제언을 살펴보자.

첫째, 원화 스테이블코인이 실질적으로 안착하려면 초기 사용처 발굴과 인센티브 설계가 무엇보다 중요하다. 자연스럽게 시장에만 맡기면 아무도 원화 토큰을 사용하지 않을 가능성이 크므로 정부와 민간이 적극 협력하여 의도적으로 수요를 창출해야 한다. 우선 한국의 강력한 문화 콘텐츠, 즉 K-컬처를 활용하는 전략이다. 예컨대 한국의 공연 기획사들이 해외 팬들에게 콘서트 티켓 예매나 굿즈 구매 시 원화 스테이블코인 결제를 요구하거나 할인 혜택을 제공하는 방식이 있다. 방탄소년단BTS의 콘서트를 관람하려면 원화 기반 토큰으로 티켓 결제를 유도하는 식이다. 이런 조건부 사용을 통해 원화 토큰의 초기 해외 사용자 기반을 확보할 수 있다. 처음에는 다소 인위적인 유도가 필요하겠지만, 한국 문화 산업의 글로벌 영향력을 적극 활용하면 점차 자발적인 사용 습관으로 정착될 가능성이 높다.

더불어 원화 토큰을 많이, 그리고 장기간 보유할 경우 특정 안건에 투표할 수 있는 권한(거버넌스 토큰 발행)을 주는 것이다. 예를 들어 'BTS가 콘서트를 개최하는데 어느 도시에서 먼저 개최할까?'에 대한 투표를 진행할 때 투표권을 가지려면 원화 스테이블코인을 일정 기간 보유해야 한다는 조건을 걸 수 있다. 또 원화 스테이블코인을 이용하면 수수료 면제나 환율 우대 혜택을 제공하는 등의 프로모션도 병행하면 더욱 효과적일 것이다.

다음은 최근 급부상하는 A2A Agent-to-Agent 시대의 초소액 결제를 적극 활용하는 전략이다. A2A는 AI 등 자율 에이전트가 인간의 개입 없이 서로 빈번하게 거래와 결제를 수행하는 환경을 의미한다. 이러한 시대가 본격화되면 기존 법정통화(예: 달러, 원화) 기반 결제 시스템은 한계에 직면할 수밖에 없다. 왜냐하면 법정통화 결제는 중개기관을 거쳐야 하므로 수수료가 상대적으로 비싸고, 정산에 시간이 소요되는 비효율적 구조이기 때문이다. 예컨대 자율주행 전기차가 도로 위를 달리면서 자동으로 충전과 결제를 반복한다고 생각해보자. 이런 과정에서 수백, 수천 번의 초소액 결제가 빈번히 이루어질 텐데, 기존 은행망이나 신용카드로는 수수료와 정산 시간의 효율성이 떨어진다. 또 스마트 팩토리에서 AI 에이전트가 서로 데이터를 주고받으며 실시간으로 결제하는 환경에서도 기존 결제수단은 속도와 비용 면에서 비현실적이다. 이런 환경에서는 프로그래머블 머니인 원화 스테이블코인이 훨씬 효율적이다. 프로그래머블 머니는 스마트 컨트랙트를 활용해 미리 약속된 조건이 충족되었을 때 자동으로 즉시 결제와 정산이 이루어지는 구조이다. 이로써 초소액 결제도 실시간으로 정확히 처리할 수 있어 비용과 속도를 획기적으로 개선한다. 예를 들어 자율주행차가 충전소에 정차하면 자동으로 즉시 충전량만큼 정산되고, 스마트 팩토리 내 센서와 장비 간의 데이터 거래에서도 데이터를 사용한 만큼 자동으로 즉시 과금된다. 또 프로그래머블 머니의 가장 큰 강점은 조건부 자동 지급과 다양한 결제 규칙을 내장할 수 있다는 점이다. 예를 들어 전력 거래 시 미리 지정된 피크타임 요율에 따라 자동으로 결제되거나, IoT 기반 가전제품이 소모하는 전력량에 따라 정확히 자동 정산된다. 법정통화 기반으로는 실현하기 어렵거나 매우 복잡한 구조이지만, 원화 스테이블코인은 스마트 컨트랙트 기능으로 이러한 자동결제 환경을 손쉽게 제공할 수 있다. 결국 원화 스테이블코인은 K-컬처와 같은 기존 문화 콘텐츠뿐 아니라 A2A 시대에 본격화될 초소액 결제 분야에서도 효율성과 혁신성을 발휘할 수 있다.

또 프로그래머블 머니라는 특성을 생각한다면, 지역화폐에 도입하기 알맞다. 기존 지역화폐는 종이나 카드 형태로 발행되어 사용처나 유효기간 관리가 복잡했다. 하지만 스테이블코인 기반 지역화폐는 스마트 계약을 통해 '이 돈은 지역 관내 상점에서만 2025년 12월 31일까지 사용 가능'이라는 조건을 코드로 새겨둘 수 있다. 더 나아가 '월 50만 원 이하 소상공인에게만 사용 가능', '전통시장에서 사용 시 10% 추가 적립' 같은 복잡한 조건도 자동으로 실행된다. 더군다나 블록체인의 투명성 덕분에 지역화폐가 어떤 업종에서 얼마나 사용되는지 실시간으로 파악할 수 있다. 예를 들어 '음식점 40%, 소매업 30%, 서비스업 20%' 같은 구체적인 유통 데이터를 바탕으로 지역경제 활성화 효과를 정확히 측정하고, 정책을 즉시 조정할 수 있다. 기존에는 몇 달 후에야 알 수 있던 정보를 실시간으로 확인할 수 있는 것이다. 프로그래머블 머니는 사용자별·상황별 맞춤형 혜택도 가능하게 한다. '청년층에게는 문화시설 이용 시 20% 할인', '고령자에게는 의료기관 이용 시 포인트 2배 적립', '코로나19 재확산 시 배달음식 주문에 자동으로 추가 지원금 지급' 같은 세밀한 정책을 코드로 구현할 수 있다. 심지어 날씨나 계절에 따라 '폭염 경보 발령 시 카페 이용 할인율 증가' 같은 실시간 반응형 정책도 가능하다. 맞춤형 인센티브와 동적 정책 운영이 가능하다는 말이다.

또 여러 지역이 협력해 공통 스테이블코인 플랫폼을 구축한다면, 관광객이 한 번 충전으로 여러 도시를 여행하면서 사용할 수 있는 '광역 지역화폐'도 만들 수 있다. 예를 들어 '강원도 전 지역에서 사용 가능하며, 평창에서는 스키장 할인, 강릉에서는 해산물 음식점 할인' 같은 지역 특화 혜택을 자동으로 제공할 수 있다. 기존 지역화폐는 '일정 규모 이하 사업장에서만 사용'이라는 단순한 기준만 적용했지만, 프로그래머블 머니는 훨씬 정교하게 지원할 수 있다. '월매출 3,000만 원 이하 카페에서 사용 시 사업자에게 3% 추가 정부 지원금 자동 지급', '신규 6개월 이내 업체 이용 시 고객과 사업자 모두에게 인센티브 제공' 같은 세밀한 정책을 자동화할 수 있다. 또 기존 복지카드는 사용처가 제한적이고 관리가 복잡했지만, 프로그래머블 머니는 '한부모 가정에 급식비 자동 지급하되 교육 관련 지출에만 사용 가능', '독거노인에게 생필품 구매 전용 지원금 매주 자동 충전' 같은 정밀한 복지 정책을 구현할 수 있다. 수혜자의 존엄성을 지키면서도 정책 목적에 맞는 사용을 보장하는 것이다.

이렇듯 프로그래머블 머니라는 고유한 특성 덕분에 법정통화 대비 명확한 기술적 우위를 가지므로, 정부와 민간 기업이 이를 적극적으로 활용한다면 새로운 금융 혁신을 선도하는 핵심 수단으로 자리매김할 수 있을 것이다. 특히 지역화폐 영역에서는 단순한 경제 부양책을 넘어 스마트한 지역 발전 도구로 진화할 가능성이 크다.

또 자산 가치 보존을 위한 리스크 제거 수단으로 활용할 수도 있다. 디지털 자산시장의 가장 큰 특징은 급격한 가격 변동성이다. 투자자들은 시장이 하락하거나 불안정할 때 보유한 디지털 자산을 매도하고 법정화폐로 전환하기보다는, 스테이블코인으로 전환하여 자산 가치를 안정적으로 보관하는 경향이 있다. 이는 마치 주식시장에서 주식을 매도한 투자자가 현금을 보유하며 시장을 관망하듯이, 투자자들이 일시적 현금 대체 수단으로 스테이블코인을 사용하는 것이다. 원화 스테이블코인이 이 역할을 하게 된다면, 한국 투자자들이 굳이 USDT와 같은 외국 스테이블코인을 사용하지 않고도 안정적으로 국내에서 자산 가치를 유지하며 투자 시점을 기다릴 수 있게 된다. 투자자들은 암호화폐 시장에서 일어나는 급격한 가격 변동 리스크를 원화 스테이블코인으로 관리하는 동시에 해외로 자금이 유출되는 것을 효과적으로 방지하는 역할을 기대할 수 있다. 더 나아가 국내 거래소들이 원화 스테이블코인을 활용한 스테이킹Staking 상품을 제공하면 투자자들이 암호화폐 시장을 빠져나가지 않고도 안정적인 이자를 얻으며 자산을 관리할 수 있게 된다. 이처럼 원화 스테이블코인은 디지털 자산의 가격 변동성과 리스크 관리 측면에서 효율적인 대안이자 새로운 수익 모델로 자리매김할 수 있다.

둘째, 발행 주체와 수익 모델을 설계해야 한다. 스테이블코인 사업이 매력적인 이유 중 하나는, 발행하면 막대한 예치금을 끌어 모을 수 있고 이자 수익을 올릴 수 있다는 점이다. 실제로 2023년 테더는 운용자산 이자로 블랙록을 능가하는 분기수익을 올려 화제가 되었다. 미국에서도 2위 스테이블코인 발행사인 서클이 기업가치 급등으로 증시에 상장하여 단기간에 주가 5배 상승을 기록하며 시장의 기대를 보여주었다. 이런 예들은 스테이블코인 발행권이 곧 황금알을 낳는 거위가 될 수 있음을 보여줄 수도 있으나, 시장점유율과 담보자산이 무엇이냐에 따라 다를 수도 있다. (일본의 담보자산은 예금이었는데 금리가 낮아 수익이 거의 없어서 시장이 커지지 않았다.) 한국형 스테이블코인을 추진할 때도 한두 기업에만 독점 특혜를 주기보다는 여러 주체가 참여하는 컨소시엄 모델을 통한 발행을 검토할 필요가 있다. 국내 논의에서도 금융기관과 기술기업들이 기능을 분담하는 협력 구조의 자본시장형 스테이블코인 발행이 거론된다. 예컨대 시중은행, 증권사, 핀테크 업체가 함께 컨소시엄을 이루어 원화 토큰을 발행하고 운영하면, 한쪽으로 쏠리지 않고 신뢰성과 혁신성을 동시에 확보할 수 있을 것이다. 발행 주체를 컨소시엄으로 구성할 때는, 수익 배분 구조도 투명하게 정해 초기에 리스크를 감수한 참여자들이 정당한 보상을 얻도록 해야 한다. 사업자가 돈을 벌게 해줘야 지속적으로 생태계가 성장할 수 있다. 물론 발행 주체를 선정할 때는 신뢰성이 최우선이다. 초기에는 정부에 등록된 금융기관이나 공공성이 검증된 기업, 어느 정도 자본력과 기술력이 있는 기업 위주로 참여시키고 인가체계를 마련하는 것이 바람직하다.

셋째, 투명하고 안전하게 설계해야 한다. 한국은 이미 알고리즘 스테이블코인 테라·루나 사태로 쓴맛을 본 경험이 있다. 따라서 새로 추진하는 원화 토큰은 반드시 1:1로 안전자산에 완전 담보되는 준비금 방식이어야 하며, 실시간 회계 공개와 외부 감사 등으로 투명성을 담보해야 한다. 미국이 테더 같은 불투명 토큰을 견제하며 법제화를 추진한 것도, 준비금 부실이 시스템 리스크로 번질 수 있다는 우려 때문이다. 한국도 예외가 아니다. 원화 스테이블코인이 발행된다면 준비자산으로 한국은행 예치금, 초단기 국고채, MMF(그렇다고 반드시 모두 한국 자산일 필요는 없다. 오히려 변동성에 대비하여 해외 안전자산을 일부 준비자산으로 편입하는 방안도 고려해볼 만하다.) 등 현금성 자산을 100% 확보하고, 그 내역을 블록체인상에서도 검증할 수 있게 해야 할 것이다. 발행·환매 과정 역시 실시간 정합성을 유지하도록 시스템을 구축해야 한다. 요약하면, 절대로 테라 사태 같은 사고가 재발하지 않도록 만반의 법적·제도적 안전장치를 갖추고 시도해야 한다는 것이 전문가들의 한결같은 조언이다. 다행히 미국 GENIUS Act나 유럽연합 규제안 등 글로벌 기준이 마련되고 있으므로, 한국도 이를 참고해 준비자산의 정의, 예금자 보호 적용 여부, 이용자 배상 규정 등을 촘촘히 설계할 수 있다.

넷째, 단계적 접근과 정부의 역할도 고려해야 한다. 일시에 전 국민이 원화 토큰을 쓰도록 강제할 수는 없는 노릇이다. 대신 실험적 도입과 확장 전략이 필요하다. 금융위원회 등의 혁신금융 샌드박스를 활용해 소규모 파일럿으로 시작한 뒤, 성과와 리스크를 평가하며 범위를 넓혀가는 식이다. 초기에는 국내 일부 영역(예: 증권형 토큰 거래나 특정 플랫폼 내 결제)에서 사용하다가 안정성이 증명되면 해외 교민 송금이나 무역 결제 등 범위를 넓힐 수 있다. 특히 수수료가 비싸고 느린 해외 송금을 원화 스테이블코인으로 구현하면 한류 팬덤이나 교민 사회에서 유용하게 쓰일 수 있다는 기대가 있다. 정부는 이러한 시범사업을 뒷받침하되, 지나친 시장 개입이나 간섭은 지양해야 할 것이다. 민간의 창의성과 시장 메커니즘을 최대한 살려야 지속가능한 생태계가 조성될 수 있다. 다만 초기에는 정부가 제도적 울타리를 세우고 혹시 모를 사기나 해킹 등 사고에 대비한 투자자 보호 장치를 마련하여 신뢰를 심어주어야 한다.

물론 근본적인 의문은 남는다. 그렇게 공을 들여 원화 스테이블코인을 만들어낸다 한들, 글로벌 금융 지형을 바꿀 정도의 영향력을 가질 수 있을까? 솔직히 말해 그 가능성은 높지 않다. 달러가 전 세계 기축통화로 군림한 지 수십 년이 된 상황에서, 원화 토큰 하나 만든다고 해서 판도가 바뀌진 않는다. 한국 내부의 원화 수요를 지켜내는 수비수 역할 정도가 고작일 수 있다. 그러나 그 수비수라도 없으면 게임을 시작하기도 전에 질 것이다. 적어도 한국이 디지털 통화 주권을 지키려는 노력은 했다는 것, 그 과정에서 새로운 금융 혁신 경험을 쌓았다는 것이 의미를 가질 수 있다. 최악의 시나리오인 '미국이 달러 토큰 세상을 여니 한국 원화 주권을 알아서 갖다 바친다'는 식의 무대응만은 피해야 한다는 것이 이 장에서 거듭 강조하는 바이다. 원화 스테이블코인은 성공을 장담할 수 없는 도전이지만, 그렇기에 더욱 지혜롭게 준비하여 성공 확률을 높이는 방향으로 추진할 가치가 있다. 한국이 자체 디지털 통화를 만들어 한 걸음이라도 앞으로 내딛는 것과, 아무 대비 없이 남이 만든 디지털 달러에 종속되는 것 사이에는 미래 금융 주권의 명암이 걸려 있다.

디지털 자산 시대 한국 금융 산업의 성장 전략

디지털 자산으로 국제 금융 질서가 재편되는 격변기, 한국 금융 산업은 위기이자 기회를 마주하고 있다. 앞서 논의한 대로 미국과 중국의 패권 경쟁 속에서 한국은 샌드위치 신세가 될 위험도 있지만, 반대로 전략적 선택에 따라 새로운 도약을 이룰 수도 있다. 이 절에서는 한국 금융업계가 디지털 자산 시대에 성장 동력을 확보하기 위한 몇 가지 전략을 살펴본다. 핵심은 개방적 혁신과 주권 수호를 균형 있게 추구하면서 국제 협력의 지렛대를 잘 활용하는 데 있다.

디지털 비동맹으로서 중견국 연대: 한국은 지금 미국과 중국이라는 두 거대한 디지털 금융 세력의 사이에 서 있다. 미국 달러가 글로벌 금융의 중심인 한편, 중국은 디지털 위안화를 앞세워 새로운 질서를 만들려 하고 있다. 이런 상황에서 한국과 같은 중견 국가가 어느 한쪽의 세력에 치우치면 독립적인 경제 운용이나 정책 선택에 어려움이 생길 수밖에 없다. 그래서 한국을 포함한 여러 중견국은 어느 한쪽에만 기대지 않고 독자적인 금융·통화 전략을 모색하는 '디지털 비동맹 non-aligned' 노선을 고민할 필요가 있다. 이런 배경에서 주목할 수 있는 아이디어가 바로 디지털 방코르 Bancor이다. 방코르는 원래 1944년에 경제학자 케인스가 제안한 개념인데, 어느 특정 국가 통화가 아니라 중립적인 국제 통화를 만들어 무역 불균형과 국제 금융의 불안을 해소하자는 아이디어였다. 쉽게 말하면, 특정 국가(예: 미국)의 달러가 아니라 모두가 믿고 공정하게 사용할 수 있는 국제 공통 통화를 만들자는 것이다. 디지털 방코르는 이 개념을 21세기 디지털 시대에 맞게 블록체인 기술로 구현한 아이디어이다. 예를 들어, 블록체인 위에서 운용되는 국제 통화 단위를 만들어 이를 각국이 공통으로 사용하면, 국제 거래 과정에서 특정 국가가 과도한 이익을 가져가는 일이 줄어들고 무역에서 발생하는 불균형을 자동으로 조정할 수 있다. 블록체인의 특성상 모든 거래가 투명하고 공정하게 처리되므로 참여 국가들이 서로 신뢰할 수 있다는 장점도 있다. 이러한 디지털 방코르 시스템을 실험해보도록 한국이 독일, 프랑스, 싱가포르 등 중견 국가들과 협력해 다국적 컨소시엄을 만들 수 있다. 각국이 공동으로 개발하고 활용하는 스테이블코인을 만들어 시범적으로 국제결제에 사용해보는 것이다. 이런 컨소시엄이 현실화된다면, 달러 중심의 금융 질서에 치우치지 않고 더 공정한 디지털 금융 생태계를 만드는 데 기여할 수 있다. 즉, 미국이나 중국에 일방적으로 끌려 다니지 않으면서도 독립적이고 균형 잡힌 금융 전략을 추진할 수 있는 길이 열리는 것이다. 물론 실제로 이런 방코르 시스템을 국제 사회가 받아들이게 하려면 여러 어려움이 존재할 수밖에 없다. 하지만 한국이 이런 아이디어를 적극 제안하고 관련 국제기구에서 논의를 이끌어간다면, 미국과 중국 모두에게 중견 국가들도 독자적인 금융 전략을 고민하고 있다는 메시지를 보내는 효과가 있다. 이는 결과적으로 강대국이 무리한 금융 패권 경쟁을 벌이는 것을 견제하는 역할을 하며, 한국을 비롯한 중견 국가가 국제 금융 질서를 새롭게 디자인하는 데 영향력을 발휘할 수 있는 중요한 계기가 될 수 있다. 요컨대 디지털 방코르는 특정 국가에 종속되지 않는 중립적인 국제 금융 인프라를 통해 한국이 디지털 시대에 독립적이고 주도적인 금융 전략을 세우도록 도와줄 중요한 대안이다. 다시 말해 한국이 동등한 협상력을 확보하려면 비동맹 연대로 플랜B를 만들어두는 지혜가 필요하다.

규제 선진화와 금융 혁신 허브화: 디지털 자산을 향한 국내 규제를 국제 수준에 맞게 업그레이드하여 한국을 아시아의 디지털 금융 혁신 허브로 자리매김시키는 전략이 필요하다. 현재 아시아에서는 홍콩, 싱가포르, 일본 등이 암호자산과 스테이블코인 분야에서 발빠르게 움직이며 각자의 강점을 살리고 있다. 홍콩은 중국 본토와 세계를 잇는 크립토 게이트웨이로서 규제를 완화해 글로벌 가상자산 기업을 유치하고 있다. 싱가포르는 강력한 금융 인프라와 명확한 가이드라인으로 기관투자자 친화적 암호자산 중심지를 지향한다. 일본 역시 2023년 스테이블코인 관련 법을 정비하여 은행과 신탁회사가 엔화 스테이블코인을 발행할 수 있도록 허용하고, 디지털 자산 비즈니스를 육성하려는 움직임을 보인다. 한국은 과거 가상자산 열풍기에 투기 과열을 우려해 강도 높은 규제 일변도로 대응한 측면이 있다. 이제는 균형 잡힌 규제로 전환해 혁신을 수용할 때이다. 이를 위해 우선 국제 기준에 부합하는 가상자산 기본법을 제정해 시장에 법적 안정을 제공해야 한다. 또 유럽연합의 가상자산시장 규제안처럼 포괄적이면서도 세부적인 스테이블코인 규제체계를 마련해, 원화 스테이블코인뿐 아니라 해외 스테이블코인의 국내 유통에도 명확한 원칙과 한도를 설정해야 한다. 예컨대 비은행 민간기관이 발행한 외국 통화 연동 코인은 하루에 얼마까지 결제에 사용할 수 있는지 등의 가이드라인이 없다면, 훗날 시장 혼란 시 규제 공백으로 곤혹을 치를 수 있다. 규제를 선진화하는 동시에 혁신을 촉진하는 장치도 필요하다. 금융 샌드박스를 확대 개편하여 블록체인 기반 신사업을 테스트하게 하고, 디지털 자산 특구 지정을 검토할 만하다. 이미 블록체인 특구로 선정되어 일부 시범사업을 운영하는 도시가 있으나, 더 과감한 규제 완화와 세제 인센티브를 부여해 글로벌 플레이어가 모이는 크립토 밸리로 발전시킬 수 있어야 한다. 그렇게 되면 한국 금융 산업은 규제 환경을 이유로 유망 스타트업을 해외에 빼앗기는 대신, 해외 인재와 자본을 빨아들이는 역외 금융센터로 거듭날 수 있다.

전통 금융권의 전략적 전환: 한국의 은행, 증권, 핀테크 기업들도 디지털 자산 전략을 수립하고 능동적으로 움직여야 한다. 세계 유수의 금융기관은 이미 스테이블코인과 블록체인 기술을 전통 업무에 접목하는 실험을 시작했다. JP모건은 자체 결제코인(JPM Coin)을 도입해 국제결제를 실시간 처리하는 혁신을 선보였고, 시티그룹은 글로벌 송금망에 스테이블코인을 활용하는 방안을 연구하고 있다. 한국 은행권도 이러한 흐름을 벤치마킹해볼 수 있다. 예를 들어, 국내 대형 은행들이 컨소시엄을 구성해 공동 원화 토큰을 발행하고 이를 은행 간 거래나 해외 송금에 활용하면 비용 절감과 속도 향상을 이룰 수 있다. 또 증권사들은 증권형 토큰 시장을 개척해볼 만하다. 부동산, 비상장주식 등의 자산을 토큰화하여 거래할 수 있는 플랫폼을 만들면 새로운 투자시장을 창출할 수 있다. 정부도 관련 제도를 정비하고 있으므로 발 빠르게 움직인다면 초기 시장을 선점할 수 있을 것이다. 핀테크 기업들은 탈중앙화 금융과 전통 금융의 접목을 시도할 수 있다. 이미 해외에서는 메이커DAO 같은 탈중앙화 금융 프로토콜이 실물자산 담보대출을 시도하고, 아베 등이 기관용 서비스에 나서는 등 탈중앙 금융과 중앙 금융의 융합이 진행되고 있다. 한국도 규제 안에서 허용되는 범위부터 차근차근 탈중앙화 금융 기술을 접목한다면 장기적으로 금융회사의 비용 구조 혁신과 포용성 제고를 기대할 수 있다. 요컨대 기존 금융권이 안주하지 않고 선제 투자와 연구개발에 나서야 디지털 자산 시대에 글로벌 경쟁력을 유지할 수 있다.

국민 자산 포트폴리오 다변화 지원: 금융산업의 성장 전략은 곧 투자자와 국민의 이익과도 맞닿아 있다. 디지털 자산이 제도권에 편입되고 새로운 기회가 생겨나면, 국민도 이를 활용해 부를 증대할 수 있어야 한다. 정부와 업계는 안전한 투자 환경을 조성하고 금융 교육을 강화함으로써 국민 자산의 디지털화 전환을 도와야 한다. 예컨대 비트코인 현물 ETF나 기관급 수탁 서비스 등이 도입되면 국민연금이나 은행권 자산관리에서도 일정 비중 디지털 자산 투자를 할 수 있다. 이러한 상품을 개발하고 허용함으로써, 국민이 미국이나 해외 시장에만 의존하지 않고 국내에서도 규모의 경제를 누릴 수 있게 해줘야 한다. 또 해외 송금 수수료 인하나 다국통화 자산관리 서비스 등을 시행해 일반 국민도 달러 토큰, 원화 토큰 등을 편리하고 합리적으로 활용하도록 유도할 수 있다. 현재로선 암호화폐 투자가 젊은 층이 관심 있는 위험자산 투기라는 이미지가 강하지만, 제도권에서 안전장치를 갖춘 투자상품이 나오면 50~60대도 포트폴리오의 일부로 디지털 금이나 스테이블코인을 고려할 날이 올지 모른다. 이런 변화를 선도하는 것이 금융 산업의 새로운 비즈니스 기회가 될 수 있다.

종합하면, 디지털 자산 시대에 한국 금융 산업이 나아갈 방향은 두 갈래로 요약된다. 하나는 대외적으로는 미국을 비롯한 국제 흐름에 능동적으로 대응하며, 필요하면 비동맹 연대로 균형자 역할을 모색하는 것이다. 다른 하나는 대내적으로는 제도 개선과 혁신 지원으로 금융산업 자체의 경쟁력을 극대화하는 것이다. 미중 사이에서 눈치 보며 휩쓸리는(고래 싸움에 새우 등 터지는) 행보가 아니라, 전략적 의사결정과 선제적 투자로 길을 개척하는 독립 행보를 보여야 한다. 다행히 한국은 ICT 인프라, 인재 수준, 금융시장 규모 등 기반 여건이 탄탄하므로 의지만 있다면 실행에 옮길 수 있다. 민관이 함께 큰 그림을 그리고 속도와 일관된 전략적 방향성으로 용기를 갖고 바로 지금 움직여야 한다.

맺음말: 새로운 금융 지정학 시대의 한국 비전

디지털 자산으로 촉발된 국제 금융 질서의 재편은 한국에 커다란 도전이자 기회로 다가오고 있다. 미국이 주도하는 새로운 패권 경쟁 속에서 한국이 디지털 비동맹의 기치를 들고 자주적이고 창의적인 전략을 펼칠 수 있다면, 우리는 변방의 수동적 추종국이 아니라 새 질서의 공동 설계자로 자리매김할 수 있을 것이다. 그러려면 논의한 바와 같이 미국의 정책 영향을 면밀히 분석하고, 원화 스테이블코인 등 주권 수호 수단을 준비하며, 국내 금융산업의 혁신 역량을 총결집하는 노력을 병행해야 한다. 아직 불확실성이 많고 갈 길이 험난하지만, 한국이 능동적 전략국가로 거듭나기 위한 밑그림은 그려졌다. 중요한 것은 속도와 실행이다. 디지털 달러 제국의 시대에 한국이 그저 뒤따르는 배가 아니라 키를 잡은 항해자가 되기를 기대한다. 또 한국의 도전과 선택이 향후 지속가능한 디지털 금융 생태계 구축에 기여하길 바란다.

[참고]: 이 장의 논의는 개인적인 견해를 담고 있으며, 일부는 향후 상황 전개에 따른 가정이거나 추정임을 밝혀둔다. 또 정책 제안은 현실 여건에 따라 조정해야 할 필요가 있을 것이다. 그러나 큰 방향성만큼은 분명하다. 디지털 자산 시대의 물결은 시작되었고, 한국은 그 물결을 타고 미래 금융의 항로를 개척해야 한다는 점이다. 우리에게 남은 과제는 그 항해를 위한 나침반과 돛을 단단히 준비하는 일일 것이다.

4부

미래 전망과 투자 시사점

2030년 글로벌 금융 혁명

2025년, 지금 전 세계 금융시장은 비트코인과 스테이블코인이라는 두 축을 중심으로 커다란 전환점을 맞고 있다. 마치 1990년대 인터넷이 정보 혁명을 가져왔듯, 디지털 자산은 화폐와 금융의 개념을 재정의하고 있다. 비트코인은 '디지털 금'으로 불리며 인플레이션 헤지와 가치 저장 수단으로 자리매김했고, 스테이블코인은 달러 등 법정화폐 가치에 연동되어 글로벌 결제와 송금에 혁신을 일으키고 있다. 이는 단순한 투자 유행을 넘어 글로벌 금융 시스템의 혁명적 변화 시나리오를 예고한다. 이제 우리는 이 거대한 흐름이 가져올 기회와 위험, 그리고 이에 대비한 현실적인 투자 전략을 살펴보고자 한다.

비트코인과 스테이블코인이 이끄는 금융 혁명 시나리오

2030년의 금융 환경을 그려보면 몇 가지 핵심 시나리오가 떠오른다.

첫째, 비트코인의 주류 편입과 '디지털 금'으로서 역할 강화이다. 이미 일부 국가에서는 비트코인을 법정통화로 채택하거나 보유 자산의 일부로 편입하기 시작했고, 민간 부문에서도 월가의 거대 자금이 ETF 등을 통해 대거 유입되었다. 실제로 2024년 미국에서 현물 비트코인 ETF가 승인된 이후 불과 1년여 만에 다양한 ETF가 90만 BTC 이상을 보유하게 되었고, 블랙록의 iShares 비트코인 신탁은 단일 펀드로 약 61만 4639 BTC를 보유(2025년 5월 기준)할 정도로 성장했다.

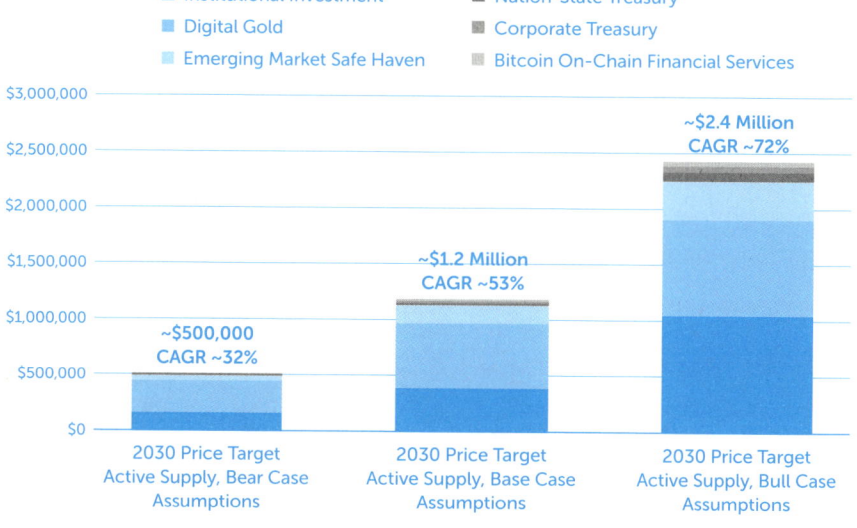

ARK invest의 비트코인 2030 전망(출처: ARK invest)

이러한 추세는 2030년까지 이어져 비트코인이 전통 자산군에 본격 편입되고, 전 세계 자산 포트폴리오에서 일정 비율을 차지하는 시나리오를 예상할 수 있다. 아크인베스트ARK Invest에 따르면 비트코인이 200조 달러 규모 금융시장에서 6.5%를 대체하며(금은 제외한 수치), 긍정적인 상황일 때는 개당 120만 달러 이상의 가치에도 이를 것이라는 전망을 내놓고 있다. 비트코인이 금과 유사한 지위를 얻어 가치 저장과 인플레이션 대응 자산으로 광범위하게 채택되는 모습이 더는 공상으로 보이지 않는다.

둘째, 스테이블코인의 주류화와 결제 혁명이다. 시티은행의 디지털 달러 보고서에 따르면, 앞으로 5년간 규제 환경이 뒷받침된다면 달러 연동 스테이블코인 공급이 2030년까지 기본 시나리오 1.6조 달러, 낙관 시나리오 3.7조 달러 규모로 급성장할 수 있다고 예상한다. 이는 현재 전체 암호화폐 시가총액에 맞먹는 규모이며, 스테이블코인이 기존 금융 시스템의 현금 역할 일부를 대체하게 됨을 의미한다. 앞 장에서 설명했듯이 실제로 스테이블코인은 이미 암호화폐 거래소의 정산 수단을 넘어 국제 송금, 해외 결제, 현지 통화의 대안 등 다양한 분야에서 활용도가 커지고 있다. 예를 들어, 글로벌 송금은 기존 망을 거치면 200달러를 보내는 데 평균 6% 이상 수수료와 며칠간의 시간이 소요되지만, 달러 연동 스테이블코인을 이용하면 거의 즉시, 1센트 미만 비용으로 동일 금액을 해외로 보낼 수 있다. 이는 전 세계 노동자가 본국 가족에게 보내는 송금 수수료를 연간 수백억 달러 절감하는 효과이다. 2030년에는 이런 저비용·고속 스테이블코인 결제망이 기존 국제결제망을 보완하거나 대체하여, 특히 개발도상국의 금융포용성을 높이고 다국적 기업의 무역 결제를 혁신하는 시나리오가 유력하다.

또 상업은행과 결제 기업의 스테이블코인 참여가 두드러질 것이다. 2025년 프랑스 소시에테제네랄Societe Generale이 달러 연동 스테이블코인 USDCV를 출시하며 전통 대형 은행이 안정적인 스테이블코인 발행에 나선 첫 사례를 만들었고, 미국 대형 은행들은 GENIUS Act가 통과되길 기다리고 있다. 미국 달러와 유로화 등에 연동된 은행 발행 스테이블코인은 기업의 해외 송금, FXForeign eXchange 거래, 결제 담보 등에 활용되며, 안정성과 신뢰를 바탕으로 널리 채택될 가능성이 크다. 일본은 2023년 은행이나 신탁회사 등 라이선스 기관만 스테이블코인을 발행할 수 있도록 법제화하여 무분별한 발행을 막는 대신 제도권 내 혁신을 도모하고 있다. 마스터카드는 각 금융기관이 손쉽게 스테이블코인을 발행, 정산, 현금화할 수 있는 플랫폼을 준비 중이다. 이런 움직임은 은행 및 카드 네트워크와 스테이블코인 생태계의 통합으로 이어져, 스테이블코인이 전 지구적 결제의 기본 층으로 편입되고, 비트코인이 그 위에서 글로벌 가치 저장의 표준으로 기능하는 이중 혁명을 이룰 것이라고 예측할 수 있다.

이와 같은 변화는 미국을 중심으로 전개되지만, 유럽과 아시아 역시 각자의 방식으로 대응하고 있다. 유럽연합은 앞서 언급한 가상자산시장 규제안으로 스테이블코인 발행과 준비금 요건을 명확히 했고, 독일 등에서는 크립토뱅크와 증권형 토큰시장을 육성하며 금융 혁신을 받아들이고 있다. 아시아에서는 싱가포르와 홍콩이 디지털 자산 허브를 자처하며 비교적 개방적이고 친혁신적인 규제를 내

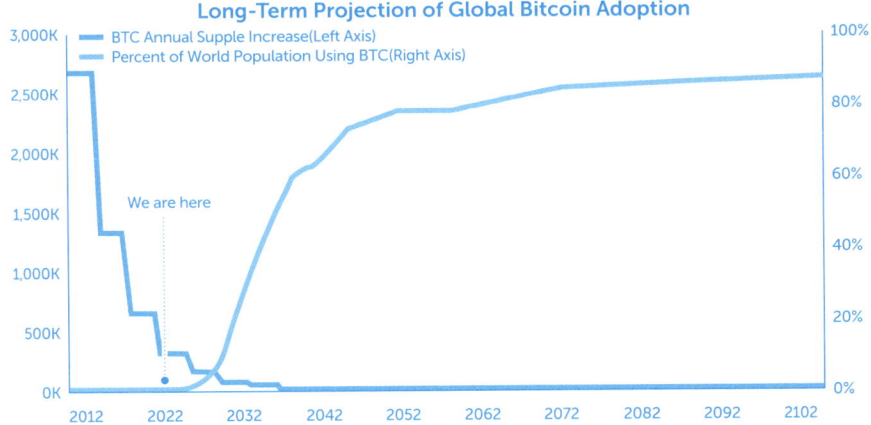

2030년경 전 세계 인구의 10% 이상이 비트코인 등 암호자산을 보유할 것으로 전망
(출처: Blockware Solutions, US Global Investors)

놓았고, 일본과 한국도 점진적으로 제도 정비에 나섰다. 결국 2030년경에는 전 세계 인구의 10% 이상이 비트코인 등 암호자산을 보유하고, 스테이블코인이 달러화의 국제적 활용을 디지털로 구현하며 금융 시스템의 모세혈관 곳곳에 침투한 새로운 금융 패러다임을 보게 될 것이다.

금융기관, 기업, 개인에 미치는 기회와 위험

금융기관: 스테이블코인 발행·수탁·결제 혁신의 기회와 새로운 리스크

상업은행과 같은 금융기관에게 디지털 자산 혁명은 양날의 검이다. 스테이블코인이 은행 예금을 대체할 경우 전통적인 예금 기반 수익 모델에 위협이 될 수 있으나, 한편으로는 새로운 사업 기회가 열릴 수 있다. 은행은 자체 스테이블코인을 발행하거나, 서클의 USDC 같은 민간 스테이블코인의 준비금 보관은행 역할을 맡아 수탁 수수료 수익을 올릴 수 있다. 실제로 미국 최대 수탁은행인 뉴욕 멜론은행은 여러 스테이블코인의 준비금을 보관하며 새로운 예금 유치원으로 활용하고 있다. 또 은행 및 카드 네트워크는 국제 송금과 결제망 혁신의 흐름에 올라탈 수 있다. 앞서 본 것처럼 마스터카드, 비자카드 등은 이미 전 세계 결제 네트워크에 스테이블코인 정산을 도입하려는 전략을 추진 중이며, 특히 크로스보더 cross-border 결제 영역에서 은행들은 전통적으로 국제결제망을 통해 2~3일씩 걸리던 업무를 스테이블코인으로 몇 분 내에 처리함으로써 기업 고객에게 혁신적 부가가치를 줄 수 있다.

반면에 이러한 변화는 기존 사업에 대한 위험도 수반한다. 스테이블코인의 발행 및 운영 리스크부터 살펴보면, 은행이 발행 주체가 되는 경우 준비금의 투명성 및 유동성 관리가 무엇보다 중요하다. 규제상 전액 준비금과 안전자산에 투자하도록 요구되지만, 만약 운용을 잘못하거나 대규모 환매 사태(뱅크런)가 발생하면 은행 신뢰도에 타격을 줄 수 있다. 특히 주요 스테이블코인 발행사가 대규모 미국 국채를 보유하고 있어, 갑작스러운 환매 요청은 채권 시장에 충격을 줄 수도 있다. 또 사이버 보안 역시 새로운 위험이다. 블록체인상에서 토큰을 발행·유통하므로, 스마트 컨트랙트의 취약점이나 개인키 Private key 관리 소홀로 해킹을 당하면 치명적인 사고로 이어질 수 있다. KYC(고객확인제도)/AML(자금세탁방지) 등 규제 준수 역시 도전이다. 스테이블코인은 전 세계 어디로든 이동할 수 있어 자금세탁 등에 악용될 소지가 있으므로, 은행은 규제당국과 협력하여 거래 추적 시스템 등을 강화해야 한다.

더 근본적으로는 금융기관의 사업모델 자체에 대한 위협도 거론된다. 스테이블코인이 보편화되면 고객은 은행 예금 대신 이자까지 붙는 스테이블코인을 선호할 가능성이 있다. (그래서 GENIUS Act 등 법안에서는 직접적인 이자 지급을 금지하고 있다.) 시티은행의 보고서에는 만약 이자 지급형 스테이블코인이 나오면 은행의 단기예금과 머니마켓펀드$_{MMF}$ 역할까지 대체할 수 있다고 분석되어 있다. 이는 은행 기준에서 예금 유출과 수수료 수익 감소로 이어질 수 있는 시나리오이다. 실제로 2023년과 2024년 사이 연준의 급격한 금리인상기에는, 스테이블코인 발행사들이 준비금을 투자한 국채 등으로 연 5% 가까운 이자 수익을 얻으면서도 사용자에게는 이자를 거의 주지 않는 상황이었지만, 향후 경쟁이 심화되면 스테이블코인 보유자에게 우회적으로라도 이자를 제공하는 모델이 등장할 수도 있다. 그렇게 되면 은행이 제공하는 예금 금리와 경쟁이 불가피해지고, 은행의 자금중개 기능이 약화될 수 있다. 요약하면, 금융기관에는 디지털 자산 혁신을 선도하여 새로운 금융 플랫폼으로 도약할 기회가 있는 반면, 변화를 수용하지 못하면 핵심 예금·결제 사업을 잠식당할 위험이 공존한다. 결국 2030년을 대비해 은행들은 자체 디지털 자산 부서 신설, 규제 로비, 기술 투자 등으로 디지털 패러다임 전환에 기민하게 대응해야 할 것이다.

기업: 국제 송금과 원가 절감 기회와 회계·규제 리스크

일반 기업에도 비트코인과 스테이블코인은 양면의 영향을 미친다. 우선 기회 측면을 보면, 국제 비즈니스 환경에서 비용 절감과 효율 향상이 가장 두드러진다. 다국적 기업이나 수출입 기업은 스테이블코인을 이용한 결제로 환전 수수료와 송금 수수료를 크게 절감할 수 있다. 예를 들어 한국의 수입업체가 미국 공급사에 대금을 지급할 때, 과거에는 은행 송금으로 며칠이 걸려 수수료 수십만 원을 들였다면, 이제 달러 스테이블코인을 전송함으로써 몇 분 내에 거의 수수료 없이 대금을 결제할 수 있다. 이는 기업의 현금흐름 개선과 운영자금 효율화로 이어져, 특히 영세 사업자나 신흥시장 기업에게는 게임체인저가 될 수 있다. 더 나아가 해외 자회사로 자금 이전, 글로벌 급여 지급 등에서도 은행 중개 없이 스테이블코인으로 직접 지급할 수 있어 24시간 실시간 금융을 실현한다. 마치 고속도로를 이용하듯, 스테이블코인은 기업의 자금 이동을 더욱 빠르고 저렴하게 만든다.

또 비트코인 도입에 따른 전략적 이점도 있다. 일부 혁신기업은 비트코인을 자산으로 보유하여 인플레이션 대비나 남는 현금의 투자수단으로 삼고 있다. 예컨대 앞서 언급한 테슬라나 마이크로스트래티지처럼 현금의 일부를 비트코인에 두는 전략은, 달러 약세나 통화가치 하락 시기에 회사의 자산을 보호하고 때로는 수익을 내는 방편이 된다. 현재는 국제 홍보 효과도 무시할 수 없다. 비트코인을 재무전략에 포함하는 기업은 언론의 주목을 받아 혁신적 기업이라는 이미지를 얻고, 크립토 커뮤니티의 지지를 얻기도 한다.

상장사 비트코인 보유 Top 10(2025년 6월 기준)

비트코인에 대한 신뢰와 가치를 확신한 많은 글로벌 상장기업이 자사 재무전략의 하나로 비트코인을 매입해 보유하고 있다. 비트코인을 가장 많이 보유한 상장사 상위 10곳을 살펴보면 다음과 같다.

1. **마이크로스트래티지現 Strategy** – 약 59만 2,100 BTC 보유(미국 나스닥 상장, 비즈니스 인텔리전스 소프트웨어 기업으로 현재 사명을 Strategy Inc.로 변경. 마이클 세일러 CEO가 주도해 대규모 비트코인 취득 전략을 펼친 최대 기업 홀더).

2. **마라톤디지털홀딩스 Marathon Digital Holdings** – 약 4만 7,531 BTC 보유(미국 나스닥 상장, 대형 비트코인 채굴 기업이며, 채굴로 얻은 비트코인을 대부분 축적하는 전략을 취하여 마이크로스트래티지 다음으로 많은 비트코인을 보유함).

3. **라이엇플랫폼스 Riot Platforms** – 1만 9,000 BTC 내외 보유 추정(미국 나스닥 상장, 또 다른 대표적인 비트코인 채굴 기업이며, 공격적인 채굴 설비 확장과 함께 채굴한 코인을 꾸준히 적립해옴. 2024년 말 기준 1만 7,000 BTC 규모였으며 이후 매월 수백 개씩 꾸준히 추가하여 상위권에 있음).

4. **갤럭시디지털홀딩스 Galaxy Digital Holdings** – 약 1만 5,449 BTC 보유(캐나다 증권거래소 상장, 암호화폐 투자운용 및 금융 서비스 회사이며, 자산 포트폴리오의 일환으로 대규모 비트코인을 보유함).

5. **테슬라 Tesla** – 약 1만 1,509 BTC 보유(미국 나스닥 상장, 전기차

제조사로 2021년 초 약 15억 달러어치 비트코인을 매수해 주목받았고, 2022년에 일부 매도했지만 여전히 재무제표상 상당량을 보유 중).

6. **헛8마이닝**Hut 8 Mining Corp. – **약 1만 273 BTC 보유**(캐나다 토론토 증권거래소 상장, 북미 유수의 비트코인 채굴 회사이며, 채굴한 비트코인을 장기간 보유HODL하는 전략을 고수함).

7. **메타플래닛**Metaplanet – **1만 BTC 보유**(일본 도쿄증권거래소 상장, 일명 '아시아의 마이크로스트래티지'로 불리며, 2025년 들어 공격적으로 비트코인을 매입하여 연말까지 1만 BTC를 넘게 보유하겠다는 계획을 밝히는 등 아시아 기업 중 최대 규모 보유).

8. **코인베이스글로벌**Coinbase Global Inc. – **약 9,480 BTC 보유**(미국 나스닥 상장, 세계적인 암호화폐 거래소 운영사이며, 비트코인을 비롯한 크립토 자산을 보유함. 거래소 특성상 보유량이 상대적으로 많지는 않지만, 상장사로서 보유를 공개함).

9. **블록**Block Inc. – **약 8,485 BTC 보유**(미국 뉴욕증권거래소 상장, 구 스퀘어Square로 알려진 핀테크 기업이며, 잭 도시Jack Dorsey가 이끌며 비트코인에 우호적인 행보를 보여옴. 캐시앱 등으로 비트코인 판매 서비스를 제공하고, 회사 자산으로 상당량의 비트코인을 오래 보유함).

10. **클린스파크**CleanSpark Inc. – **약 6,000 BTC 이상 보유 추정**(미국 나스닥 상장, 신재생에너지 기반 비트코인 채굴 기업이며, 2024년 중순 약 6,154 BTC를 보유한다고 알려졌으며 이후 채굴 확대로 꾸준히 보유량을 늘려옴).

주: 위 목록은 2025년 6월을 기준으로 한 공개 자료에 근거했으며 (출처: 10-q, SEDAR filings, press releases 등), 암호자산 시황에 따라 각 기업의 보유량은 변동될 수 있다. 특히 채굴 기업은 운영자금 마련 등을 위해 일부 비트코인을 수시로 매도하기도 하므로 시점에 따라 순위 변동이 생길 수 있다. 하지만 전반적으로 미국의 테크 기업과 채굴 기업, 일부 캐나다·아시아 기업이 기업 재무에 비트코인을 편입하는 흐름이 두드러지며, 이러한 추세는 더욱 확산될 전망이다. 기업들의 비트코인 매입은 다른 기업에도 하나의 벤치마크 사례가 되고 있으며, 궁극적으로 비트코인의 희소성과 가치를 더욱 부각하는 역할을 하고 있다.

또 새로운 비즈니스 모델도 창출할 수 있다. 스테이블코인 기반의 프로그래밍 가능한 결제 기능을 활용하여 자동화된 재무 관리, 조건부 결제 등 혁신적인 비즈니스 프로세스를 구축할 수 있다. 코인베이스가 선보인 x402 프로토콜은 AI 에이전트가 스테이블코인으로 API나 디지털 서비스를 자율적으로 결제하도록 지원하며 '기계 대 기계Machine-to-Machine, M2M' 경제의 가능성을 연다.

한편, 이러한 기회와 함께 법적·회계적 리스크가 따라온다. 회계 처리의 어려움은 그중 하나이다. 현행 국제회계기준IFRS과 미국 회계기준(개정 전 기준)에서는 비트코인을 무형자산으로 분류하여 처리해왔다. 이 때문에 시세가 하락하면 손상차손(자산이 예상보다 크게 가치가 하락했을 때 발생하는 손실)을 인식해야 하지만, 시세가 올라도 이익을 실현하기 전까지 장부가치를 올릴 수 없는 비대칭 회계 문제가 있다. 예를 들어 어떤 기업이 1 BTC를 5만 달러에 매수한 후 가격이 3만 달러로 떨어지면 즉시 2만 달러 손실을 반영해야 하지만, 다시 5만 달러를 넘어서 6만 달러가 되어도 매도하지 않는 한 이익을 장부에 반영하지 못하는 식이다. 이러한 규정 때문에 비트코인을 보유한 기업은 재무제표 변동성이 커지고 손실 편중으로 보수적으로 인식되는 위험이 있었다. 다행히 미국 재무회계기준위원회 Financial Accounting Standards Board, FASB는 2023년 말에 암호자산을 공정가치(시가)로 평가하도록 회계기준을 개정했다. 2025년부터 적용되며, 미국 기업은 비트코인 등 암호자산을 시가로 평가하고, 미실현 이익/손실도 매 분기 재무제표에 반영하게 된다. 그러나 국제회계기준 적용 국가들은 여전히 손상차손만 인식하는 무형자산 기준이 우세하므로 회계상 불확실성은 지속된다. 법적 리스크도 중요하다. 각국 정부의 암호자산 규제가 아직 확립되어 있지 않으므로, 기업이 비트코인이나 스테이블코인을 활용할 때 규제 변경에 따른 영향을 받기 쉽다. 예를 들어, 어느 나라가 갑자기 기업의 암호화폐 보유에 과세를 강화하거나, 스테이블코인 해외 송금을 자본유출로 간주해 제한한다면 기업 활동에 제약이 생길 수 있다. 또 자금세탁방지 AML 규정을 준수하려면 기업 재무팀은 스테이블코인 거래 내역을 투명하게 관리해야 하고, 거래 상대방 주소의 제재 여부를 확인하는 등 추가적인 준법감시 부담도 지게 된다.

개인: 포트폴리오 다변화와 수익 기회 및 리스크

개인에게 비트코인과 스테이블코인은 새로운 투자 기회인 동시에 새로운 위험 요소이다. 기회 측면에서 보면, 먼저 포트폴리오 다변화 효과가 있다. 비트코인은 주식, 채권, 부동산 등 전통 자산과 상관관계가 낮은 편이어서 포트폴리오에 일부 편입 시 분산 투자 효과를 줄 수 있다. (그러나 최근 몇 년간 비트코인과 미국 주식 간의 상관관계가 다소 높아진 시기도 있으며, 최근 3년간 비트코인과 미국 주식시장의 상관계수는 약 0.55까지 상승하기도 했다.) 특히 인플레이션 헤지 관점에서 금과 유사하게, 디지털 희소자산인 비트코인을 보유하면 법정화폐 가치 하락 시 자산 가치를 방어하는 역할을 기대할 수 있다.

둘째, 스테이블코인을 통한 예치 수익 및 금융 편의성이다. 스테이블코인은 가치가 안정된 덕분에 여러 탈중앙화 금융 플랫폼이나 중앙화 금융CeFi 업체에서 예치 시 연 몇 % 이자를 제공하는 상품이 나타났다. 예를 들어 2020년대 초 일부 해외 플랫폼에서는 USDC 등을 예치하면 연 5~10%대 이자를 지급하기도 했다. 낮은 금리 시대에 이는 매우 매력적인 수익원으로 개인에게 다가왔다. 게다가 스테이블코인은 언제든 현금화할 수 있으면서도 디지털 형태로 자유롭게 전송할 수 있어 글로벌 투자 기회를 포착하는 데 유용한 유동성 수단이다. 한편으로 개인은 스테이블코인으로 달러 자산을 손쉽게 보유할 수도 있다.

개인이 비트코인 투자로 얻을 수 있는 높은 잠재수익도 큰 기회이다. 지난 10년간 비트코인은 수많은 자산 중 최고 수준의 수익률을 기록했고, 4년을 주기로 찾아오는 반감기 사이클 이후에 역사적으로 큰 상승장이 있었던 만큼, 이를 잘 활용하면 장기적으로 부의 증식을 기대할 수 있다. 일부 전문 투자자는 비트코인이 디지털 시대의 금으로서 2030년에 수백만 달러에 이를 것이라는 낙관론을 펼치며 전략적 매수를 권장하기도 한다. 물론 이는 어디까지나 예측에 불과하지만, 비트코인이 글로벌 금융 시스템의 메인스트림 자산이 될 경우 수요 증가에 따른 가치 상승 가능성을 무시할 수 없다.

이러한 기회들과 동시에 개인투자자는 새로운 유형의 리스크에도 직면한다. 우선 보안 리스크이다. 암호화폐를 직접 보유한다면 개인이 자기 자산의 최종 책임자가 된다. 은행 예금은 은행이 해킹당해도 예금자 보호가 되지만, 비트코인은 개인 지갑의 키를 분실하거나 해킹당하면 영구히 잃게 된다. 실제로 하드디스크를 폐기하거나 비밀번호를 잊어버려 많은 비트코인을 영영 찾지 못한 사례도 있다. 또 피싱이나 해킹으로 개인이 보유한 코인을 탈취당하는 사건도 빈번하다. 거래소 리스크도 존재한다. FTX 코인 거래소 파산 사태에서 보듯, 신뢰했던 중앙화 거래소가 문을 닫으면 개인 자산을 돌려받지 못할 수 있다. 따라서 개인은 지갑 보안수칙 준수, 2FA_{Two-Factor Authentication}(2단계 인증) 설정, 분산 보관 등 자기자산을 지키기 위한 교육과 노력이 필수이다.

둘째, 시장 변동성과 레버리지 리스크이다. 비트코인은 가격 변동성이 매우 커서 단기간에 투자 원금의 상당 부분이 손실될 수 있다. 60% 넘는 급락이 여러 차례 있었고, 반대로 몇 달 새 5배로 뛰기도 했다. 이러한 변동성은 과도한 레버리지 투자 시 치명적일 수 있다. 파생상품 시장과 탈중앙화 금융의 발전으로 개인도 레버리지 투자가 쉬워졌지만, 이는 곧 청산 위험의 상존을 의미하므로 절제와 분별 있는 투자 태도가 요구된다.

셋째, 규제 및 법률 리스크이다. 국가별로 암호자산을 바라보는 시각이 다르고, 시간이 지남에 따라 법이 강화될 가능성도 있다. 예를 들어 어느 나라가 개인의 암호화폐 소득에 과세를 높이거나, 해외 거래소 이용을 금지하거나, 극단적으로는 암호화폐 자체를 금지할 가능성도 배제할 수 없다. 실제로 중국은 2021년 암호화폐 거래를 전면 금지했고, 그 이전에도 여러 나라에서 규제 방향이 급변한 사례가 있다. 한국의 개인투자자에게도 가상자산 소득 과세가 예고되는 등 법률 환경이 바뀌고 있다. 이처럼 정책 리스크는 개인이 통제하기 어려운 변수이다. 특히 스테이블코인은 각국 중앙은행이 CBDC를 도입하면 민간 스테이블코인에 규제를 가할 가능성도 거론된다. 최악의 시나리오에서는 스테이블코인 발행사가 파산하거나 준비금 사기로 토큰 가치가 붕괴하는 일도 있을 수 있다. 2022년 테라-루나 사태에서 알고리즘 스테이블코인이 한순간에 휴지 조각이 되어버린 경험은, 설령 1달러에 연동된 토큰일지라도 그 신뢰를 송두리째 잃을 위험이 있음을 보여주었다.

정리하면, 개인투자자에게 비트코인과 스테이블코인은 높은 수익과 금융 자유의 기회인 동시에 기술적·시장적 복합 위험을 지닌 자산이다. 이에 따라 투자 전에 충분한 학습과 리스크 관리 계획을 세워야 하며, 전체 자산 중 감내할 수 있는 비율로만 투자하는 것이 바람직하다. 또 정부 정책 동향을 예의주시하고, 글로벌 사례(예: 미국의 ETF 승인 동향, 유럽의 투자자 보호 규정 등)를 참고하여 안전하고 합법적인 투자 경로를 선택해야 할 것이다.

실용적인 투자 전략 가이드라인

개인투자자 전략: 반감기 사이클 활용, 정액분할매수DCA, 스테이블코인 응용

1) 사이클을 이해하고 장기적 안목으로

비트코인은 약 4년 주기로 반감기를 겪으며 채굴 보상이 절반으로 줄어드는 공급 쇼크가 발생한다. (가장 최근의 반감기는 2024년 4월이었다. 블록 보상은 6.25 → 3.125 BTC로 줄어들었다.) 역사적으로 이 반감기를 전후해 약 1년 또는 1년 반 뒤에 강력한 상승장이 찾아오는 흐름을 보였다. 이러한 시장 사이클을 염두에 두고 장기투자를 계획하는 것이 좋다. 예를 들어 다음 반감기가 2028년에 예정되어

	블록 보상	가격 변화
2012년 11월 (1차 반감기)	50 BTC ⋯ 25 BTC	가격 상승: 약 $12 ⋯ $1,150(2013년 말, 약 1년 후 약 100배) 가격 조정: 최고점 $1,150(2013년 12월) 최저점 약 $200(2015년 1월, 최고점 약 1년 후) 하락률: 약 83%
2016년 7월 (2차 반감기)	15 BTC ⋯ 12.5 BTC	가격 상승: 약 $650 ⋯ $20,000(2017년 말, 약 1년 반 후 약 30배) 가격 조정: 최고점 $20,000(2017년 12월) 최저점 약 $3,200(2018년 12월, 약 1년 후) 하락률: 약 84%
2020년 5월 (3차 반감기)	12.5 BTC ⋯ 6.5 BTC	가격 상승: 약 $8,000 ⋯ $69,000(2021년 말, 약 1년 반 후 약 9배) 가격 조정: 최고점 $69,000(2021년 11월) 최저점 약 $15,500(2022년 11월, 약 1년 후) 하락률: 약 77%

▶ 반감기 후 약 1년 반 동안 가격이 상승하고, 정점 이후 약 1년 내 가격이 크게 하락.
▶ 가격 상승 배수가 빠르게 줄어들고 있음(100 ⋯ 30 ⋯ 9).
▶ 대체로 최고점에서 1년 후 약 77~84% 하락하는 조정이 발생.

있다면, 그 이전까지 분할매수로 모아가고 이후 시장 과열이 온다면 일부 차익 실현을 검토하는 등 전략적으로 접근할 수 있다. 다만 과거 패턴이 반드시 미래를 보장하지는 않으므로 맹신은 금물이며, 거시경제 환경(경기 사이클, 유동성 상황 등)도 함께 고려해야 한다. 중요한 것은 단기투자보다는 중장기적 시각으로 비트코인을 대하는 것이다. 비트코인은 흔히 '시간을 견디면 우상향하는 자산'으로 여겨지지만 중간중간 -50% 이상 조정도 있었다. 따라서 멘털 관리와 홀딩 전략을 미리 정해두는 것이 좋다.

그러나 현재 4차 반감기는 확실히 패러다임 시프트를 보여주고 있다. 과거처럼 폭발적인 상승률은 보이지 않지만, 대신 더 안정적이고 지속가능한 성장 패턴을 보인다는 것이 다수 의견이다. 기관 자금이 들어오면서 변동성은 줄어들고 사이클은 빨라지는 대신, 전체적으로 더 성숙한 자산 클래스로 진화하는 것이다. 특히 ETF를 통한 기관투자가 게임 체인저 역할을 하고 있고, 이는 앞으로도 비트코인의 가격 발견과 시장 역학에 지속적인 영향을 미칠 것으로 보인다.

2) 정액분할매수 전략

변동성 높은 자산에 투자할 때 가장 유용한 방식 중 하나가 정액분할매수 Dollar-Cost Averaging, DCA 전략이다. 이는 시장 타이밍을 재지 않고 정기적으로 일정 금액씩 비트코인이나 이더리움 등을 매수하는 방법이다. 예를 들어 월급의 5%씩을 매달 비트코인에 투자한다면, 가격이 쌀 때는 더 많은 양을 사고 비쌀 때는 적은 양을 사게 되어 평균 매입단가를 낮추는 효과가 있다. 실제로 지난 수년간 정액분할

매수로 비트코인을 모았다면 대부분 플러스 수익을 거두었고, 특히 장기투자 시 시장 변동에 스트레스를 덜 받으면서 꾸준히 포지션을 늘릴 수 있다는 장점이 있었다. 앞으로도 몇 차례 상승장과 하락장이 교차할 수 있음을 고려하면, 정액분할매수는 리스크 분산에 유효한 전략으로 보인다. 단, 개인의 재무상황에 맞춰 무리하지 말고 소액부터 시작하여 심리적 부담을 줄이는 것이 중요하다. 정액분할매수는 업비트 등 중앙화 거래소 또는 비트세이빙(https://bitsaving.kr)에서 서비스를 제공하며, 매일 살 것인지 매월 살 것인지, 어느 정도 규모로 살 것인지를 설정할 수 있다.

3) 스테이블코인의 활용

스테이블코인은 개인투자자에게 두 가지 측면에서 유용하다. 첫째, 시장 대기자산 혹은 비상자금으로 활용할 수 있다. 변동성 장세에서 일시적으로 암호화폐 비중을 줄이고 현금성 자산으로 기다리고 싶을 때, 은행 송금보다는 USDT나 USDC 같은 스테이블코인으로 두는 것이 거래소 간 이동이나 투자 재진입 시 속도가 빠르고 편리하다. 예를 들어 한 거래소에서 비트코인을 매도해 USDC로 보유하고 있으면, 다른 투자 기회가 생겼을 때 그 USDC를 바로 다른 거래소나 탈중앙화 금융으로 보내 투자하는 기동성을 얻을 수 있다. 둘째, 예치와 이자 수익이다. 앞서 언급한 것처럼 스테이블코인을 탈중앙화 금융 플랫폼에 예치하여 수익을 얻는 방법 Digital Yield Farming 이 있다. 다만 이때 상대 플랫폼의 신뢰성을 매우 엄격히 따져야 한다. 중앙화 랜딩 플랫폼의 잇따른 파산 사례(셀시어스, 보이저 등)와 탈중앙화 금융 해킹 사례가 있었던 만큼, 검증된 프로토콜이나 보험 적용 여부를 고려해 소액으로 시도하는 것이 좋다. 또 앞으로 규제가 갖추어져 은행이나 증권사에서도 스테이블코인 예치상품을 내놓을 가능성이 있다. 그렇게 되면 더 안전하게 이자를 얻는 길이 열릴 수 있으므로 제도권 움직임을 지켜보는 것이 좋다.

한때 은행 예금만 안전한 수익 창출 방법이라고 여겨졌지만, 이제 USDT나 USDC 같은 달러 연동 디지털 화폐를 바이낸스 같은 거래소에 맡겨두는 것만으로도 연 3~8% 이자를 받을 수 있다. 이는 맡겨둔 디지털 달러가 전 세계 사용자에게 대출되거나 거래 유동성을 제공하는 데 쓰이면서 발생하는 수익을 나누어 받는 것이다. 전통 은행의 중간 단계가 사라져 더 효율적인 금융 시스템이다. 바이낸스 앱에서 'Earn' 메뉴로 간단히 시작할 수 있지만, 거래소 리스크와 규제 변화 가능성을 고려해 여유 자금의 일부로 신중하게 접근해야 한다. 마치 새로운 대륙을 발견한 탐험가처럼, 이 디지털 금융 세계는 기회와 위험이 공존하는 미지의 영역이지만, 올바로 이해하고 준비되어 있다면 당신이 잠든 시간에도 자산이 부지런히 일하게 만들 수 있다.

끝으로, 환테크 측면에서도 원화 가치 하락이 우려될 때 달러 스테이블코인을 보유하여 손쉽게 환헤지 효과를 얻는 개인도 늘고 있다.

달러를 디지털로 보관하며 이자 받기: 스테이블코인 스테이킹의 이해와 활용법

최근 디지털 자산시장에서 각광받는 자산 중 하나는 바로 달러 기반 스테이블코인이다. 이 디지털 달러를 보관만 하는 것이 아니라 추가로 이자까지 받는다면 어떨까? 이는 전통 은행에 달러를 예치하고 이자를 받는 것과 유사한 방식인데, 암호화폐 거래소에서 매우 손쉽게 이용할 수 있다. 바로 '스테이블코인 스테이킹Stablecoin Staking'이다.

1. 스테이블코인 스테이킹이란?

스테이블코인 스테이킹이란, 자신이 보유한 스테이블코인을 일정 기간 암호화폐 거래소에 맡기고 그에 따른 이자 수익을 얻는 방식이다. 이는 바이낸스 같은 중앙화 거래소Centralized Exchange, CEX에서 이루어지며 비교적 높은 안정성과 편리성을 제공한다. 예를 들어, 자신의 USDT나 USDC를 바이낸스의 스테이킹 프로그램에 예치하면, 예금하듯이 안정적인 이자를 받을 수 있는 것이다. 이는 전통 금융의 '정기 예금' 개념과 매우 비슷하지만, 전통 은행 대비 높은 금리를 제공하는 경우가 많아 개인투자자에게 매력적인 선택지가 되고 있다.

2. 어떻게 이자를 받을 수 있을까?

구체적으로 바이낸스에서 USDT나 USDC를 활용해 스테이킹을 하는 방법을 살펴보자.

① 스테이블코인 구매 및 거래소 입금
우선 스테이블코인을 보유하고 있지 않다면 거래소에서 직접 구입하거나 외부에서 구매하여 바이낸스 지갑에 입금한다.

② 상품 선택 및 스테이킹 신청
바이낸스의 웹사이트나 앱에서 'Earn' 메뉴에 접속하면 다양한 금융 상품이 나온다. 이 중 '스테이블코인 예치상품(Stablecoin Earn, Flexible Savings, Locked Savings 등)'을 선택할 수 있다.

- **Flexible Savings(자유 예치):** 언제든지 입출금을 할 수 있고 낮은 이자를 제공한다.
- **Locked Savings(고정 예치):** 일정 기간(7일, 30일, 60일, 90일 등) 예치하고 그 기간이 지나면 더 높은 이자를 받는다.

③ 이자 지급 및 재투자
선택한 기간과 방식에 따라 바이낸스는 매일 또는 만기 시에 이자를 지급한다. 일반적으로 이자는 스테이블코인(USDT나 USDC)으로 지급되며, 이를 다시 투자해 복리 효과를 얻을 수도 있다.

3. 왜 중앙화 거래소를 선택하는가?

- **안전성과 신뢰성:** 대형 거래소는 엄격한 보안 절차와 글로벌 규제 준수를 바탕으로 안전하게 자산을 보관한다. 특히 바이낸스, 크라켄, 코인베이스 등은 글로벌 시장에서 신뢰도가 높다.
- **편의성과 접근성:** 개인투자자가 쉽게 이용할 수 있는 직관적인 사용자 인터페이스(UI)를 제공한다. 별도의 지갑이나 복잡한 기술적 이해 없이 쉽게 사용할 수 있다.

- 다양한 상품 옵션: 자유 예치, 고정 예치 등 투자 성향에 따라 다양한 옵션을 제공한다.

4. 스테이블코인 스테이킹의 이점
- 안정적 수익 창출: 가격 변동성이 거의 없는 달러 연동 스테이블코인을 이용해 이자를 안정적으로 받을 수 있으므로 시장 변동성을 피하고 싶은 투자자에게 적합하다.
- 은행 대비 높은 수익률: 전통 은행의 달러 예금 이자율보다 일반적으로 높은 금리(보통 연 3~7% 이상)를 제공한다.
- 손쉬운 유동성 관리: 디지털 자산으로 보유하면서도 언제든지 쉽게 거래하거나 전송할 수 있어 글로벌 투자나 송금에도 유용하게 활용할 수 있다.

5. 고려해야 할 리스크와 유의사항
- 거래소 신뢰도 리스크: 만약 거래소 자체의 재정 상태나 운영에 문제가 생기면 투자자의 자금이 묶이거나 손실될 수 있다. 따라서 글로벌 시장에서 평판이 좋은 거래소를 이용해야 한다.
- 규제 및 세금 리스크: 각국 정부가 암호화폐 관련 세금을 부과할 수 있으므로 본인 거주국의 세무 규정을 확인해야 한다.
- 준비금 리스크: USDT나 USDC 등 일부 스테이블코인의 준비금 관리가 잘못될 경우 페깅(1달러 가치 유지)이 깨질 가능성도 배제할 수 없으므로 스테이블코인 발행자의 신뢰도 역시 고려해야 한다.

기관투자자 전략: ETF 활용과 디지털 자산 포트폴리오 구축

1) ETF와 신탁을 통한 간접투자: 기관투자자(연기금, 자산운용사, 보험사 등)에게 가장 현실적인 비트코인 투자 접근법은 ETF 활용이다. 미국에서도 2024년부터 현물 비트코인 ETF가 승인됨에 따라, 기관들은 내부 규정상 직접 암호화폐를 살 수 없더라도 증권거래위원회 승인 ETF를 매입함으로써 규제준수 범위에서 포트폴리오에 편입할 수 있게 되었다. 2025년 3월 기준 미국 내 여러 비트코인 ETF에 대규모 자금이 몰렸는데, 이는 기관들의 참여가 크게 늘었음을 시사한다. 블랙록, 피델리티, 인베스코 등의 ETF가 출시되자마자 수십억 달러씩 설정되는 추세이며, ETF를 통한 기관자금 유입은 비트코인 시장을 한층 성숙하게 만들고 있다. 기관들은 이처럼 유동성이 풍부하고 관리하기 쉬운 ETF로 우선 소규모(예: 포트폴리오의 1~5%)로 비트코인 투자를 시도해볼 수 있다. 특히 미국에서는 일부 주의 공무원연금이 비트코인 ETF에 투자하기 시작했고, 대학 기금이나 패밀리오피스 등도 관심을 보이고 있다. 기관투자자에게는 시장 유동성, ETF 거래량, 스프레드 등을 검토하여 가장 신뢰도 높은 ETF를 선정하고, 장기 보유를 목표로 삼는 전략이 유효하다.

2) 글로벌 ETF 및 ETP의 활용: 미국 외에도 캐나다, 유럽, 아시아 일부 지역에는 다양한 암호자산 ETP Exchange Traded Product(상장지수상품)가 존재한다. 예를 들어 캐나다는 2021년 세계 최초로 비트코인 현물 ETF를 도입했고, 유럽의 독일, 스위스, 네덜란드 등에서도 여러 종류의 크립토 ETP가 거래되고 있다. 기관투자자는 투자 준칙과 관할 규정에 따라 이러한 해외 상품을 활용해 간접투자를 지리

운용사(티커)	보유 BTC 수량	운용사(티커)	보유 BTC 수량
BlackRock(IBIT)	662,707 BTC	VanEck(HODL)	15,188 BTC
Fidelity(FBTC)	196,264 BTC	Franklin(EZBC)	5,040 BTC
ARK Invest(ARKB)	45,616 BTC	Invesco(BTCO)	5,292 BTC
Grayscale Mini(BTC)	43,600 BTC	WisdomTree(BTCW)	1,547 BTC
Bitwise(BITB)	37,479 BTC	Grayscale(GBTC)	185,478 BTC

주요 운용사가 보유한 비트코인 현물 ETF 규모(출처: Benzinga)

적으로 분산할 수 있다. 유럽의 ETP는 유로화 표시 등 통화 분산 효과도 있고, 일부 아시아 시장(예: 싱가포르, 홍콩)은 허용된 파생상품을 이용해 간접노출을 얻을 수도 있다. 다만 각국 규제가 상이하므로 법률 검토와 세무 검토를 병행해야 한다.

3) 직접 보유와 수탁 전략: 일부 선도적인 기관은 아예 비트코인 현물을 직접 매수하여 장기보유 전략을 취하기도 한다. 이 경우 신뢰할 수 있는 수탁은행을 선정하는 것이 중요하다. 현재 은행권 진입으로 나스닥 수탁, 뉴욕 멜론은행 등 전통 금융기관도 수탁 서비스를 제공하거나 준비 중이며, 코인베이스 수탁처럼 전문 업체도 있다. 기관투자자는 보험 가입 여부, 다중 서명 키 multisignature 등 보안수준, 규제 라이선스를 면밀히 점검해 수탁 솔루션을 결정해야 한다. 직접 보유하는 투자 전략은 매수 후 오랜 기간 보유하는 전략(HODL)과 연계되곤 하는데, 이는 비트코인을 디지털 금 비축으로

간주하는 접근이다. 예컨대 일부 헤지펀드나 상장기업(Strategy Inc 등)은 가격 변동에 연연하기보다 거시적 관점에서 비트코인을 쌓아가고 있다. 기관이라면 이렇게 현물보유 + 정기 감시 형태로 접근하되, 리스크 관리를 위해 구성 자산의 다양화(예: 이더리움 등 주요 자산 추가)도 고려할 수 있다.

4) 디지털 인프라 투자: 기관투자자는 단순 자산 투자에 그치지 않고 인프라와 생태계 투자로 시야를 넓힐 수 있다. 예를 들어 거래소, 수탁, 결제 솔루션, 블록체인 스타트업 등에 벤처 투자나 제휴를 함으로써 새로운 시대의 금융 비즈니스 기회를 선점할 수 있다. 이미 골드만삭스, 소프트뱅크 등은 여러 크립토 기업에 투자해왔으며, 이러한 전략적 투자는 가속화될 전망이다. 이는 곧 기관 자신을 미래 금융 혁명의 일원으로 포지셔닝하는 작업이기도 하다. 또 일부 기관투자자는 자체 토큰 발행이나 블록체인 활용을 모색하기도 하는데, 이는 스테이블코인 발행이나 증권형 토큰화(STO) 등으로 구체화될 수 있다. 이러한 혁신 실험은 규제당국과 협의하에 신중히 추진해야 하지만, 성공한다면 기관의 사업 모델을 한 단계 업그레이드하게 될 것이다.

다가올 금융 혁명에 대한 준비: 기회 포착과 리스크 관리

불과 10여 년 전만 해도 비트코인은 변방의 실험 정도로 '취급받았고, 스테이블코인은 존재조차 미미했다. 그러나 이제 둘은 글로벌

비트코인 ETF: 구조와 투자자 선호 이유

비트코인 ETF는 투자자들이 비트코인을 직접 보유하지 않고도 손쉽게 투자할 수 있도록 해주는 간접투자 상품이다. 구조적으로 비트코인 ETF는 금 ETF나 원자재 ETF와 유사하게 작동한다. ETF 운용사는 투자자에게서 자금을 모아 시장 가격에 맞춰 비트코인을 매수하며, 이렇게 확보한 비트코인을 전문 수탁기관의 '디지털 금고'에 안전하게 보관한다. 예를 들어 코인베이스와 같은 규제를 준수하는 수탁 업체가 콜드월렛(오프라인 지갑) 등에 다중 보안장치를 갖추어 비트코인을 예치하고 관리한다. 그런 다음 ETF 운용사는 해당 비트코인 보유량에 대응하는 ETF 지분(주식)을 발행하여 증권거래소에 상장한다. 투자자들은 일반 주식이나 펀드를 사는 것과 똑같이 증권계좌로 이 ETF를 매매할 수 있고, ETF 가격은 시장의 비트코인 시세를 추적하도록 설계된다.

ETF가 실제 보유한 비트코인 대비 가격이 너무 괴리되지 않도록, 승인된 참여자authorized participant라고 불리는 증권사들이 ETF 지분과 비트코인 간의 차익거래를 수행하여 가격을 안정화한다. 이러한 생성·환매 메커니즘 덕분에 ETF 가격은 통상 시장 현물 가격에 연동되어 움직이며, 만약 가격 괴리가 커지면 참여자가 ETF 지분을 환매하고 비트코인을 인출하거나 그 반대로 비트코인을 공급하여 차익을 거두는 과정을 통해 균형 가격을 찾아간다. 요컨대 ETF는 비트코인 실물을 1:1로 담보로 하여 발행되는 주식형 상품이며, 투명한 구조와 엄격한 수탁 관리로 투자자의 신뢰를 얻는다.

투자자들이 직접 비트코인을 보유하는 대신 ETF를 선호하는 이유는 여러 가지이다.

첫째, 편의성과 접근성이다. ETF를 이용하면 투자자가 별도로 암호화폐 지갑을 만들거나 거래소에 가입할 필요 없이 기존 증권계좌로 손쉽게 비트코인에 투자할 수 있다. 이는 특히 전통 금융권 투자자나 연기금, 보험사 등 기관투자자가 익숙한 환경에서 규격화된 상품으로 비트코인에 노출될 수 있게 해주므로 수요가 크다.

둘째, 규제와 보안 측면이다. ETF는 금융당국의 승인을 받고 운영되며, 자산운용사와 수탁은행이 엄격한 내부 통제와 감사를 거치므로 개인이 직접 코인을 관리할 때 발생할 수 있는 해킹, 키 분실 위험 등을 덜 수 있다. 실제로 2021년 미국 최초로 비트코인 ETF(ProShares Bitcoin Strategy ETF)가 출시되었을 때 단 몇 주 만에 수십억 달러가 유입되었는데, 이는 투자자들이 규제된 상품에 안심하고 투자할 수 있음을 보여준 사례였다.

셋째, 세제 및 제도권 편입 혜택이다. 일부 국가에서는 ETF 투자가 세제상 이점이 있거나 연금계좌 등으로 편입할 수 있어 직접 암호화폐를 보유하는 것보다 유리할 수 있다. 예컨대 미국 IRP(개인은퇴계좌)나 401(k) 같은 연금에서는 비트코인 ETF를 담을 수 있지만 직접 코인을 사서 보관하기는 어려운 경우가 많다. 이러한 이유로 비트코인 ETF는 폭발적인 성장을 보이고 있다. 앞서 언급했듯이 미국 증권거래위원회가 2024년 현물 ETF를 다수 승인한 이후, 2025년 미국에 상장된 비트코인 ETF가 총 100만 BTC 이상을 보유하게 되면서 월가의 거대 자금이 비트코인 시장에 본격 진입했다. ETF의 등장은 비트코인 가격 발견의 효율성을 높이고 유동성을 증대시켜 시장 성숙도를 끌어올리는 한편,

투자 저변을 기관·개인 모두로 크게 넓혀놓은 상태이다.

ETF의 구조적 측면도 투자 매력을 높인다. ETF는 프로 관리를 통한 운용을 제공하는데, 예를 들어 정기 리밸런싱, 비트코인 포크fork 발생 시 대응, 신탁 형태 보험(일부 수탁은행은 해킹 손실에 대비한 보험에 가입) 등을 통해 개인투자자가 혼자 처리하기 버거운 이슈를 알아서 처리해준다. 이러한 편리함과 안정성 덕분에 비트코인 ETF는 금 ETF나 부동산 리츠REITs처럼 표준적인 대체자산 투자수단으로 자리 잡아가리라 예상된다. 다만, ETF를 통한 투자에는 관리 수수료가 부과되고, 직접 보유에 비해 즉각적인 코인 인출이나 활용이 불가능하다는 한계도 있다. 투자자는 직접 보유와 ETF의 장단점을 비교해 자신의 목적에 맞게 선택해야 한다. 그러나 전반적으로 금융 패러다임이 변하면서 ETF는 전통 금융과 암호자산 세계를 연결하는 다리 역할을 톡톡히 하고 있다.

※ 2025년 8월 기준 한국에는 비트코인 ETF 상품이 없으며, 미국 비트코인 ETF에 투자할 수도 없다.

금융의 판도를 뒤흔드는 핵심 변수로 부상했다. 가까운 미래 금융 지형을 미리 내다본다면, 디지털 자산과 전통 금융이 융합된 새로운 패러다임이 자리 잡을 것이다. 이는 기술의 변화이기도 하지만 동시에 사고방식의 변화이다.

국가와 규제당국은 디지털 화폐 시대에 맞는 규범과 인프라를 준비해야 한다. 미국은 달러 패권을 유지하기 위해서라도 스테이블코인을 포용하는 한편, 투명성과 투자자 보호장치를 마련할 것이고, 유럽과 아시아도 각자의 통화 주권을 지키면서 혁신을 촉진하는 균형점을 찾을 것이다. 기업들은 결제와 회계의 디지털화에 발맞춰 내부 시스템을 업데이트하고, 암호자산을 활용한 새로운 비즈니스 모델을 개발해야 살아남을 수 있다. 예를 들어 국제 무역 기업은 스마트 컨트랙트를 활용한 자동결제, 공급망 금융 토큰화 등을 준비함으로써 경쟁에서 앞서갈 수 있다. 금융기관은 고객 예금이 스테이블코인으로 빠져나가지 않도록 매력적인 예금 대안을 제공하거나, 아예 자체적인 디지털 통화 서비스를 만들어 변화의 흐름을 주도해야 할 것이다. 개인투자자들은 이 거대한 변화 속에서 기회와 위험을 균형감 있게 인식하고 자산관리 전략을 재정비해야 한다. 더는 비트코인과 스테이블코인이 '남의 나라 이야기'가 아닌, 내 자산과 직결된 시대가 오고 있기 때문이다.

2030년을 대비하는 키워드는 '적응'과 '준비'이다. 인터넷 혁명기에 그 변화를 받아들인 개인과 기업이 큰 성취를 이루었듯이, 디지털 자산 혁명에 선제적으로 대응한 이들이 미래의 승자가 될 것이다. 구체적으로는 지속적인 학습과 리스크 관리, 분산 투자와 장기적 관점, 혁신 기술에 대한 열린 자세가 중요하다. 금융 패러다임의 전환기는 위험한 시대가 아니라 기회의 시대이다. 비트코인과 스테이블코인이 주도하는 새로운 금융 질서 속에서, 각 주체들은 자신의 역할을 재정의하고 변화를 포용함으로써 더 효율적이고 포용적인 글로벌 금융 시스템을 함께 만들어갈 것이다. 곧 다가올 2030년, 우리는 돈과 금융에 대한 인식이 한 단계 진화한 세상과 마주하게 될 것이다. 그 변화를 두려움이 아닌 지혜와 용기로 맞이할 때 금융 혁명의 열매를 얻게 될 것이다.

결론: 새로운 패권 경쟁의 서막

 세계 금융의 판도가 요동치고 있다. 달러로 대표되는 기존 질서에 비트코인과 스테이블코인 같은 디지털 자산이 도전장을 내밀면서 새로운 패권 경쟁의 막이 올랐다. 과거에는 총과 대포로 패권을 겨뤘다면, 오늘날에는 디지털 금융 전략과 화폐 기술이 그 자리를 대신한다. 미국을 비롯한 각국은 디지털 통화를 앞세워 미래의 주도권을 확보하려 하고 있다. 이 장에서는 미국의 디지털 금융 전략이 암시하는 미래 질서와 비트코인·스테이블코인의 역할, 그리고 한국이 직면한 도전과 기회를 살펴본다. 또 다가올 세대를 위해 지속가능한 디지털 금융 생태계를 구축하기 위한 제언으로 글을 마무리한다.

미국의 디지털 금융 전략이 시사하는 미래 질서

 역사를 되돌아보면 패권국의 교체는 대략 100년 전후로 반복되어왔다. 역사적으로 세계 기축통화의 지위는 한 국가에 영원히 머물지 않았다. 15세기 이후 포르투갈, 스페인, 네덜란드, 프랑스, 영국을 거쳐 미국에 이르기까지, 글로벌 준비통화의 패권은 평균 약 94년 주기로 교체되었다. 예를 들어 포르투갈이 대항해 시대 개척으로 80년간 국제 무역을 주도하자 이를 스페인이 이어받아 아메리카 식민지의 금은을 바탕으로 110년 패권을 누렸다. 이후 네덜란드는 동인도회사와 암스테르담 금융시장의 힘으로 17세기 약 80년간 부상했고, 프랑스는 계몽 시대 군사력과 경제력을 앞세워 95년간 영향력을 행사했다. 19세기에는 해가 지지 않는 영국 제국의 파운드가 약 105년간 세계 경제의 중심 통화로 군림했으며, 20세기 들어서는 미국 달러가 세계 최대 경제규모와 금융시장의 뒷받침으로 패권 통화의 자리를 차지하여 현재까지 유지되고 있다.

미국은 1945년 이후 브레튼우즈 체제, 금 태환 중단 이후의 달러

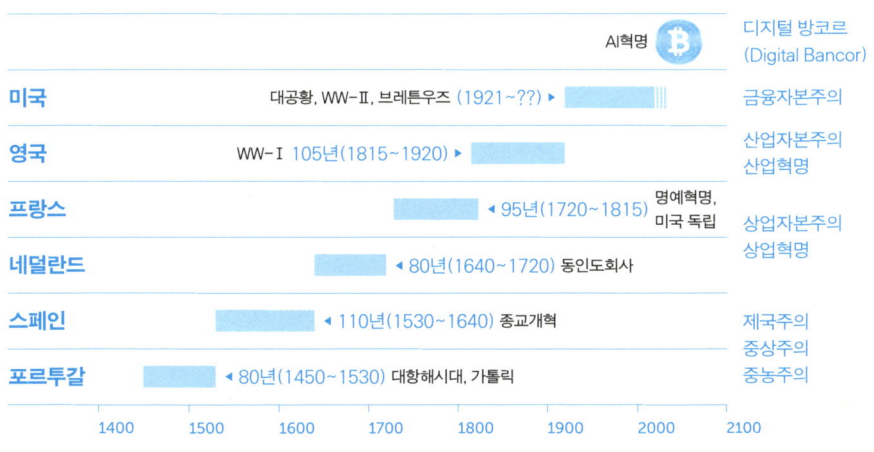

기축통화의 역사-패권 장악 연도 (출처: SK증권 Smart Finance)

체제, 2008년 금융위기 이후의 국채 남발 시대로 세 단계를 거치며 패권을 유지해왔으나, 과도한 부채 누적과 내부 불안이 도전 요인으로 대두되었다. 이러한 패권 순환의 배경에는 공통적으로 재정 남용과 지정학적 충돌, 기술 경쟁력 상실 등 여러 요인이 작용했다. 영광을 구가하던 제국들도 끝 무렵에는 국력의 내부 균열과 재정 부담으로 무너졌다. 역사학자 니얼 퍼거슨Niall Ferguson은 제국의 쇠퇴를 가늠하는 재정 지표로 이자 비용과 국방비의 역전을 지목한다. 즉, 국가가 부채 이자 지불에 국방 예산보다 많은 돈을 쓰게 되면 패권이 흔들리기 시작한다는 이른바 '퍼거슨의 법칙'이다. 놀랍게도 미국은 이미 이 임계점을 넘어섰다. 2024년 미국의 국가부채에 대한 순이자 지출은 GDP의 3.1%로, 거의 1세기 만에 처음으로 국방비(3.0%)를 넘어서는 모습을 보였다. 이는 단순한 통계상의 변화가 아니라 미국이 역사상 모든 패권국이 겪었던 '퍼거슨 한계'를 돌파했음을 의미한다. 17세기 스페인의 합스부르크 왕조, 18세기 프랑스의 부르봉 왕조, 19세기 오스만제국과 오스트리아-헝가리 제국, 20세기 영국 등 모든 전임 패권국이 이 지점을 넘어선 후 지배력을 상실했다는 점에서 현재 미국이 처한 상황은 예사롭지 않다. 하지만 미국이 과거 패권국들과 다른 점이 있다면, 이러한 위기를 인지하고 적극적으로 대응한다는 것이다. 비트코인 전략보유와 스테이블코인 혁명은 바로 이러한 맥락에서 이해할 수 있다. 미국은 전통적인 달러 패권의 한계를 인정하는 동시에 디지털 시대에 맞는 새로운 형태의 화폐 패권을 구축하려 하고 있는 것이다.

미국이 비트코인 전략보유와 스테이블코인으로 새로운 디지털 패권 질서를 모색하는 상황에서 자연스럽게 다음 패권 통화에 대한 질문이 떠오른다. 디지털 트랜스포메이션 시대에는 산업 간 경계가 흐려진다고 흔히 말해왔다. 하지만 최근 본격화된 AI 시대는 산업 간 경계를 단순히 모호하게 하는 수준이 아니라 근본적으로 해체하는 수준에 이르렀다. 나아가 산업을 넘어 국가 간 경계마저 희미해지면서 세계 전체가 마치 하나의 네트워크(One World)로 통합되는 방향으로 가속화되고 있다. 이러한 글로벌 융합 흐름에서 다음 패권 주체는 기존처럼 특정 국가에 국한되지 않을 가능성도 있지 않을까? 미래의 주도적 세력은 개별 국가가 아니라 여러 국가의 초국가적 연합 형태이거나, 전통적인 국가 개념을 넘어선 초국적 공동체나 디지털 공동체 같은 새로운 형태의 집합체일 수도 있을 것이다. 통화 또한 마찬가지이다. 앞으로의 주권통화는 개별 국가가 독자적으로 발행하는 방식보다는 국가 연합이나 민간 공동체 등 다양한 주체가 공동으로 관리하는 새로운 형태가 될 수도 있다. 이는 디지털 자산 시대가 도래함으로써 전통적 통화 개념 자체가 새롭게 정의되고 있음을 의미한다.

한국이 준비해야 할 디지털 금융 시대의 도전과 기회

이러한 글로벌 흐름 속에서 한국도 중대한 전환점에 서 있다. 미국의 디지털 금융 전략과 달리 패권 강화 움직임은 개방 경제인 한국에 기회이자 도전으로 다가온다. 한편으로 미국이 주도하는 스테이블록인 생태계에 편승하면 국제 금융거래의 효율을 높이고 글로벌 시장에서 디지털 달러의 혜택을 볼 수 있을 것이다. 그러나 동시에 달러 기반 스테이블코인의 확산은 한국 원화의 국제적 입지를 약화시키고, 국내 자금이 디지털 형태로 해외로 유출될 가능성도 높다.

실제로 한국은행은 스테이블코인이 가져올 네 가지 위험 요소를 경고했다. 스테이블코인 발행을 둘러싼 코인런(동시다발 인출) 가능성, 국내 금융시장 자본유출 우려, 범죄 악용 위험, 그리고 무엇보다 통화 신인도 저하와 통화정책 약화라는 구조적 위험이 그것이다. 민간 기업이 발행한 코인이 현금처럼 통용되면 중앙은행이 시중 통화량을 조절하는 통화정책 효과가 떨어지고, 국민이 중앙은행이 아닌 민간 발행 토큰을 더 신뢰하면 법정통화의 권위도 흔들릴 수 있다는 지적이다.

이러한 이유로 한국은행은 스테이블코인에 회의적인 입장을 보여왔지만, 한편으로 정부와 국회는 혁신을 위해 원화 기반 스테이블코인의 도입을 검토하고 있다. 이에 발맞춰 한국에서는 원화에 1:1로 연동되는 스테이블코인 발행과 유통을 허용하는 법안이 발의되었고, 민간에서도 네이버페이, 카카오페이, 국민은행 등 주요 업체에서 관련 상표권 등록과 오프라인 결제망 구축 계획까지 내놓으며 시장 진입에 속도를 내고 있다. 이러한 움직임은 한국이 디지털 자산 제도화에 박차를 가하고 있음을 의미한다. 만약 한국에서 디지털 원화 스테이블코인이 발행되어 안전하고 편리한 결제수단으로 자리 잡는다면, 국민은 실물 현금 없이도 원화를 주고받으며 이자를 얻는 등 새로운 금융 서비스를 누릴 수 있게 된다. 나아가 원화 스테이블코인을 해외 거래소에 상장하여 외국인도 활용하게 한다면, 원화의 국제화와 해외 송금 시장 진출에도 도움이 될 것이다.

한편 한국은 전 세계 암호자산시장에서도 상당한 비중을 차지하는 중요한 플레이어이다. 2021년 '김치 프리미엄' 현상이 나타날 정도로 국내 투자 열풍이 거셌고, 국내 주요 거래소인 업비트와 빗썸 등은 전 세계 거래량 순위 상위권에 올라 있다. 실제로 2023년 체이널리시스의 국가별 가상자산 수익 보고서에 따르면, 2022년 한 해 한국인이 거둔 가상자산 투자 수익이 세계 8위였다고 한다. 이처럼 국내 시장의 역동성은 한국이 아시아를 넘어 글로벌 디지털 자산 중심지가 될 잠재력이 있음을 보여준다.

한국이 디지털 금융 시대에 도약하려면 민관 협력을 토대로 한 디지털 자산 산업 육성이 필수이다. 과거 인터넷과 모바일 혁명기에 그랬듯, 새로운 금융 기술도 초기에는 규제 샌드박스 등으로 혁신을 시험해보고 장려해야 한다. 현재 금융위원회가 운영 중인 금융규제 샌드박스 제도를 적극 활용해 블록체인, 가상자산 분야의 신기술과 비즈니스 모델을 시험하고, 합법적인 범위에서 창의적으로 시도해 볼 수 있도록 문호를 개방해야 한다. 싱가포르, 홍콩 등 주변 경쟁 도시도 앞다투어 암호자산 친화 정책을 펼쳐 글로벌 자금과 인재를 끌어들이고 있는 만큼, 한국도 명확한 제도화와 세제 지원, 투명한 회계 기준 마련 등으로 디지털 금융의 허브로 부상할 잠재력이 있다.

또 한국은 새로운 국제 통화 질서의 논의에도 목소리를 내야 한다. 한 나라의 통화에 과도하게 의존하는 현 체제를 개선하고자 국내 전문가 사이에서 '디지털 방코르' 개념이 대안으로 제시된 바 있다. 이는 1940년대 존 메이너드 케인스John Maynard Keynes가 구상했던 다자간 결제 통화인 방코르Bancor를 디지털 시대에 맞게 구현하자는 아이디어이다. 디지털 방코르는 여러 국가에서 각자 경제 규모와 보유자산에 비례해 공동의 통화 단위를 배정받고, 블록체인 기반 국제 정산 시스템으로 실시간 거래 잔액을 조정하는 체계를 뜻한다. 한마디로 특정 패권 통화에 의존하지 않고도 각국이 신뢰할 수 있는 공동의 디지털 준비통화를 운용하자는 발상이다. 예컨대 한국, 유럽과 아시아의 여러 나라가 참여하는 디지털 통화 바스켓을 만들어 이를 담보로 한 결제 토큰을 사용하면, 미국 달러나 중국 위안의 일방적 영향력에서 비교적 자유롭게 상호 결제를 할 수 있게 된다. 실제 파이낸셜뉴스 기고에 따르면 디지털 방코르 체제가 정착하면 실물경제와 무역수지 흐름에 따라 유동성이 자동으로 조정되는 새로운 통화 질서를 구현할 수 있다고 한다. 물론 이러한 구상이 현실화되려면 국제 공조와 기술 검증, 참여국 간 이해 조율 등 넘어야 할 산이 많다. 그러나 G20 중견국인 한국이 이러한 다자간 디지털 통화 논의에 선도적으로 참여한다면, 향후 글로벌 금융 아키텍처 개편에서 룰세터로 활약하며 국가 위상을 높일 기회를 얻을 수 있다.

미래 세대를 위한 제언:
지속가능한 디지털 금융 생태계 구축

다가오는 디지털 금융 시대를 지속가능하게 발전시키려면 기술이나 제도만큼이나 사람도 대비해야 한다. 첫째로, 디지털 금융 리터러시digital financial literacy, 즉 국민의 디지털 자산 금융Crypto Literacy 이해도를 높이는 노력이 시급하다. 새로운 금융 시스템 도입은 대중의 이해와 신뢰가 바탕이 되어야 한다. 스테이블코인과 같은 새로운 개념을 정확히 알고 올바로 이해하는 교육을 해야 한다. 특히 젊은 세대의 높은 디지털 자산 투자 열정을 단지 '투기'로 치부할 것이 아니라, 새로운 금융 환경에 대한 열정으로 해석해야 한다. 이러한 열정을 긍정적인 방향으로 이끌려면 단순히 '지금 사세요'가 아니라 '지금 공부하면 언젠가 기회가 옵니다' 같은 장기적 관점의 교육과 인식이 선행되어야 한다. 이는 국가적 차원에서 디지털 금융 역량을 강화하고, 미래 세대가 변화하는 금융 환경에 주도적으로 적응하도록 돕는 기반이 될 것이다.

둘째로, 디지털 격차를 해소하여 포용적 금융을 실현해야 한다. 첨단 핀테크 서비스는 주로 도시의 젊은 세대와 개발된 국가에서 빠르게 퍼지지만, 농어촌 지역의 고령층이나 개발도상국 주민은 여전히 기본적인 인터넷 접근조차 어렵다. 전 세계 인구의 약 3분의 1, 즉 26억 명가량은 아직도 인터넷을 전혀 사용하지 못하는 것으로 집계된다. 이러한 환경에서는 디지털 달러든 CBDC든 그 혜택이 닿을 수 없다. 기술 혁신이 금융 포섭을 증진하기는커녕 오히려 금융 소외를 심화시키지 않도록, 정부와 국제기구가 인프라 투자와 협력으로 디지털 금융 서비스의 보편적 접근성을 높여야 한다. 국내적으로도 모든 국민이 스마트폰 하나로 편리하고 안전하게 금융활동을 할 수 있도록 네트워크 인프라를 강화하고, 장애인이나 고령자도 이용하기 쉬운 유니버설 디자인을 금융 앱에 적용하는 등 세심하게 노력해야 한다.

마지막으로, 탈중앙화 금융 시스템의 책임성과 거버넌스를 확립해야 한다. 탈중앙화 금융과 DAO(탈중앙화 자율조직)처럼 중개자 없는 금융이 각광받지만, 정작 문제가 발생했을 때 누구도 책임지지 않는 회색지대가 되어서는 안 된다. 이를 방지하려면 코드의 투명성과 보안을 철저히 감사하고, 스마트 컨트랙트의 오류로 피해가 생길 때 이를 구제할 사후 구조도 논의해야 한다. 또 거버넌스 토큰 투표로 운영되는 DAO도 실제로는 고래 투자자나 창립팀에 좌지우지될 우려가 있다는 지적이 나온다. 기술적 분산과 더불어 의사결정권을 분산하고, 책임 소재를 명확히 규정하는 프로토콜 차원의 규범을 마련해야 한다. 여기에는 정부의 역할도 있다. 규제당국은 혁신을 저해하지 않는 범위에서 투명성과 안정성의 기준을 정하고, 악의적인 해킹이나 자금세탁에는 국제 공조로 단호히 대응해야 한다. 궁극적으로 신뢰할 수 있는 디지털 금융 생태계를 구축하는 일은 민간과 정부, 그리고 국제 사회 모두의 숙제이다.

맺음말: 마지막 기회 – 통화 주권과 디지털 변곡점

지금까지 살펴본 것처럼, 디지털 달러 제국을 꿈꾸는 미국의 행보는 새로운 금융 패권 경쟁의 서막을 알리고 있다. 비트코인과 스테이블코인은 그 경쟁에서 양날의 검이다. 한쪽 날은 기존 질서를 뒤흔들 혁신의 가능성이지만, 다른 쪽 날은 현 패권을 연장하려는 도구로 활용될 측면이다. 역사는 패권 통화가 바뀔 때마다 세계 질서가 출렁였음을 보여준다. 이번에는 그 변곡점이 기술과 금융의 융합 지점에서 찾아온다는 점이 다를 뿐이다. 한국을 비롯한 중견 국가들은 이 거대한 흐름에서 능동적인 전략을 세워야 한다. 스스로 디지털 금융 역량을 키우고, 국제 규범 형성에 참여하며, 미래 세대가 안전하고 풍요로운 금융 생활을 누릴 수 있는 토대를 함께 구축해야 한다. 미국, 중국, 유럽이 각자의 길을 향해 나아가고 있지만, 결국 포용적이고 지속가능한 글로벌 금융 생태계를 만드는 일은 국경을 넘어 협력해야 이룰 수 있다. 대한민국이 그 새로운 질서의 설계에 기여하며 디지털 시대 금융 강국으로 자리매김하길 기대한다.

원화 스테이블코인 발행은 단순히 금융 기술의 진보를 넘어, 대한민국의 통화 주권을 보호하고 글로벌 디지털 금융 질서 속에서 국가 경쟁력을 확보하는 데 전략적인 필수 과제이다. 규제 미비를 이유로 시도를 보류하기보다는 선제적으로 합리적인 규제 프레임워크를 설계하고 민간 참여를 유도하여 실사용 기반을 구축하는 것이 중요하다. 이로써 한국은 디지털 화폐 시대의 질서를 '수용'을 넘어 '설계자'의 위치에서 '주도'하는 능동적인 플레이어가 될 것이다. 새로운 시대에 맞춰 돈에 대한 개념과 신뢰 구조를 재설계하는 것이야 말로 미래 세대에게 물려줄 가장 중요한 유산이 될 것이다.

결국 선택은 둘 중 하나이다. 과거의 방식대로 댐을 쌓고 고립되어 서서히 침몰할 것인가, 아니면 다가오는 파도 위에서 서핑하는 법을 배워 새로운 바다로 나아갈 것인가. 디지털 유동성 시대에 통화 주권은 금고에 넣어서 지키는 것이 아니라, 글로벌 네트워크 위에서 설계하고 증명하는 자만 소유할 수 있다. 지금이 바로 한국이 그 설계 능력을 증명해야 할 마지막 기회이다.

마치는 글

디지털 금쪽이들을 위한 디지털 금 이야기

이 책은 디지털 금쪽이들에게 진짜 디지털 금이 무엇인지 알려주는 디지털 리터러시 가이드북입니다. 작년 말부터 '비트코인, 스테이블 코인을 활용한 달러 패권 유지 전략 그리고 금융 질서의 변화'를 주제로 전국을 누비며 강연을 다녔는데, 매번 청중의 "아하!" 모먼트를 목격했습니다. 마치 퍼즐 조각이 딱딱 맞춰지는 듯한 그 순간들 말이죠.

"이제야 알겠다, 미국이 왜 갑자기 비트코인을 전략자산으로 채택하려 하고 스테이블코인에 올인하는지!"

어떤 분은 그동안 품고 있던 모든 의문이 시원하게 풀렸다며 고개를 끄덕이시기도 했습니다.

크립토, 시민 속으로!

평소 SNS에 관련 글을 끄적이곤 했는데, 지인 한 분이 이런 말씀을 하시더군요.

"스테이블코인 이야기를 쭉~ 정리해서 설명해주는 곳이 있으면 좋겠어."

처음엔 블로그 포스팅 정도를 생각하다가 "책 한 권 써볼까?" 한마디가 나비효과가 되어 지금 이 순간까지 왔습니다.

'크립토! 시민 속으로!'

이런 마음가짐으로 되도록 가볍고 재미있게 썼습니다. 누구나 부담 없이 읽을 수 있는 경제교양서를 지향했거든요. 이 책을 다 읽고 나면 최소한 뉴스에서 스테이블코인이나 비트코인 소식이 나올 때 고개를 끄덕이며 "그렇지. 당연히 필요하지!" 하고 맞장구칠 수 있을 겁니다.

무엇보다 미국이, 그리고 우리가 왜 이 디지털 통화 혁명에 주목해야 하는지 자연스럽게 체득하시길 바랍니다.

고마운 사람들

책 쓰느라 의자에 중독되어 하루 종일 앉아 있는 엄마에게 힘내라고 볼 뽀뽀를 선사해준 아들 아인, 독박육아를 감당해야 했던 남편 정윤, 며느리인지 딸인지 애매하게 구는 며느리 대신 살림살이를 도맡아주신 김명숙 여사님 – 우리 가족, 정말 감사합니다.

책 쓰라고 뽐뿌질해준 보라, 지치지 말라고 비타민까지 보내준 혜식(감동!), 공저를 계획했지만 물리적 시간의 벽에 부딪혀 함께하지 못한 신애 변호사님과 재진 변호사님, 책 제목을 같이 고민해준 광고쟁이 슬아, 체력 관리를 위해 함께 뛰어준 러닝크루 멤버들(채원, 찬숙, 민정).

모든 분께 진심으로 감사드립니다.

용어 해설

ㄱ

- **개인키**_{Private Key} - 비트코인이나 다른 암호화폐를 소유하고 전송할 수 있는 권한을 증명하는 비밀 코드. 은행 계좌의 비밀번호와 같은 역할을 함.
- **공개키**_{Public Key} - 개인키와 쌍을 이루는 공개된 암호화 키. 암호화폐 주소 생성과 거래 검증에 사용됨.
- **그림자 은행** - 중앙은행이나 금융당국의 엄격한 규제를 받지 않으면서 은행과 유사한 역할을 수행하는 금융기관 또는 시스템.
- **금융포용성**_{Banking service for unbanked} - 누구나 쉽게 금융 서비스를 이용할 수 있는 상태.

ㄴ

- **네트워크 효과**_{Network Effect} - 사용자가 많을수록 서비스의 가치가 높아지는 현상.
- **노드**_{Node} - 블록체인 네트워크에 참여하여 거래를 검증하고 네트워크를 유지하는 컴퓨터.

ㄷ

- **다중 서명 키**_{Multisignature} – 거래 승인에 여러 개 개인키가 동시에 필요한 보안 시스템. 핵무기 발사에 여러 사람의 열쇠가 필요한 것과 같은 원리.
- **달러 패권**_{Dollar Hegemony} – 미국 달러가 세계 기축통화로서 국제 거래와 준비통화 역할을 독점하는 상태.
- **달러라이제이션**_{Dollarization} – 미국 달러를 자국의 통화로 사용하는 일. 환율 안정으로 경제 위기를 막고 미국 기업의 투자를 유치할 수 있다는 장점은 있으나 자칫 경제 주권을 빼앗길 수 있다는 부정적인 면도 있음.
- **디지털 위안**_{Digital Yuan, DCEP} – 중국이 세계 최초로 본격 도입한 CBDC.
- **디파이**_{Decentralized Finance, DeFi} – 블록체인 기술을 활용해 중앙화된 금융 중개자 없이 금융 서비스를 제공하는 시스템.
- **디페그**_{Depeg} – 스테이블코인이 연동된 기준 자산(주로 달러)에서 벗어나 가격이 변동하는 현상.

ㄹ

- **라포거래**_{Repurchase Agreement} – 금융시장에서 일정 기간 자산을 팔고, 약속된 기간이 끝나면 정해진 가격으로 다시 사들이는 계약.
- **런 온 더 뱅크**_{Run on the Bank} – 은행의 파산 우려로 예금자들이 동시에 돈을 찾으려 하는 현상. 스테이블코인에서도 비슷한 일이 발생할 수 있음.

- **리저브**Reserve - 준비금이나 비축 자산. 스테이블코인의 가치를 뒷받침하는 담보 자산을 의미함.

ㅁ

- **마켓 캡**Market Cap - 시가총액. 암호화폐의 현재 가격에 총공급량을 곱한 값.

ㅂ

- **반감기**Halving - 비트코인에서 약 4년마다 채굴 보상이 절반으로 줄어드는 이벤트.
- **보편적 기본소득**Universal Basic Income, UBI - 모든 국민에게 조건 없이 지급하는 기본 소득.
- **블록**Block - 블록체인에서 거래 정보를 묶어놓은 데이터 단위.
- **블록체인**Blockchain - 거래 기록을 블록 단위로 연결하여 분산 저장하는 기술. 위조나 변조가 매우 어려움.
- **브레튼우즈 체제**Bretton Woods System - 1944년부터 1971년까지 달러를 중심으로 한 국제 통화 체제.
- **빗소**Bitso - 라틴아메리카에서 가장 큰 암호화폐 기반 금융 서비스 회사이며 멕시코를 본사로 2014년에 설립된 암호화폐 거래소.

ㅅ

- **사토시 나카모토**Satoshi Nakamoto - 비트코인을 만든 익명의 개발자.
- **상업어음**commercial paper - 실제 상거래를 근거로 기업이 발행하는

단기 결제수단이며, 상품 대금 등 실제 거래에 사용되는 어음.
- **소셜공학기법**Social Engineering – 사람의 심리와 신뢰를 조작해 정보를 탈취하거나 보안 절차를 우회하는 비기술적 해킹 수법.
- **스마트 계약**Smart Contract – 조건이 충족되면 자동으로 실행되는 디지털 계약.
- **스테이킹**Staking – 암호화폐를 블록체인 네트워크에 예치하여 보상(이자)을 받는 것.

ㅇ

- **아베**Aave – 이더리움 등 다양한 블록체인에서 운영되는 탈중앙화 대출 프로토콜. 사용자는 암호화폐를 예치해 이자를 받고, 담보를 제공해 대출을 받을 수 있음.
- **유틸리티 토큰**Utility Token – 특정 서비스나 플랫폼에서 사용할 수 있는 기능성 토큰.
- **이자 농사**Yield Farming – 탈중앙화 금융에서 다양한 프로토콜을 활용해 수익을 창출하는 전략. 탈중앙화 금융에서 가상자산을 예치하고 그 대가로 가상자산을 받는 것.

ㅈ

- **저슬리피지**低slippage – 예상 가격과 실제 체결 가격 사이의 차이.
- **중앙은행 디지털 화폐**Central Bank Digital Currency, CBDC – 중앙은행이 발행하는 디지털 형태의 법정화폐.
- **지분증명**Proof of Stake, PoS – 코인 보유량에 비례해 블록 검증 권한을

부여하는 합의 알고리즘.
- **지정학적 리스크** Geopolitical Risk - 국가 간 정치적 갈등이 경제에 미치는 위험.

ㅊ
- **채굴** Mining - 비트코인 네트워크에서 거래를 검증하고 새로운 코인을 얻는 과정.
- **채굴자** Miner - 비트코인 채굴을 수행하는 개인이나 조직.

ㅋ
- **컴파운드** Compound - 이더리움 기반의 대표적인 탈중앙화 금융 대출 프로토콜. 사용자는 암호화폐를 예치해 이자를 받고, 다른 사용자는 담보를 제공하고 대출을 받을 수 있음.
- **콜드 스토리지** Cold Storage - 인터넷과 분리된 오프라인 상태에서 암호화폐를 보관하는 방법.
- **크로스 체인** Cross-Chain - 서로 다른 블록체인 간의 상호 운용성을 가능하게 하는 기술.

ㅌ
- **탈달러화** De-dollarization - 국제 거래에서 달러 의존도를 줄이고 다른 통화나 결제수단을 사용하려는 움직임.
- **탈중앙화** Decentralization - 중앙 권력 없이 분산된 네트워크로 운영되는 시스템.

- **토큰**Token - 블록체인 네트워크에서 발행되는 디지털 자산의 단위.
- **토큰 이코노미**Token Economy - 토큰을 중심으로 한 경제 생태계.
- **트리핀 딜레마**Triffin Dilemma - 기축통화국이 국내 경제와 국제적 역할 사이에서 겪는 모순. 달러 공급과 신뢰성 사이의 딜레마.
- **트랜잭션**Transaction - 블록체인에서 이루어지는 거래나 전송.

ㅍ

- **페트로달러**Petrodollar - 석유 수출국이 원유 대금을 달러로만 결제할 수 있게 하는 체제.
- **포트녹스**Fort Knox - 미국의 금괴 저장고로 알려진 곳.
- **프로그래머블 머니**Programmable Money - 돈 자체에 조건, 규칙, 자동화된 기능을 미리 코딩해서, 특정 상황이 되면 자동으로 움직이거나 정해진 목적에만 쓸 수 있도록 만든 디지털 화폐.

ㅎ

- **해시**Hash - 데이터를 고정된 길이의 암호화된 문자열로 변환하는 과정.
- **해시레이트**Hash Rate - 비트코인 네트워크에서 초당 수행되는 해시 연산의 횟수. 네트워크의 보안성과 채굴 난이도를 나타내는 지표.
- **헤징**Hedging - 위험을 줄이기 위한 반대 포지션 투자.

기타

- **2FA(2단계 인증)**Two-Factor Authentication - 계정에 로그인하거나 중

요한 작업을 할 때 비밀번호 외에 추가로 한 번 더 본인임을 확인하는 절차.

- **51% 공격** 51% Attack – 네트워크 해시파워의 과반수를 장악하여 블록체인을 조작하는 공격.
- **ASIC** Application-Specific Integrated Circuit – 비트코인 채굴 전용으로 설계된 반도체 칩.
- **ATH** All-Time High – 사상 최고가.
- **CEX** Centralized Exchange – 바이낸스, 코인베이스 등 중앙화 거래소.
- **DAO** Decentralized Autonomous Organization – 블록체인 기술을 기반으로 운영되는 탈중앙화 자율조직. 전통적인 기업과 달리 코드와 스마트 계약으로 운영됨.
- **DEX** Decentralized Exchange – 코드로 움직이는 중앙에 콘트롤하는 회사 등이 없는 탈중앙화 거래소.
- **GDPR** General Data Protection Regulation – 유럽연합의 개인정보 보호 규정.
- **ICO** Initial Coin Offering – 암호화폐를 이용한 자금 조달 방식.
- **KYC** Know Your Customer – 고객 신원 확인 절차.
- **Layer 2** – 메인 블록체인 위에 구축된 확장성 솔루션.
- **NFT** Non-Fungible Token – 대체 불가능한 토큰. 디지털 자산의 고유성을 보장.
- **P2P** Peer-to-Peer – 중개자 없이 개인 간 직접 거래하는 방식.

참고문헌 및 출처

국제기구 및 공공기관 발행물

- BIS(2024), 「BIS Survey on Central Bank Digital Currencies: Almost all central banks are exploring CBDCs」.
- BIS(2025), 「Project mBridge reached minimum viable product stage」.
- ECB(2024), 「Digital Euro Preparation Phase Framework」.
- ECB(2024), 「MiCA Regulation: Markets in Crypto-Assets」.
- IMF(2021), 「Five Observations on Nigeria's Central Bank Digital Currency」.
- IMF(2024), 「Global Debt Report」.
- IMF(2024), 「The Rise of CBDCs: Drivers, Design, and Risks」.
- IMF(2024), 「The Rise of Payment Stablecoins and Their Regulatory Implications」.
- IMF(2025), 「Crypto-Assets Monitor」.
- World Bank(2023), 「World Bank Remittance Prices Worldwide」.
- 금융감독원(2023), 「가상자산 글로벌 동향 및 시사점」.
- 금융위원회(2020), 「글로벌 스테이블코인 관련 G20 권고사항 이행계획」.
- 금융위원회(2024), 「가상자산 이용자 보호법 해설서」.
- 일본 금융청(2023), 「자금결제법 개정 설명자료」.
- 일본 금융청(2023), 「엔화 기반 스테이블코인 규제 가이드라인」.
- 한국은행(2025), 「스테이블코인이 금융안정에 미치는 영향」.

- 한국은행(2025), 「프로젝트 한강 CBDC 실험 개요 및 보고서」.
- KCIF(2024), 「주요국의 CBDC 도입 현황과 주요 이슈 점검」.

정부기관 및 법안
- House Financial Services Committee(2025), 「Stablecoin Regulatory Framework 청문회 요약」.
- Treasury Department(2024), 「Report on Payment Stablecoins and Regulatory Recommendations」.
- U.S. Congress(2025), 「GENIUS Act(S.1582)」.
- U.S. Congress(2025), 「STABLE Act(H.R.2392)」.
- U.S. Federal Reserve(2023), 「Money and Payments: The U.S. Dollar in the Age of Digital Transformation」.
- Andolfatto(2024), 「St. Louis Fed Review」.
- Legco.gov(2025), 「Stablecoins Bill」.

민간기업 및 연구기관 발행물
- ARK Invest(2025), 「Big Ideas 2025: Bitcoin & Digital Assets」.
- BCG(보스턴컨설팅그룹)(2025), 「Stablecoins: Five Killer Tests to Gauge Their Potential」.
- Chainalysis(2022), 「Cryptocurrency and Lower Middle-Income Countries」.
- Chainalysis(2023), 「글로벌 가상자산시장 보고서」.
- HOR(2025), 「디지털G2를 위한 원화 스테이블코인 설계도」.
- 삼성증권(2025), 「스테이블코인 통화 패권 경쟁, 새로운 기회?」.
- a16z Crypto(2025), 「Stablecoins & Financial Inclusion in Emerging Markets」.

- Ant Group(2025), 「Ant International applies for stablecoin license in Hong Kong」.
- 니얼 퍼거슨(2021), 「금융의 지배(The Ascent of Money)」.
- Libra(2019), 「Libra White Paper」.
- SK 증권, 「Smart Finance」.